高等职业院校
通识教育系列教材

U0740632

大学生
创新思维与实践
（微课版）

孟延军 任璐 纪海波◎主编

王占勇 张自清 刘志遥 高斌 李珂◎副主编

董中奇◎主审

中国国际大学生 创新大赛全新教材

人民邮电出版社

北 京

图书在版编目（CIP）数据

大学生创新思维与实践 ：微课版 / 孟延军，任璐，
纪海波　主编. -- 北京 ：人民邮电出版社，2024.8
高等职业院校通识教育系列教材
ISBN 978-7-115-64421-3

Ⅰ．①大… Ⅱ．①孟… ②任… ③纪… Ⅲ．①大学生
－创业－高等职业教育－教材 Ⅳ．①G647.38

中国国家版本馆CIP数据核字(2024)第096398号

内 容 提 要

本书系统地介绍了创新创业的相关理论、方法与实践。全书共 8 章，主要包括认识创新、认识设计思维、设计创意开发、原型设计与测试、认识创业、设计商业模式、制订创业计划、项目路演等内容。

本书不仅内容全面、案例丰富，还设计了课堂活动、案例阅读、拓展阅读、课后实践等板块，有利于读者深入学习并巩固创新创业的理论与方法，从而更有效地开展创业实践活动。

本书可以作为高等院校大学生创新创业教育课程的教材和指导用书，也可以作为有志于开展创新创业活动的人士的参考用书。

◆ 主　　编　孟延军　任　璐　纪海波
　　副 主 编　王占勇　张自清　刘志遥　高　斌　李　珂
　　责任编辑　曹可可
　　责任印制　王　郁　彭志环
◆ 人民邮电出版社出版发行　　北京市丰台区成寿寺路 11 号
　　邮编　100164　　电子邮件　315@ptpress.com.cn
　　网址　https://www.ptpress.com.cn
　　固安县铭成印刷有限公司印刷
◆ 开本：787×1092　1/16
　　印张：12　　　　　　　　　　　　2024 年 8 月第 1 版
　　字数：317 千字　　　　　　　　　2025 年 8 月河北第 3 次印刷

定价：54.00 元

读者服务热线：(010)81055256　印装质量热线：(010)81055316
反盗版热线：(010)81055315

编委会

创新是推动一个国家、一个民族向前发展的重要力量。2022年，党的二十大报告指出"完善科技创新体系。坚持创新在我国现代化建设全局中的核心地位"。由此可见，创新是我国未来发展的重要议题，创新型人才是国家发展不可或缺的人才。

创新型国家的建设对创新型人才提出了更高的要求，高等教育需要顺应新时代的新变化，把创新创业教育贯穿到人才培养的全过程，以创造之教育培养创造之人才，以创造之人才造就创新之国家，通过创新创业教育培养具备创新思维、创业方法、创造精神以及社会责任感的新时代人才，鼓励学生发现商业机会、实现创业梦想。

本书从创新型国家建设的时代背景出发，贯彻落实《教育部关于大力推进高等学校创新创业教育和大学生自主创业工作的意见》和《普通本科学校创业教育教学基本要求（试行）》《国务院办公厅关于进一步支持大学生创新创业的指导意见》的文件精神，根据普通高等院校的人才培养目标及要求编写完成。与目前市场上的其他大学生创新创业教材相比，本书具有以下特点。

1. 内容覆盖全面

本书共8章，分别介绍了认识创新、认识设计思维、设计创意开发、原型设计与测试、认识创业、设计商业模式、制订创业计划、项目路演等内容，覆盖了大学生从产生创新创业想法到建立创业企业的创新创业活动全流程，知识体系系统，内容覆盖全面。

2. 思考与行动并重

创新创业不仅限于纸面的思考上，行动同样重要，本书在编排上注重理论与实践相结合，突出实践环节，在每一章中均穿插了数个"课堂活动"板块，同时在每一章末尾设置了"课后实践"板块，综合整章内容，以便大学生实践练习，通过实践切实掌握创新创业方法，提高创新创业能力。

3. 阅读材料丰富

本书在正文中穿插设置了"案例阅读""拓展阅读"板块。案例阅读板块包括大学生创业案例、优秀创业者的创业案例等，真实有趣，具有很强的可读性和参考性。拓展阅读板块则包含与正文内容相关的拓展知识，有助于读者开阔眼界、获取前沿资讯。

　　本书由孟延军、任璐、纪海波担任主编，由王占勇、张自清、刘志遥、高斌、李珂担任副主编，由董中奇担任主审。在本书的编写过程中，编者参考了大量关于大学生创新创业的同类书籍、文献和相关资料，以及一些专家学者的理论和观点，在此谨向这些资料的作者和专家学者致以诚挚的谢意！

编　者

2024 年 2 月

01

项目一　认识创新

学习目标

> 1. 学习创新的概念与特点，了解创新型人才的标准，树立对创新的正确认识，努力成为创新型人才。
> 2. 了解创新意识的概念和类型，掌握培养创新意识的方法，有意识地强化自己的创新意识。
> 3. 了解创新思维的概念，掌握创新思维的表现形式，了解创新思维的阻碍，主动用创新思维思考问题。
> 4. 理解创新，拥抱创新，培养积极主动的创新态度，提升个人的综合素质和竞争力。

任务一　解读创新

党的二十大报告中多次提到创新，报告中有"守正创新""进入创新型国家行列""创新是第一动力""着力造就拔尖创新人才""完善科技创新体系，坚持创新在我国现代化建设全局中的核心地位"等表述，这充分说明国家对创新的重视。

创新是人类文明发展的重要推动力。纵观世界发展史，人类文明发展的每一步都有创新的影子，从使用火、创造工具、发明语言和文字到两次工业革命、信息技术的发展和经济的全球化，整个过程都离不开创新的引导。大学生作为最具活力与潜力的群体，必然要响应国家号召，投身创新活动，绽放无限美好的人生。

课堂活动

创新的故事

在日常生活和学习中，我们听说过很多创新的故事，如田忌赛马、司马光砸缸、瓦特改良蒸汽机、爱迪生改进电灯等。请你也讲一个关于创新的故事，并且和同学们讨论：创新取得成功的条件有哪些？

_____

_____

_____

_____

一、什么是创新

"创新"（innovation）一词起源于拉丁语，包括三层含义：一是更新，意为替换原有事物；二是创造新事物，意为创造未曾有过的事物；三是改变，意为对原有事物进行改造。从这三层含义不难看出，创新是人类特有的认识能力和实践能力，创新活动是人类特有的活动，人类通过发挥自身的主观能动性对整个客观世界进行改造，从而创造新的事物和理念，修正、补充旧的事物和理念。

总体来说，要理解创新的含义，首先要明确创新的基本内容，也就是创新的主体、创新的客体、创新的过程、创新的核心、创新的结果及创新的作用等。如图 1-1 所示。

（1）创新的主体。创新的主体是指具有创新能力并实际从事创新活动的人或社会组织。

（2）创新的客体。创新的客体是指客观世界，包括自然社会科学、人类的思维规律、社会环境及生活环境等。

图 1-1　创新的基本内容

（3）创新的过程。创新的过程是指不断拓展和改变对客观世界认知与行为的动态活动。

（4）创新的核心。创新的核心是创新思维，是指人们的思维不断向有益于个体或组织发展的新方向或使其更有效的方面变化。

（5）创新的结果。创新的结果包括两种：一种是物质的，如蒸汽机、计算机等；另一种是非物质的，如新思想、新理论和新经验等。

（6）创新的作用。简单来讲，创新的作用是满足个体或组织生存与发展的需要。

我们可以通过一个简单的示例认识创新。例如，袁隆平及其团队对水稻品种进行了筛选、杂交育种和试验种植等一系列的创新尝试，利用不同品种之间的优势互补关系，成功培育出了实用高产杂交水稻品种"南优 2 号"，从而大大提高了水稻产量和质量，为解决世界粮食短缺问题、推动中国农业现代化发展做出了重要贡献。从该创新活动中可以看出创新的六项内容及其关系。其中，创新的主体是"袁隆平及其团队"，创新的客体是"水稻"，创新的过程是"对水稻品种进行筛选、杂交育种和试验种植等一系列的创新尝试，利用不同品种之间的优势互补关系，成功培育出高产杂交水稻品种"，创新的核心是"筛选、杂交育种和试验种植等一系列的创新尝试"，创新的结果是"培育出'南优 2 号'"，创新的作用是"大大提高了水稻产量和质量，为解决世界粮食短缺问题、推动中国农业现代化发展做出了重要贡献"。

课堂活动

创新的历程

世界上的很多产品都经过了漫长的创新过程，才变成了与最初完全不同的模样。图 1-2 所示为固定电话到智能手机的转变，请和同学们讨论，从固定电话到智能手机，个人通信设备经历了哪些创新？这些创新取得了哪些效果？未来，个人通信设备又将如何发展？

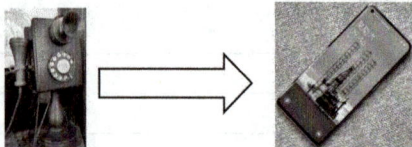

图 1-2　从固定电话到智能手机的转变

经济领域的创新概念

美国经济学家约瑟夫·熊彼特在其 1912 年的著作《经济发展理论》中首次将"创新"一词引入经济领域。在该书中，"创新"是指将新的生产要素和生产条件重新组合后引入生产体系，即"建立一种新的生产函数"。在经济领域，创新包含产品、生产、市场、资源和组织五个方面的内容。

（1）采用一种新的产品，即消费者还不熟悉的产品或某种产品的一种新品质。

（2）采用一种新的生产方法，即制造部门在实践中尚未知悉的生产方法，这种新的方法不需要建立在新发现科学的基础上；这种生产方法可以体现为商业上对一种商品进行新的处理。

（3）开辟一个新的销售市场，也就是相关国家的相关制造部门以前不曾进入的市场，这个市场以前可能存在，也可能不存在。

（4）获得原材料或半制成品的一种新的供应来源，无论这种供应来源是否已经存在（过去没有注意到或认为无法进入），还是需要创造。

（5）实现一种新的组织形式，如形成一种垄断地位或打破一种垄断地位。

总体来说，对创业者而言，创新是创业者着眼于市场潜在的盈利机会或技术的潜在商业价值，为了获取现实效益，对生产要素和生产条件进行新的组合，提升生产经营体系的效率，从而推出新的产品、新的生产（工艺）方法，开辟新的市场，获得新的原材料或半成品供给来源或建立企业新的组织形式的过程。企业创新是包括科技创新、组织创新、商业创新和金融创新等一系列创新活动的综合过程。

案例阅读　　## 通过服务创新走向成功——胖东来

胖东来是一家知名的河南省的零售企业，从一个 40 平方米的小卖部发展到拥有数千名员工的商业巨头，胖东来贴心周到的服务在其中发挥了重要作用。

1995 年，负债数十万元的于东来用借的钱租了一家小门店，开起了一家小杂货铺，取名望月楼胖子店，这就是胖东来的前身。当时，一些商家通过以次充好、售卖假货等方式换取高额利润，但于东来意识到只有真货、货美价廉的商品才是顾客真正需要的商品，只有坚持卖真货才能占领市场，于是于东来提出"用真品，换真心"的理念，贯彻"比别人价格便宜点、态度好点"的朴素经营理念。凭借独特的承诺和实实在在的商品与服务，胖东来赢得了顾客的信任，初步塑造了货真价实的市场形象。1997 年，望月楼胖子店正式更名为胖东来烟酒有限公司。

1999 年，胖东来将量贩业态引入许昌，推出免费干洗、熨烫、缝边等超值服务项目，并在其 7 个连锁店同时落实"不满意就退货"的全新经营理念，由此形成完整的"用真品换真心、不满意就退货"的品牌服务营销理念。尽管当时出现了不少恶意退货现象，但于东来依然坚持为顾客提供这一贴心的服务。与此同时，胖东来还推出了包括存车、打气、提供饮水等在内的免费服务。无论电器产品是否购于胖东来，如果一时难以修好或排在等待名单靠后位置，为了不耽误顾客使用，胖东来都会准备常用小家电让顾客拿回家使用。一些高端电子产品在许昌没有维修点，胖东来就代替顾客去郑州维修，除厂家维修点收取的维修费用外，跑路费等胖东来分文不取。在胖东来或许昌其他商店买不到的商品，胖东来会原价代购，不加费用。这些服务抓住了顾客的心。凭借优质的服务和良好的口碑，胖东来的营业额直线上升，企业的经营领域也进一步扩大，集购物、休闲、餐饮、娱乐于一体的大型综合商场——胖东来生活广场、胖东来服饰鞋业大楼、胖东来家居馆、胖东来电器城、时代广场等陆续开业。其中，优质服务作为吸引顾客的强大武器，为胖东来赢得顾客信赖，并在此后发展为涉及众多领域的大型商贸集团提供了诸多助力。胖东来始终把顾客的利益与需求放在首位，最大限度地让利于顾客，给予顾客极致的消费体验，包括如下方面。

（1）胖东来的顾客可享受"不满意就退货"服务，也就是"无理由退货、无条件退货"，不管顾客是对商品的颜色、款式、质地、价格等商品特征不满意，还是仅仅出于自身原因，只要在商品售出3天内，胖东来都会无条件办理退货。

（2）胖东来承诺"7日内商品正常调价，给予退差价"。

（3）胖东来建立了较为完善的售前、售中、售后服务体系，服务项目多达上百个，而售后服务中有18个免费项目，如免费存车、免费打气、免费提供修车工具、免费存包、免费为手机充电、免费送货、免费维修、免费干洗、免费熨烫、免费锁边、免费修鞋等。不管顾客在哪里购物，车都可以免费存在胖东来；不管顾客是在哪里买的衣服鞋子，拿到胖东来都可享受免费熨烫、锁边、修补服务。

（4）对于顾客的投诉行为，胖东来不仅不反感，还鼓励和支持。

（5）在产品呈现方面，胖东来利用用户思维予以创新，如关联水果一起陈列，水果与果脯、花茶等搭配，季节性商品打地推陈列，水果分等级分切，根据商品特点打造商品包装，各处陈列商品介绍牌，介绍商品特点、产地、成分、适宜人群、含糖量等，增强商场艺术感，给顾客审美与方便的双重体验。

（6）凡是顾客在胖东来买不到的商品或紧急需要的商品，可以拨打急购热线。胖东来负责在全国范围内进行信息查询，尽快采购货品，哪怕是去对手店里买，也不会让顾客失望。

经营至今，胖东来的商品从珠宝到医药，从手机家电到蔬菜生鲜，从电影到书籍，从服饰鞋帽到餐饮小吃，涵盖了老百姓的吃穿用度和娱乐需求，覆盖高、中、低各个细分市场。其优质服务已成为国内外服务行业学习的典范。

二、创新的特点

从哲学上说，创新是一种人的创造性实践活动，与其他实践活动相比，创新显示出独特的魅力，这是因为创新本身具有的超前性、普遍性、目的性、新颖性、价值性和风险性等特征。

1. 超前性

超前性指创新往往超越了当前的思维和认识，是在对事物变化具有前瞻性的理解下实施的行为。这种超前性并非空想，而是在对当下情况进行把握后，对未来的可能性进行预判。相传，法拉第在展示自己的发明——史上第一个发电机"圆盘发电机"时，有人问他："法拉第先生，这东西有什么作用呢？"法拉第答道："一个刚刚出生的婴儿有什么作用呢？"如今，发电机已经被普遍使用，为现代生活提供电力。这无疑反映出创新的超前性。

2. 普遍性

普遍性指创新存在于人类活动的所有领域，贯穿于人类活动的各个阶段。创新并不是为少部分人所独有的，人人都具备创新能力。人们在生活中会不自觉地创新，比如自己探索高效的生活方式，按照不同的需要重新放置各种物品，改造身边的物品使其具有更多功能等，这些都是创新的表现。

3. 目的性

目的性指任何创新活动总是围绕着需要解决的问题、需要完成的任务而进行，这一特性贯穿整个创新过程。这个目的既可能是社会需要的，例如汽车转向灯的发明是为了规范交通秩序，减少交通事故的发生；也有可能是为了娱乐或自我满足，如棋类运动，本来是作为一项娱乐活动被发明。

4. 新颖性

新颖性指创新的本质是求异、求新，即创新将摒弃现有不合理的事物，革除过时的内容，然后再确立新事物。用新颖性来判断创新成果时，要注意区分绝对新颖性和相对新颖性。创造全新事物即拥有绝对新颖性，如电视机的发明；而对已有事物进行部分改造创新，则具有相对新颖性，如发明液晶屏电视机。

5. 价值性

价值性指创新得到的成果具有一定价值，能够对人类生活和社会产生影响。一般来说，创新成果满足人类社会需要的程度越深，其价值就越大。一些创新能够即时生效，而理论创新等创新，则会潜移默化地对人类生活产生长期影响。

6. 风险性

风险性指创新本身并不一定成功，也有失败的可能。这是源于创新活动自带的各种不确定性，包括市场的不确定性、技术的不确定性和经济的不确定性等。一般而言，创新的不确定性越大，风险就越高。

三、创新型人才

中国工程院院士杜彦良指出，只有具备了一大批创新型人才，才能推动我国经济社会高质量发展，才能实现科技强国战略，才能实现创新型国家。强起来要靠创新，创新要靠人才。创新型人才指富于开拓性，具有创造能力，能开创新局面，对社会发展做出创造性贡献的人才。大学生应当顺应时代潮流，争做创新型人才，为国家振兴做出自己的贡献，也为自己开创一个灿烂的未来。而要成为这样的人才，还需要具备以下素质。

微课启学：人生
方向设计

1. 强烈的好奇心和求知欲望

古今中外的创新者，几乎都有强烈的好奇心和求知欲望。相传牛顿好奇苹果为何朝下落，研究发现了地心引力的奥秘；鲁班好奇小草的锋利，发明了锯子；孟德尔好奇植物的形状，总结出了遗传学分离定律和自由组合定律。只有具有强烈的好奇心和求知欲望，大学生才能在生活中找出可创新之处，自我驱动发现和探究问题，从而成为创新型人才。

2. 较强的自我学习和探索能力

创新意味着在前人没有到达的领域前行，很容易遇到未知的困难，也难以借助现有的知识和理论解决问题。因此大学生必须有较强的自我学习和探索能力，能够独立探索未知的领域，最终实现创新。例如，达尔文为了研究生物的演进，在没有前人研究可供借鉴的情况下，奔赴各地研究化石，并自学动物学、植物学知识，最终提出了进化论。

3. 较高的专业知识水平

创新并不是凭空产生的，而是建立在创新者已有知识、技能、生活经验的基础上产生的。对于大学生而言，要想成为创新型人才，需要在某一领域或某一方面拥有广博而扎实的知识，以及较高的专业知识水平。

4. 良好的沟通合作能力

当今社会，要想实现创新，单靠一个人的力量已经越来越困难。因此，要成为创新型人才，大学生需要具备良好的沟通合作能力，依靠集体的力量来推动创新。实际上，科学界很多重大的创新成果都是科研团队集体智慧的结晶。

5. 健康的体魄和良好的心理素质

创新工作是一项艰苦的工作，创新者既可能因为长期工作、反复实验而身体状况不佳，也可能因为创新过程不顺利、问题无法解决而承受较大的心理压力。因此，创新型人才应当拥有健康的体魄和良好的心理素质，能承担艰苦的工作。

案例阅读 | **以专业知识促进创业成功**

陈枚是某大学的一名大四学生，学校当地茶文化盛行，陈枚的家乡云南也盛产茶叶。大学期间，出于兴趣，陈枚主动学习了许多与茶叶相关的知识与技能，还去过当地的很多茶社和茶叶店铺，了解当地的茶叶销售情况。正是这一经历使他发现当地普洱茶市场有较大的空白。他想着，自己的家乡盛产普洱茶，自己何不在学校当地销售推广普洱茶呢？

陈枚决定与当地茶社合作，打开当地普洱茶市场。他找到一家普洱茶社，与茶社负责人商谈，准备打造一个弘扬茶文化、具有个人特色的店铺。但直接进行店铺销售显然不合适，因为此时当地的普洱茶市场可以说是鱼目混珠，很多以次充好的茶叶大大影响了顾客对普洱茶的看法。简单直接的推销方式，很难化解普洱的"信用危机"。基于此，陈枚主动进行了一些专业营销知识的学习与探索。一方面，他在用户流量大、活跃度高的平台注册了个人账号，利用自己掌握的普洱茶品鉴、普洱茶分类、普洱茶功效等专业知识，以及茶道表演，向网络用户介绍普洱茶文化，吸引他们购买相关产品，或到线下茶社进行体验。另一方面，他在线下同步开展茶文化传播活动，线上线下同步营销，这种以茶会友、以文传茶的方式帮助陈枚聚集了大量忠实的顾客。为了配合这种营销方式，陈枚还改变了茶社的装修，用字画、艺术品等装饰营造出浓厚的艺术氛围，极大地满足了顾客对品茶环境的需求。

渐渐地，茶社的顾客越来越多，甚至很多顾客特意前来与陈枚讨论茶文化。通过在这家茶社销售普洱茶，陈枚每年可以获得20万元以上的收益。接下来，他希望把普洱茶推广到更多的地区。

陈枚能够成功创业，一方面在于他对茶叶感兴趣，主动了解学校当地的茶叶销售情况；另一方面得益于他有较多的茶叶知识储备，并能自主学习茶叶营销知识，同时能够主动与茶社进行沟通协调，以较强的行动能力推动其创业进程。

课堂活动

如何成为创新型人才

创新型人才是指富于开拓性，具有创造能力，能开创新局面，对社会发展做出创造性贡献的人才。请你和同学们讨论以下问题。

（1）你认为什么是创新型人才，他们需要具备哪些特质？

_____

_____

_____

_____

（2）你是否能够成为创新型人才？你应该怎么做才能成为创新型人才？

_____

_____

_____

_____

任务二　创新意识

创新是促进社会进步、经济发展和时代更替的强劲助力器，每项科技的发明、每个企业的转型都源自于创新带来的变革。发明家为了解决某个难题进行发明创造，企业家为了企业的生存发展调整企业的组织结构和商业模式，这都是他们的创新意识在发挥作用。创新意识是创新的基本前提，拥有创新意识的人善于观察和思考，创新能力较强，往往能提出新观点、新方法，甚至促成新事物的诞生。

一、何为创新意识

创新意识是指人们产生的一种主动发现问题并积极探索问题的意识形态，它是人的主观性、能动性特点的内化表现形式，是人的综合素质与能力的外在体现。

从客观上来说，创新意识是人们对待创新的态度，它取决于人们对创新的价值、重要性的认识程度。在人们认同创新行为、认同创新的价值、认同创新的重要性的情况下，他们就会在生活中向往创新、注重创新，甚至调整自己的活动来追求创新。这样的人就具有创新意识。

从主观上来说，创新意识是指人们根据社会和生活的发展需求，引起创造前所未有的事物或观念的动机，以及在创造活动中表现出的意向、愿望和设想，具体表现为人主动识别、发现问题，并以创造性的思维积极探索解决问题的途径。

总体来说，创新意识主要包括创造动机、创造兴趣、创造情感和创造意志四个内涵。

（1）创造动机。创造动机是创造活动的动力因素，它能推动和激励人们发起和维持创造活动。这个动机既可能是要解决某一问题，也可能是使某物变得更好，如瓦特改良蒸汽机。

（2）创造兴趣。创造兴趣能促进创造活动的成功，是促使人们积极追求新奇事物的一种心理倾向。兴趣常常能激发创新，如比尔·盖茨就一直保持着使计算机能更好地被操控的强烈兴趣，才带领微软公司开发出了 Windows 操作系统。

（3）创造情感。创造情感是引起、推进乃至完成创造活动的心理因素，只有具有正确的创造情感才能使创造活动成功，如南丁格尔正是被自身对伤病员的伟大关怀所引领，才创立了护理学。

（4）创造意志。创造意志是在创造活动中克服困难、冲破阻碍的心理因素。创造意志具有目的性、顽强性和自制性，如爱迪生在研究电灯时试验了超过 1 000 种灯丝的材料，才选定了钨丝为灯丝材料，发明了电灯。

案例阅读　　　　　　　## 壶盖为何而动

在英国格拉斯哥大学的校园里，有位教学仪器维修工人正在实验室里孜孜不倦地进行以蒸汽为动力的机械实验。这次实验的成功，开启了人类能源利用的新阶段，使人类社会开始迅速、全面地进入一个新的时代——蒸汽时代，这个人就是著名的英国发明家——蒸汽机（改良版）的发明者瓦特。

瓦特出生于英国造船中心格拉斯哥附近的格林诺克小镇，他的父亲是造船工人，祖父和叔父都是机械工人。瓦特从小就熟悉了许多机械原理及制作技术，对身边的事物有着充分的好奇心理和钻研心理，这种探索心和求知欲为他以后改良蒸汽机打下了良好的基础。

在瓦特的家乡，家家户户都是生火烧水做饭，这种司空见惯的事几乎没有人去仔细留意，而瓦特却不一样。有一次，他在厨房里看祖母做饭，灶上烧着一壶水，水沸腾的时候，壶盖就"啪啪"地响，并不停地被向上掀动。瓦特观察了好半天，感到很奇怪，猜不透是什么原因，于是请教了祖母。

祖母回答说："水开了就会这样。"

瓦特还是不解，又追问："为什么水开了壶盖就会跳动？是什么东西在推动它吗？"

然而，祖母并没有给瓦特一个确切的答案。瓦特并不灰心，他决定自己寻找答案，于是接下来几天，在祖母做饭的时候，他便蹲在灶边细心地观察。

他发现刚开始的时候，壶盖很安稳，隔了一会儿，水要开了，发出"哗哗"的响声。这时，壶里的水蒸气就冒出来，开始推动壶盖跳动。水蒸气不停地往上冒，壶盖就会不停地被往上掀，就好像壶里藏着一个正在变戏法的魔术师。瓦特高兴极了，几乎叫出声来，他把壶盖揭开又盖上，盖上又揭开，反复验证。他还将杯子、调羹放在水蒸气喷出的地方，不停地进行试验，最后才弄清楚，是水蒸气在推动壶盖跳动。这一物理现象，正是蒸汽机的发明原理。

之后，瓦特对以蒸汽为动力的机械产生了浓厚的兴趣。他在格拉斯哥大学当教学仪器维修工人时，不断地搜集关于蒸汽机械方面的资料，并在修理纽可门式蒸汽机的过程中产生了采用分离冷凝器的设想，并将其付诸实践。

经过 20 多年的不断调整与创新，他为蒸汽机研发了一套带有齿轮和拉杆的机械联动装置，使其成为超强动力机。为了让蒸汽既能推动活塞向上运动又能推动活塞向下运动，他在原来单向汽缸装置的基础上发明了一种带有双向装置的新汽缸。1784 年，瓦特以带有飞轮、齿轮联动装置和双向汽缸装置的高压蒸汽机的综合组装，取得了他在革新纽可门式蒸汽机过程中的第 4 项专利。

1788 年，瓦特发明了离心调速器和节气阀。1790 年，瓦特又发明了汽缸示功器，从而完成了改良蒸汽机的全过程。

人类社会之所以能够前进发展，正是因为社会、科技等领域都在不断创新。瓦特的成功是创新的成功，是创新意识觉醒的产物。个体只有拥有开拓进取、勇于探索新事物的思维意识，才会有去想象、去创造的精神，也才有开创新事物的可能性。

二、创新意识的类型

根据表现形式的不同，创新意识可以分为求新求异意识、求真务实意识、求变意识和问题意识四种类型。

1. 求新求异意识

在生活中，我们不难发现一个现象，当大多数人都保持同一观点、判断或行为时，个体往往会对自己与此有异的观点、判断或行为产生怀疑，转而附和大多数人，这其实就是从众心理。而求新求异意识，则要求创新者能够破除从众心理，敢于别出心裁地去追求新颖奇特的事物或方法。

求新求异意识是创新活动的内部动力，是创新意识的主要类型。求新求异意识要求人们敢于突破思维的惯性，寻找新奇的角度来思考问题，而不能局限于生活中的"理所当然"。譬如人们依靠直觉认为重的物体比轻的物体下落速度更快，而伽利略却换了一种思考方式，他提出了一个理论，"若质量越大的物体下落速度越快，则将一重物与一轻物绑在绳索两端，同时放下，则重物下落速度快，轻物下落速度慢，轻物会拉扯重物，下落速度将慢于重物单独下落的速度；而将重物、轻物与绳索视作一个整体，则重于重物，因此其下落速度应当快于重物单独下落的速度，与上面的结论相悖"，由此发现了自由落体定律。

2. 求真务实意识

创新意识要求创新者不断求新，然而求新并不是一味地标新立异，而是要在求新的基础上保持求真务实的精神。在创新过程中，创新者不能任意将标新立异的观点、行为当作创新，而要尊重客观规律，这样才能得到有价值的成果。因此，创新离不开求真务实，反之，求真务实本身又是不断创新的过程。

我国古代帝王劳民伤财的炼丹、欧洲中世纪风靡的炼金术、科学家乐此不疲研究的"永动机"，他们"求新"的本质都已经脱离了实际，不符合客观规律，所以最后都以失败告终。但炼丹"炼出了"豆腐、火药等副产品，炼金则发明出了实验器具，促进了许多天然矿物的发现，"永动机"的研制也促成"热功当量定律"的发现，这些成果都是在求真务实的过程中产生的，因此这些"创新行为"也从另一个角度说明了求真务实意识的重要性。

3. 求变意识

求变意识的"变"主要是指变革、革新，是对既有格局的突破，也是对已有事物的补充、重构和再发展。创造性活动源于创新意识，而开展创造性活动就是不断发现错误、消除错误、接近正确认识的过程，也是不断破旧立新、推陈出新、不断变革的过程。随着时代的发展和社会的变化，当原有事物已不能适应新环境时，就需要运用求变意识来另寻出路。

4. 问题意识

发现问题是形成创新意识的起点，没有问题，创新将会成为无源之水、无本之木。同时，发现问题也是创新的前提，一切发明创新都源于质疑。因此创新者要培养自己的问题意识。

创新者的问题意识，首先表现为善于观察现象并找出问题。爱因斯坦曾说过："提出问题比解决问题更重要。"只有在找出问题后才能够解决问题。其次，问题意识也表现在运用现有途径和手段无法有效解决问题时，创新者要思考现有途径和手段无效的原因，并由此寻求新的方法来解决问题。

课堂活动

问题探索

分小组活动，每一组 4～6 人，然后进行下面的活动。

（1）在我们的生活中，存在着很多人们已经习以为常的不便，例如，抽真空的食品打开后就无法重新密封保存、水杯杯盖的密封圈丢失后整个水杯都会因漏水而无法使用等，请小组成员踊跃发现这些生活中的不便和问题，并将其记录在下面。

_____

_____

_____

（2）看看本小组列出来的问题清单，想一想，自己在日常生活中忽略了哪些问题？

_____

_____

_____

三、创新意识的培养

在知识经济时代，知识的增长速度、更新速度和转化速度都明显加快，人才竞争日趋激烈。而当下社会的人才竞争不仅是知识、技能的竞争，更是创新能力的竞争。当代大学生不仅要具备深厚的文化底蕴、高度综合化的知识，还要具备善于独立思考、敢于标新立异、勇于质疑、长于解决问题的能力，全面培养创新意识，以实现自我价值。

1. 正确认识创新

很多大学生认为创新距离自己十分遥远，认为创新只产生于学者、科学家、工程师等专业人士的手中，其实不然。著名教育家陶行知先生曾经说过："处处是创造之地，时时是创造之时，人人是创造之人。"创新是每个人与生俱来的能力，人人都具备创新的潜能。为了把这种创新潜能激发出来，使自己具备创新意识，大学生首先要正确认识创新，克服认为自己难以创新的心理障碍，树立创新的信心。为此，大学生应做到以下三点。

（1）战胜从众心理。从众心理会严重阻碍大学生创新意识的培养和创新能力的发展，在对某一问题持有不同看法时，大学生应充分发表自己的独到见解，据理论事，不盲目从众，这样便能很好地战胜从众心理。

（2）战胜胆怯心理。在创新方面，胆怯心理表现为不敢尝试创新，这会在很大程度上抑制大学生的创新意识。大学生要想战胜胆怯心理，就应当敢于质疑、勇于探索、自我激励。

（3）战胜自卑心理。自卑心理会使大学生缺乏自信心和想象力，从而难以培养创新意识。要想战胜自卑心理，大学生应当具备坚定的自信心和顽强拼搏的精神，进行积极的自我暗示，辩证地看待创新道路上遇到的失败和挫折。

2. 广泛涉猎知识

创新意识并不是异想天开和凭空臆造，创新意识的培养是建立在知识的积累和叠加上的。大学生要培养创新意识，必须完成知识的积累，培养自己的求知欲，提升知识积累的广度和深度，让自身具备勤奋求知的精神。知识面广，大学生才能在创新时触类旁通；知识量大，大学生才能更加深刻地理解事物本身的规律以及事物间的相互关系，找到创新的机会。

另外，知识的积累也有助于大学生拓宽视野，从而促进其创新。当大学生掌握了创新的基础知识和基本技能，并遵循了创造性规律，了解了科技发展和知识更新的动态，形成了较强的学习能力和思维能力时，其创新意识就能得到有效的激发。

3. 积极探索追问

古今中外，有很多真知灼见、发明创造都是通过不断探索而获得的。激发人们探索欲望和探索行为的，往往就是人们的求知欲和好奇心。好奇心会使人们对客观世界充满兴趣，这些兴趣会促使人们去质疑、探索或刨根问底，会让人们的思维变得异常活跃，并使人们的潜能得到激发和释放，使人们的创造性随之高涨。

积极地探索、不断地追问能够帮助大学生找到创新的机会并实现创新，正如瓦特改良蒸汽机的故事所示，他发现创新机会正是源于他对于"水烧开"原因的探索。

案例阅读

好奇心与行动力

罗伯特·波义耳是近代化学的奠基人，有着"化学确立为科学"的卓著贡献。而他对于化学的伟大贡献之一，就是发明了酸碱指示剂。

波义耳曾经与乡间医生的女儿爱丽丝热恋，但爱丽丝不幸因患肺结核去世。波义耳伤心不已，不仅终身未婚，而且一直将女友最爱的紫罗兰花带在身边。有一次，波义耳正在做蒸馏矾类（重金属的硫酸盐）制取矾油（浓硫酸）的实验，他将一束新鲜的紫罗兰花带入了实验室。他专心进行实验，在实验中刺激性的硫酸蒸气从瓶口冒出，漫溢开来。待实验完成后，波义耳才发现紫罗兰花微微冒烟，显然已经有酸性飞沫溅在了花朵上。为避免紫罗兰花遭到进一步腐蚀，波义耳把花放在水盆里浸洗，可没想到紫罗兰花的颜色竟然变成了红色。

波义耳立即对这一现象产生了兴趣，他很快设计了相关实验，准备了几个杯子，在每个杯子中装一种酸并注入水，然后把紫罗兰花分成若干小束分别放入各种酸溶液中。他很快发现花朵的紫蓝色逐渐变成红色。经过推理，波义耳随即得出结论"酸可以把紫罗兰花从蓝色转变成红色，只需要把紫罗兰的花瓣放进一种溶液中，就能轻而易举地确定溶液是不是酸性的"。

波义耳又试验了紫罗兰花与碱溶液是否发生反应，并进一步研究了其他植物遇到酸碱溶液的变色现象，最终发现多种植物都有类似的反应，其中尤以石蕊的效果最佳。波义耳将石蕊制成浸液，而且用浸液把纸浸透、烤干，制成石蕊纸。石蕊纸遇酸变红，遇碱变蓝，而且还可通过其颜色深浅粗略衡量溶液的酸碱程度。至此，最初的酸碱指示剂诞生了。研究者从此能够通过其便利地检验溶液的酸碱程度。

波义耳之所以能够成功发明酸碱指示剂，是因为他具有创新意识，经过不断探索和深究，最终找到了石蕊这种理想的植物，制作出酸碱指示剂。也正是在创新意识的推动下，波义耳能够取得丰硕的科学成果。

4. 开展创新实践

创新是基于实践探索、创造新成果的一种活动，创新意识作为创新活动的基本前提，也必然要保证其求真务实的特性。创新者在培养创新意识的过程中，一定要明确创新的真实含义，树立科学的创新理念，在实际的探索过程中发掘创新的价值。因此，大学生创业者应该积极参与创新实践。

为了有效增强大学生的创新创业实践能力，教育部深入实施了"国家级大学生创新创业训练计划"，倡导以学生为主体开展创新性实践。目前，我国各部门与组织已主办了多种面向大学生的创新创业竞赛，如中国国际大学生创新大赛、"挑战杯"中国大学生创业计划竞赛、中国创新创业大赛、全国大学生电子商务"创新、创意及创业"挑战赛、中国大学生服务外包创新创业大赛、"创青春"中国青年创新创业大赛、"中国创翼"创业创新大赛、"创客中国"中小企业创新创业大赛、全国林业草原创新创业大赛等。

当然，在参与创新实践的过程中，大学生创业者也不要怕犯错误，要大胆尝试，激发自己的创新意识，学会思考、质疑与探索，这样才能在创新之路上成长起来。

课堂活动

创新意识测试

以下是一个创新意识的测试，请同学们完成测试，了解自己的创新意识水平。然后与同学讨论，自己是否具备创新意识？应该怎样进一步培养创新意识？（测试结果仅供参考）

如果符合你的情况，请回答"是"，不符合则回答"否"，拿不准则回答"不确定"。

（1）你认为那些使用古怪和生僻词语的作家，纯粹是为了炫耀。　　　　　（　　　）

（2）无论什么问题，要让你产生兴趣，总比让别人产生兴趣要困难得多。（　　　）

（3）即使是十分熟悉的事物，你也常用全新的眼光看待它。　　　　　　（　　　）

（4）你常常凭直觉来判断问题的正确与错误。　　　　　　　　　　　　（　　　）

（5）你善于分析问题，但不擅长对分析结果进行综合、提炼。　　　　　（　　　）

（6）你的审美能力较强。　　　　　　　　　　　　　　　　　　　　　（　　　）

（7）在聚精会神地工作时，你常常忘记时间。　　　　　　　　　　　　（　　　）

（8）你做事总是有的放矢，不盲目行事。　　　　　　　　　　　　　　（　　　）

（9）你的兴趣在于不断提出新的建议，而不在于说服别人去接受这些建议。（　　　）

（10）你喜欢那些一门心思埋头苦干的人。　　　　　　　　　　　　　（　　　）

（11）你不喜欢提那些显得无知的问题。　　　　　　　　　　　　　　（　　　）

（12）你特别关心周围的人怎么评价自己。　　　　　　　　　　　　　（　　　）

（13）你对周围的新事物感到好奇，一旦产生兴趣就很难放弃。　　　　（　　　）

（14）你认为按部就班、循序渐进才是解决问题最正确的方法。　　　　（　　　）

（15）你关心的问题是"是什么"，而不是"为什么"。　　　　　　　　　（　　）

（16）你总觉得自己还有潜力。　　　　　　　　　　　　　　　　　　（　　）

（17）你不能从他人的失败中发现问题、吸取经验教训。　　　　　　　（　　）

（18）你对工作过于热情，当一项工作完成之后总有兴奋感。　　　　　（　　）

（19）你遇到问题能从多方面探索它的可能性，而不是拘泥于一条路。　（　　）

（20）你认为，如果你打破固有的理念、行为方式、秩序或者体制，就无法建立更好的模式。

　　　　　　　　　　　　　　　　　　　　　　　　　　　　　　　　（　　）

　　该测试中，每道题的回答及其对应的分数如表1-1所示。计算自己的总分后，可根据以下内容查看自己的测试结果。

　　（1）得分36分及以上：说明被测试者是一个具有很强创新意识的人，有着将思考结果加以实现的能力，此类人群可以尝试从事环境较为自由，没有太多约束，对创新有较高要求的职业。

　　（2）得分22～35分：说明被测试者的创新意识一般，对事物判断讲究现实，习惯采用现有的方法与步骤来思考和处理问题，适合从事管理、市场营销等方面的工作。思维灵活性是创新的基础，被测试者可以尝试做一些培养创新意识的训练。

　　（3）得分22分以下：说明被测试者缺乏创新意识，比较循规蹈矩，做事一丝不苟，凡事讲究原则，遵守制度。这一类人群适合从事对纪律性要求较高的职业。

表1-1　测评题答案对应的分数

题号	是	否	不确定	题号	是	否	不确定	题号	是	否	不确定
1	1	2	0	8	1	2	0	15	1	2	0
2	0	4	1	9	0	4	1	16	0	4	1
3	3	1	0	10	3	1	0	17	3	1	0
4	2	1	0	11	2	1	0	18	2	1	0
5	3	0	0	12	3	0	1	19	3	0	1
6	1	2	0	13	1	2	0	20	1	2	0
7	1	2	0	14	1	2	0				

任务三　创新思维

　　纵观世界发展史，人类文明发展的每一步都有创新的影子。世界经济中心的每一次迁移都离不开创新的支撑。从人类学会使用工具，到第一、二次工业革命的爆发，再到经济全球化的当下，可以说，每一次经济、社会、文明的转向，都离不开创新的引导。然而，在"人人创新"的大环境下，为何有的人能够持续创新，而有的人却对创新束手无策？事实上，个体能否保持创新，在很大程度上取决于其是否具有创新思维。

一、何为创新思维

创新是释放社会创造力、引领科技进步、促进经济发展的新动力。民族要进步，社会要发展，就需要保持持久的创新。创新思维是创新能力的核心，也是保证创新活动顺利进行的原动力。

1. 创新思维的定义

思维是人类所具有的高级认识活动和智力活动，是人脑对外部信息和内部信息进行加工的一种特殊活动，可以帮助人类探索和发现事物的内部本质联系与规律性。在不断认识世界、改造世界的过程中，人类都会运用到思维。创新思维是思维的一种形式，创新思维可以让人脑在对信息进行加工时，更加有效地选择和取舍信息，从而让人类在实践活动中收获更大的价值。创新思维是指以新颖、独创的方法去解决问题的思维过程。这种思维能够不受现成的、常规的思路的约束，以超常规甚至反常规的方法或角度去思考问题，并提出与众不同的解决方案，从而产生新颖的、独到的、有社会意义的思维成果。

创新思维不是单纯依靠现有的知识和经验进行抽象和概括，而是在现有知识和经验的基础上进行想象、推理和再创造。总体来说，创新思维主要包括以下三个层面的内容。

（1）创新思维不同于常规思维，创新思维是对常规思维的突破，具有革新的特点。

（2）创新思维是多种思维方式的综合运用，具体表现为新的方法、行为和解决方案等。

（3）创新思维以社会客观需要为前提，在开展创新思维后，应该产生有效的思维成果，如产生新的社会价值。

2. 创新思维的特征

创新思维是思维的高级形态，具有其自身的特点，主要体现为新颖性、求异性、反常规性、灵活性、综合性和逆向性等。

（1）新颖性。新颖性是指一项构思会使人耳目一新，展示出一种新的概念、新的形象和新的结构。创新思维的新颖性是创新者采用新的思考角度、思维过程、表达方式等从普通平常的事情中得到新的发现和突破。具有新颖性的创新思维不是对前人的简单模仿，而是找到一个全新的、巧妙的审视角度。

（2）求异性。求异性是指对司空见惯的、似乎已成定论的事物或观点采用多种不同的方法进行思考。换而言之，就是从多个方面深入探索，以求找到问题的解决方法，从而树立新思想，塑造新形象。求异性是在实事求是的基础上，基于客观事实进行的质疑或否定。要想有所创新，就不应拘泥于常规，不应轻信权威，而要以怀疑和批判的态度看待一切事物和现象。

案例阅读　　　　　　　**从地心说到日心说**

自古希腊天文学家克罗狄斯·托勒密提出"地心体系"理论一直到文艺复兴之前，人们一直认为宇宙中的日月星辰都是环绕地球运行的，地球静止地居于宇宙中心。但后来，哥白尼推翻了托勒密提出的"地心体系"理论。

哥白尼在《天体运行论》中阐明了自己的"日心说"理论：太阳是不动的，而且在宇宙中心，地球以及其他行星都一起围绕太阳做圆周运动，只有月亮环绕地球运行。而后，布鲁诺捍卫和发展了哥白尼的"日心说"，并把它传遍欧洲。而今天，我们通过天文望远镜的观测可以知道，太阳系只是无限宇宙中的一个天体系统，宇宙的边界远超人们的想象。

从托勒密到哥白尼，再到布鲁诺，再到今天的我们，人们在不断发现的过程中实现了对真理的创新，而在发现和创新真理的过程中，人们实质上就应用了求异的创新思维，敢于对客观事实进行质疑，并在实事求是的基础上提出自己的判断和见解。

（3）反常规性。反常规是指打破常规。创新思维的本质就是打破常规的思维。创新者在思维过程中，采用反常规的角度，避免平庸的、千篇一律的构思，提出全新的解决问题的方法和视角。

案例阅读　　　　　**复杂的数学题**

德国伟大的数学家高斯还在上小学时，老师出了一道数学题，题目是：1+2+3…+100 的和是多少？老师认为，这道数学题需要学生们花一点工夫才能算完，但出乎他意料的是，高斯很快就计算出了答案，并且答案完全正确。老师惊诧不已，问高斯是如何计算出来的。

高斯说，先把 1 和 100 相加，得到 101，再把 2 和 99 相加，也得到 101，依次相加后，一共可以得到 50 个 101，相乘就得到 5050。这一年，高斯 9 岁。后来，高斯成为一位伟大的数学家，以他名字"高斯"命名的成果达 110 个，他也被称为"数学王子"。

高斯在计算这道数学题时，没有依次对数字进行相加，而是采用不同的角度和全新的方式来解决问题。创新思维的反常规性其实就是用不同的思维方式去思考问题，采用新奇的角度和方法去解决问题。

（4）灵活性。灵活性是指创新思维灵活多变、转换快，能让人多视角、多方位、多学科、多层次地进行立体思考，具体表现为及时放弃旧的思路而转向新思路，及时放弃无效的方法而采用新方法。

（5）综合性。综合性是指不应简单地把对事物各个部分、侧面和属性的认识，随意地、主观地拼凑在一起或机械地相加，而要按照其内在的、必然的、本质的联系，对该事物形成一个统一的认识，从而把握其本质和规律。

（6）逆向性。逆向性是指有意识地采用反常规的思路去思考问题。因为若把传统观念、常规经验、权威言论当作金科玉律，就会阻碍创新思维活动。所以，在解决某一用常规思路难以解决的问题时，不要习惯于以长久以来形成的固有思路去思考问题，而应从相反的方向寻找解决办法，激发自己的奇思妙想，这样可以避免陷入"构思平庸""与人雷同"的尴尬境地。

案例阅读　　　　　**篮网的诞生**

据说，在篮球运动刚诞生时，篮板上的篮筐是一个真正的篮子。人们在打篮球时，每一次进球，都需要一位专门的"捡球员"踩在梯子上将篮球从篮筐里取出来。而这也意味着，每一次进球，球员们都不得不暂时停止比赛，等待"捡球员"取出篮球。这样一来，比赛无法保持紧张的气氛，球员们的状态也很容易受到影响。

有一天，一位父亲带着自己的儿子去观看篮球比赛。小男孩看到"捡球员"一次次不停地从篮筐里取出篮球，感到十分疑惑，于是问他的父亲："他们为什么不把篮筐的底去掉呢？"

这句话瞬间惊醒了众人。为了让比赛更加顺畅地进行，人们想出了各种快速取球的方法，然而却没有想过为什么一定要取球。事实上，最好的取球方法，就是不取球，让球直接掉下来。

后来，人们去掉了篮筐的底，篮筐也在时代的进步中逐渐演变成我们今天见到的篮网的样式。

"为什么不把篮筐的底去掉呢？"这个问题体现了一种创新思维。当人们思考着快速取球的方法时，惯性地使用了固有的思维模式。而小男孩却打破了这种思维定式，从一个新的角度帮助人们解决了如何快速取球的问题。

二、创新思维的表现形式

创新思维作为一种高级智力活动，是可以被描述、学习和掌握的。创新思维是一种多元化的思维，在创新实践活动中常表现为不同的类型，了解创新思维的具体表现形式有利于大学生掌握创新思维。

1. 形象思维

形象思维是人的一种本能思维，是以直观形象和表象为支柱的思维过程。在日常的生活、学习和生产活动中，形象思维一直起着重要作用。例如，画家绚丽的作品、舞蹈家优美的形体语言等都是形象思维的结果。形象思维具有形象性、想象性和粗略性三个基本特点。

（1）形象性。形象性是形象思维最基本的特点。形象思维反映的是所研究对象的形象，它从形象上来认识和把握研究对象的本质和规律。形象思维的形象性使它具有生动性、直观性和整体性的优点。

（2）想象性。想象是思维主体运用已有的形象形成新形象的过程。形象思维并不满足于对已有形象的再现，而是致力于追求对已有形象的加工，从而实现新形象产品的输出。因此，想象性使形象思维具有创造性的优点。

（3）粗略性。形象思维对问题的反映往往是粗线条式的，对问题的把握是大体上的，对问题的分析是定性的或半定量的。形象思维通常用于定性分析问题，而逻辑思维则可以给出精确的数量关系，所以，在实际的思维活动中，创新者需要将逻辑思维与形象思维结合使用，以更好地使创新活动取得有效的成果。

2. 逻辑思维

逻辑思维也称抽象思维，是人们在认识活动中运用抽象、判断、推理等思维方法，对客观现实进行间接的、概括的反映过程。逻辑思维的基本单元是概念，基本思维方法是抽象，基本表达工具是语言和符号。逻辑思维具有规范、严密、确定和可重复的特点。

逻辑思维是人脑的一种理性活动，思维主体把在感性认识阶段获得的对事物认识的信息抽象成概念，运用概念进行判断，并按照一定的逻辑关系进行推理，从而产生新的认识。也就是说，要想创新，要想找出复杂问题的解决方案，就必须运用逻辑思维。

总体来说，逻辑思维与形象思维的目的都是认识事物的本质和规律，区别在于逻辑思维是在大量感性材料的基础上运用判断、论证等手段来得到对事物的理性认识；形象思维则是依据人脑通过感官（眼、耳、鼻、舌等）对事物的反映而得到对事物的感性认识。理性认识和感性认识都能在一定程度上体现事物的本质与规律，二者各有所长。

逻辑思维题

以下题目需要一定的逻辑思维能力才能解出，请试试看。

在一条街上，有5间房子，喷了5种颜色。在每间房子里都住着一个人。每个人喝不同的饮品，喜爱不同的运动，养不同的宠物。其具体情况描述如下。

（1）张三住红色房子。

（2）王五养狗。

（3）刘二喝茶。

（4）绿色房子在白色房子左边。

（5）绿色房子主人喝咖啡。

（6）喜爱网球的人养鸟。

（7）黄色房子主人喜爱足球。

（8）住在中间房子的人喝牛奶。

（9）陈大住右起第一间房。

（10）喜爱篮球的人住在养猫的人隔壁。

（11）养马的人住在喜爱篮球的人隔壁。

（12）喜爱棒球的人喝果汁。

（13）李四喜爱排球。

（14）陈大住蓝色房子隔壁。

（15）喜爱篮球的人有一个喝水的邻居。

请根据以上信息展开逻辑推理，和同学讨论人名、房屋颜色、宠物、饮品、运动方式的对应关系，将结果填入表1-2中。

表1-2 逻辑推理结果

项目	第一间	第二间	第三间	第四间	第五间
人名					
房屋颜色					
宠物					
饮品					
运动方式					

案例阅读　　　　　**锯子的诞生**

相信每个人都有不慎将手指割伤的经历，割伤我们手指的可能是纸张，也可能是草叶。有的人被割伤后会感到疑惑，纸张为什么如此锋利？有的人被割伤后会感到好奇，这片草叶是怎么割伤我的？而有的人还会兴致勃勃地钻研，纸张还能割其他东西吗？

我国古代著名的发明家鲁班就是这样一个具有好奇心且喜爱钻研的人。

相传，鲁班在上山途中无意抓到了一种野草，手立马就被划破了。鲁班感到很奇怪，一株小草为什么这样锋利？于是他摘下了一片叶子，细心观察，发现这片叶子两边长着许多小细齿，用手轻轻摸一下，可以感觉到这些小细齿非常锋利。鲁班明白了，他的手就是被这些小细齿划破的。

后来，鲁班又看到一只大蝗虫在一株草上啃食叶子，嘴巴一开一合，很快就吃下一大片。这同样引起了鲁班的好奇心，他抓住蝗虫，仔细观察蝗虫牙齿的结构，发现蝗虫的牙齿上同样排列着许多小细齿，蝗虫正是靠这些小细齿快速咬断草叶的。

这两件事给了鲁班很大的启发。他心想，是不是可以利用这些细齿去切割更加坚硬的东西？他用大毛竹做成一条带有许多小锯齿的竹片，到小树上去做实验，竹片轻易就把树干划出一道深沟，鲁班非常高兴。但是由于竹片强度不够，使用了一会儿后，就有小锯齿被拉断和磨钝了。鲁班想，这样的材质肯定不行，需要找更加坚固的东西。鲁班想到了铁片，他请铁匠制作了带有小锯齿的铁片，自己和徒弟各自握住铁片的一端，在一棵树上拉锯。两人在一来一往间，很快就把树干锯断了，锯子就这样被发明了出来。

鲁班能够创造锯子这种新工具，正是因为他具有较强的思维分析能力，他从"长着许多小细齿的野草叶子能划破手"和"蝗虫的牙齿上同样排列着许多小细齿"分析出细齿的效用，并在生产劳动中利用这种效用，发明了锯子，显示出古人的智慧。

3. 逆向思维

逆向思维是一种对司空见惯的、似乎已成定论的事物或观点进行反向思考的思维方式。逆向思维注重"反其道而思之"，让思维向对立的方向延伸，从问题的相反面深入地进行探索，得出新创意与新想法。

逆向思维可以让人们基于原理、功能、结构、过程、方向、观念等因素进行思考与创新。例如，在司马光砸缸的故事中，司马光要拯救落水的孩童，正向思维往往是"让人脱离水"，但小孩子难以完成这一行为，而此时司马光选择"让水离开人"，砸缸拯救落水的孩童，这正是逆向思维的体现。

4. 纵向思维

纵向思维是一种按逻辑顺序进行思考，直至获得问题的解决办法的思考方式，遵循由低到高、由浅到深、由因到果、由始到终的层递式思维原则，以最终得出当前各种情况下最为合理的结果。

例如，生产线上的机器总是停转，多次维修都无效，为了解决这个问题，生产组长决定探寻机器停转的根本原因。首先，他发现是机器超负荷运转将保险丝烧断了，导致机器停转。接着，他发现是轴承润滑不足导致机器超负荷运转，而润滑不足的原因在于润滑泵的油泵轴磨损松动……这样一层层地进行推导，他最终发现最根本的原因是没有安装过滤器，致使杂质混入、机器阻塞，只要安装过滤器，一切问题都可以迎刃而解。

📇 **案例阅读** | **运输难题**

一支南极探险队经过千辛万苦来到南极时，遇到了这样一个难题：当他们把运输汽油需要使用的铁管一根根连接起来时，才发现连接的铁管与基地之间还差了一大截距离。队员们四处寻找，却发现没有备用的铁管，无法输送汽油。正当大家一筹莫展的时候，队长帕瑞格灵机一动：南极到处都是冰，为什么我们不把冰做成冰管用来运输汽油呢？

南极气温极低，在室外倒一点水马上就能结成冰，冰是可以做出来的。但是要怎么才能把冰变成冰管，又能保证冰管不破裂呢？帕瑞格想到了医疗绷带，于是他试着把绷带缠在铁管上，用水淋湿。待水微微结冰时，他把绷带"冰管"轻轻地从铁管上抽出来，然后再浇些水。这样，一根绷带加冰做的管道就出现了。

队员们如法炮制，迅速做出了一根根冰管，然后把这些冰管连接起来，成功地解决了汽油运输的问题。

南极科考队解决汽油运输难题时所采用的，就是典型的纵向思维。首先发现问题"铁管不够用"，然后提出"用冰作为材料做冰管"，进而引出新问题"冰管如何制作"，再想出"用绷带加铁管、水造出冰管"，最终解决了问题。

5. 横向思维

横向思维是一种打破逻辑局限以及原有问题的结构范围，从其他角度或其他领域中寻求突破，从而创造出更多新想法、新观点、新事物的创造性思维。横向思维最大的特点是打乱原来明显的思维顺序，从另一个角度寻求新的解决办法。它可以创造多点切入式的思考，也可以创造从终点返回起点式的思考。

案例阅读

一个狡诈的骗子想通过"赌石子"的方式骗女孩的面包，他们约定好，女孩如果摸中了白色的石子，骗子就给女孩 10 枚硬币，如果摸中了黑色的石子，则女孩就给骗子一块面包。为了赢得面包，骗子偷偷将两枚黑色的石子放进了口袋。女孩发现这一行为后，不动声色地摸出了黑色的石子，然后假装不慎将石子遗落，并巧妙地提出："看看你口袋里剩下的那枚石子的颜色，就知道我摸中了哪一个。"骗子的口袋里只剩下一枚黑色的石子，他不得不承认女孩摸中了白色的石子。

6. 直觉思维

直觉思维是一种不受某种固定的逻辑规则约束而直接领悟事物本质的思维形式。例如，突然对某一问题有"灵感"和"顿悟"，甚至对未来事物的结果有"预感"或"预言"等，都是直觉思维的表现。直觉思维主要有简约性、独创性和突发性三个特点。

（1）简约性。直觉思维是从整体上考察所研究的对象，调动思维者全部的知识和经验，通过丰富的想象做出的敏锐而迅速的假设、判断或猜想。直觉思维是一瞬间的思维火花，是长期积累的一种升华，是思维过程的高度简化，但它却清晰地触及事物的"本质"。魏格纳观察世界地图时，发现大西洋两岸的大陆好像是互补的，南美洲大陆和非洲大陆可以拼合成一个完整的大陆，由此猜想这两个大陆过去就是一个整体。在经过考察、验证后，他终于提出了"大陆漂移说"。

（2）独创性。直觉思维是对研究对象整体的把握，不专注于细节推敲，与逻辑思维恰恰相反。正是由于直觉思维的无意识性、随意性和灵活性，它才是丰富的、发散的，才能使人的认知结构向外无限地扩展，因而它具有反常规的独创性。

（3）突发性。直觉思维产生的过程极短，稍纵即逝，其获得的结果是突如其来的。人们对某一问题冥思苦想却不得其解，反而在不经意间顿悟问题的答案，这就是直觉思维的成果。著名的"万有引力"定律就是牛顿在苹果园休息时，不经意间受到苹果落地事件的启发而研究发现的。

7. 发散思维

发散思维又称扩散性思维、辐射性思维，是指从多角度、多方向去设想、探求答案，最终使问题得到圆满解决的思维方法。发散思维是创新思维的核心，如"一题多解""一物多用""一事多写"等都是发散思维的典型表现。发散性的思维活动不受任何限制和禁锢，人们可以提出大量可供选择的方法、方案或建议，也能提出一些别出心裁、出乎意料的见解，使看似无法解决的问题迎刃而解。图 1-3 所示即为基于形状圆的发散思维的例子。

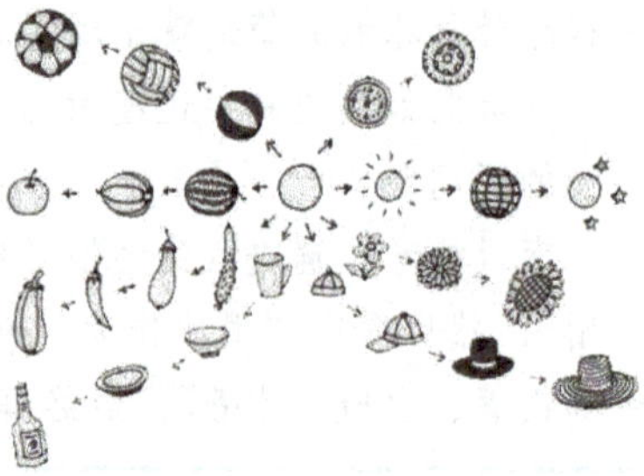

图 1-3　发散思维例子

人们在对某事物进行发散思考时，可以基于材料、结构、功能、方法、关系、形态、组合、因果等向不同的方向发散，这样可以迅速提出多种不同的解决方法。

（1）材料。将该事物当作某种材料，设想其多种用途，从而进行发散思考。

（2）结构。以该事物的结构为发散点，利用其结构对多种可能性进行设想。

（3）功能。从该事物的功能方面展开想象，包括其具体的功能类目以及在设想实现该功能的多种途径时产生的创意。

（4）方法。以该事物的制造方法或创造该事物的原因等作为发散点展开思考。

（5）关系。从该事物与其他事物之间的联系来进行联想。

（6）形态。从该事物的外观、声音、气味、明暗色差等设想创意。

（7）组合。对该事物与其他事物进行组合联想，通过不同的组合方式来激发自己的发散思维。

（8）因果。以该事物的发展结果为中心，推测造成该结果的原因，或以该事物发展的原因来推测可能会有的结果，在这个过程中抓住灵感与创意。

课堂活动

发散思维

请以一个方框作为思维的起点，尝试发散思维，看看你能想到些什么，将其画在或写在下面的空白处。

8. 联想思维

联想思维是人们通过某一事物自然而然地联想到与它相关的事物的思考方式。例如，看到一句诗，便能接着说出下一句，看到天空阴沉，便会联想到雨伞等，这些都是联想思维的体现。联想的能力是人生来就有的，其本质在于发现不同事物之间的相似之处，从而产生新的设想，这个发现的过程就是创新的过程。常见的联想类型包括以下七种。

（1）相似联想。相似联想是指由某事物的形象、特征、性质、功能联想到另外一种事物，是一种由此及彼的想象方式。例如，提到梅、兰、竹、菊，就联想到端方君子；提到向日葵，就联想到太阳。人们模仿鸟的外形制造飞机的行为，事实上也是相似联想产生的结果。

（2）跳跃联想。跳跃联想是指在看上去没有任何关系或联系甚远的事物之间形成联想，从而引发新的设想，这样的联想方法往往能产生独特的创意。例如，由黑夜中的闪电联想到生命的意志，由空寂的道路联想到金黄的麦田。

（3）连锁联想。连锁联想是指通过某一事物联想到另一事物，再通过另一事物联想到新的事物，这样一环扣一环地进行联想，从而产生接连不断的创意与想法。例如，"泥、沙—混凝土—建筑"的联想过程就是连锁联想。

（4）因果联想。因果联想是指由于两个事物存在因果关系而引起的联想。这种联想是双向的，可以由因想到果，也可以由果想到因。例如，由闪电联想到雷雨和雨伞等。

（5）自由联想。自由联想是指思维不受限制，主动积极地展开自由的想象。例如，由"铅笔＋橡皮"的组合发明的橡皮头铅笔，为了看到笔芯的用量而发明的透明的笔杆等，都是一些自由联想的产物。

（6）对比联想。对比联想是指由某一事物联想到与它相反的事物，如由美及丑、由多及少、由大及小、由好及坏等，通过对比事物来产生好的创意。例如，一位商人看到孩子在逗弄一只长相"凶巴巴"的虫子，忽然想到，现在市面上都是好看的玩具，那自己可以生产一些"凶巴巴"的玩具，孩子们一定也很喜欢，果然"凶巴巴"的玩具一经推出后就大受欢迎。

（7）强制联想。强制联想是指将毫不相干的事物强制性地联系起来，并对两者展开丰富的想象，使它们产生某种联系。例如，由"灯""动物"就可以想出"动物形状的灯""有动物花纹的灯""萤火虫的灯"等。这种跳跃度较大的思维方式能帮助人们突破经验的束缚，产生新的创意。

9. 聚合思维

聚合思维是指集中与问题有关的所有信息，从不同来源、不同方向和不同层次对信息进行有方向、有条理的收敛，从而寻求唯一答案的一种思维方式。其方式是由周围向中心辐合，由外向里，异中求同，所以它也被叫作辐合思维、收敛思维和求同思维。聚合思维具有以下四个特征。

（1）封闭性。聚合思维是将发散思维的结果从四面八方聚拢，并从这些结果中选择一个合理的答案，该过程中并不会随机添加其他新的创意想法，因此具有封闭性。

（2）同一性。聚合思维是一种求同性的思维过程，即要通过求同找到解决问题的方法。

（3）程序性。在解决问题的过程中，聚合思维具有一定的程序性，即对先做什么，后做什么，有一定的顺序安排，一切都有章可循、环环相扣，有逻辑性的因果链。

（4）求实性。聚合思维是对发散思维结果的筛选，相比发散思维的天马行空，聚合思维在确定最终方案时更具科学性和合理性，有一定的筛选标准，更具实用效果。

例如，1960年，英国某农场为节约开支，购进一批发霉的花生喂养农场的10万只火鸡和小鸭，结果这批火鸡和小鸭都得病死了。不久之后，我国一些农民也用发霉的花生长期喂养家畜，也导致了上述结果。1963年，澳大利亚又有人用发霉的花生喂养大白鼠、鱼、雪貂等动物，结果被喂养的动物也大都患病死了。研究人员收集到这些信息，认为发霉的花生中可能含有有害物质，后经化验研究，发现了致癌物质——黄曲霉毒素。研究人员总结多个案例，推测出一个合理的猜测，并寻求答案的过程，就是运用聚合思维的过程。

三、创新思维的阻碍

思维能力是所有正常人都具备的能力，但在生活中，我们却发现，创新思维是一项稀缺的特质。创新思维之所以稀缺，是因为在实际生活中，大多数人会不自觉地依照已知的、惯常的方法展开思维活动，而这一惯常的思维模式会严重阻碍新观点、新方法的产生。通常来说，人们大脑中形成的传统观念和固定观念，以及习惯性的思维定式、思维偏见、思维视角等都会对创新思维造成阻碍。

1. 传统观念和固定观念

在人类社会长期的发展过程中，人们往往会遇到很多相似的问题，并反复地运用某种观点或者认识去思考与评价这些问题，久而久之，就会形成一种观念。观念的形成与社会当时的发展水平、历史文化、风俗民情等有很大的关系，其产生具有一定的合理性。但社会在不断发展，过去的观念很难随着社会的不断进步而进步，这样就会形成传统观念或固定观念。

传统观念是一种过去形成的观念。在传统观念的影响下，人们很容易出现因循守旧、墨守成规、思维老套等问题，而这些问题会限制人们的思维，严重阻碍人们创新。

固定观念则是人们在特定的实践、学科领域内形成的一种观念。由于人们的思维具有一定的惯性作用，习惯运用已有的观念去认识与评价问题，而不考虑该观念是否适用于解决现在的问题，这样就会形成固定观念。

传统观念侧重于时间和历史，主要体现为过去的观念对创新思维产生影响；固定观念则侧重于空间，主要体现为某一领域的现有观念对其他领域的创新思维产生影响。不管是传统观念还是固定观念，本质上都是反对思维对现有事物进行超越，都是思维创新的主要阻碍，因此创新者需要警惕这两种观念对自己思维的影响。

2. 思维定式

所谓思维定式，即人们在积累的经验和已有的思维规律的基础上，产生了一种较稳定、定型化的思维路线、方式和模式。一般来说，当人们在生活中反复使用某种思维方式时，就容易形成思维定式。在情景相同的情况下，思维定式可以使人们通过已经掌握的方法来快速解决问题，但也容易使人们形成习惯性的思维模式，从而阻碍创新思维的发展。思维定式根据产生方式的不同，可以分为五种不同的类型。

（1）经验型思维定式。

经验型思维定式即人们根据长久的习惯和经验来思考和解决同类问题的一种思维方式。虽然经验很多时候都是根据前人或自身的长久积累所得，很多时候可以帮助人们快速识别问题和解决问题，但经验型思维定式也会使人们形成思维惯性，阻碍人们从全新的角度来认识事物、解决问题。因此，创新者在思考问题时，要防止思路固定、太依赖自己的经验或总是采用相同的思维方式解决问题，应尽量寻找新的思考角度，避免惯性思维对创新造成阻碍。

（2）权威型思维定式。

权威型思维定式是指人们对权威人士的言论和行为不自觉地产生认同和信任。人们对权威的信任多来自两个方面：一是教育上，一些学校或家庭，在教育过程中会将信任权威的知识或观念灌输给学生或孩子，使其形成盲目崇拜权威人士及权威理论的观念；二是社会中的众人在推崇一个人后，会形成"口碑效应"，受此影响，很多对其了解不深的人也会对该"权威"产生信服感，甚至还有个体利用手段，打造虚假的"权威"，建立起"个人崇拜"。

上述行为使得不少人在"权威"的影响下，难以产生创新的观念、意识，不利于创造力的激发与发挥。因此，大学生在对待"权威"时，不要盲目吹捧、服从，而要解放思想，打破权威型思维定式，做一个敢质疑、敢突破、敢实践、敢创新的人。

（3）从众型思维定式。

从众型思维定式是指跟随大众的思维模式。从众心理最大的特征是"人云亦云"，人们在产生从众心理时，往往不会独立思考。有这种心理的人，有的是为了避免"标新立异""哗众取宠"，而选择跟大家保持一致；有的则是懒于思考，随波逐流。在实际生活中，大多数人都可能因从众心理而盲从，但这样的思维方式势必导致人们与创新绝缘。作为一种消极的思维模式，从众型思维定式也是创新思维的一大阻碍。

因此，大学生要破除从众惯性，学会相信自己，坚持自己的看法，不盲从，拥有独立思维意识，具备良好的心理抗压能力。

（4）书本型思维定式。

书本型思维定式是指人们对书本的盲从和完全认同。人类文明一步步延续至今，书本功不可没，人类从古至今积累的各种技术、历史、知识、经验等大多是通过书本传承下来的。如今，书本是人们接受教育的载体，贯穿学习的整个过程，人们难免不对书本传递的信息产生依赖和认同。但世间事物处于不断发展与变化之中，书本内容与客观事实可能会逐步产生一定的差异，盲目按照书本上的观点行事是一种将书本内容夸大化的行为，不仅不利于创新意识的发散，可能还会产生不好的结果。例如，战国时的赵括熟读兵书，说起兵法引经据典、头头是道。但是后来在长平之战中，他只知道根据兵书照搬理论，却不知变通，结果被秦军大败。

"纸上得来终觉浅，绝知此事要躬行"，理论知识可以指导实践，同时也来源于实践。所以大学生在学习书本知识时，要学会辩证地看待书中的观点，将理论与实践相结合，具体问题具体分析，善于归纳总结，而不是墨守成规，这样才能真正解决问题。

（5）直线型思维定式。

直线型思维定式是指人们在面对简单问题时，会使用简单的"非此即彼"或按顺序排列的方法去思考问题。在面对复杂多变的问题时，也会习惯性地套用这种方法，不从侧面、反面或迂回的角度考虑问题。

直线型思维定式不利于创新思维的发散。用直线型思维思考问题的案例有很多，如数学中由"A=B，B=C"得出"A=C"的理论并不适用于所有事物，A 材料可以代替 B 材料，C 材料也可以代替 B 材料，但这并不意味着 A 材料绝对可以代替 C 材料。直线型思维有时候是简单解决问题的最好方法，但也容易显得古板、不知变通，甚至造成错误。

课堂活动

突破思维定式

在生活中，人们或多或少都会存在思维定式。下面通过几道题目，看看你能否突破思维定式？

（1）现在要在一片空地种下 4 棵树，需要这 4 棵树两两之间距离相等，如何实现？

（2）有一条小河，只能使用一条独木舟通过，独木舟每次只能载一个人，现在有两个人同时到了河岸边，他们却都顺利渡过了河，他们是怎么做到的？

如果你不能回答这些问题，可以看看下面的答案。

（1）将其中 3 棵树种植在等边三角形的三个顶点，然后将三角形正中间垫高（或挖坑），直到高点（或坑底）到顶点的距离等于三角形的边长，将最后一棵树种在那里。此时 4 棵树处在正三棱锥的 4 个顶点，互相距离相等。此题的思维定式在于，很多人默认空地是平整的，而其实空间是立体的。

（2）两人同时到达了岸的两侧，因此独木舟一个来回就可以将两人各自送到对岸。此题的思维定式在于很多人下意识以为两人同时到达就是要一起渡河。

3. 思维偏见

思维偏见是指思维主体因为各种原因无法认识到事物的本质，只能认识其表象。建立在思维偏见上的创新自然是无法成功的。

（1）沉锚效应。

沉锚效应是指当人们需要对某个事件做定量评估时，会将某些特定数值作为起始值，而起始值可能和实际的评估项目没有关系。人们在做决策的时候，会不自觉地给予最初获得的信息过多的重视。这个被过分重视的信息就是"锚"，人们的思维受"锚"信息的影响，就像船受到沉锚的固定一样。"锚"信息通常是最受人们关注的信息，一旦被关注，无论其数据是否夸张、前例是否有实际参考价值或对思维主体是否有价值，都可能对人们的认知、判断、决策产生决定性影响。在生活中，沉锚效应很常见，例如，给商品标价100元，然后过几天再打折到70元销售，消费者就会以为自己得到了优惠，因为其思维已经被"原价100元"这个"锚"所影响了。

沉锚效应使得单一信息被过分重视，就会导致其他信息被忽视，这就使思维的开放度大大降低，对创新极为不利。沉锚效应能生效的根源在于个体对事物本身的了解不足。在上面的例子中，如果消费者对商品很熟悉，就可以快速分辨商品的实际价值，那么"锚"也就不起作用了。要克服沉锚效应，大学生在面对陌生的事物时，就需要从多个渠道了解该事物的信息，而不是只看到那个显眼的"锚"。

（2）利益偏见。

利益偏见是指由于存在利益关系，思维主体在无意识中做出有利于自己的认识，而导致认识的微妙偏差。这是一种超越理性的、无形中由自身立场所导致的观点偏移，而非由于维护自身利益而产生的有意识的明显偏颇。

利益偏见是无意识的、微妙的，是一种隐蔽的偏见，甚至在问题与自己利益无关时也会表现出来。维护自己的利益是人的本能，但陷入利益偏见时，自身的利益却往往会受损。大学生应该学会跳出自己的立场，有意识地避开利益的影响，消除利益偏见。

（3）位置偏见。

行业、地域、年龄、性别等因素共同构成了人的社会位置，人们倾向于从自己的位置出发去认识事物，往往只能得到单方面的认识结果，难以认识事物的全貌，从而产生位置偏见。而要避免位置偏见，大学生就需要拓展自己思维的视角，有意识地从自己视角的反方向出发去考虑问题，或者将问题放到系统中进行整体考量。

4. 思维视角

"视角"就是思考问题的角度、层面、线索或立场。人们在思考问题时，若仅从一个视角出发，得到的结论往往是不全面的。从社会学、心理学等角度来分析，人们在思考问题时，很难完全避免思维定式，在长期的思维活动中，很可能会形成趋于一致的思维视角，从相同的角度去思考问题。也就是说，大部分人在思考问题时，往往会先基于常理、常规的角度去观察，会顺着事物发展的时间顺序和空间顺序去考虑，以便能够快速找到问题的解决办法。但这样的思维方式也很容易让人陷入思维的"陷阱",不会主动去寻求更新、更有效的解决办法,从而难以产生创造性的成果。

　　因此,创新者应该尽力避免使用固有的思维视角去观察问题、思考问题,而应该尽量寻求多元化的思维视角,如图 1-4 所示,去发现新的观点,产出创造性的成果。

微课启学:格子外思考
与高质量创意

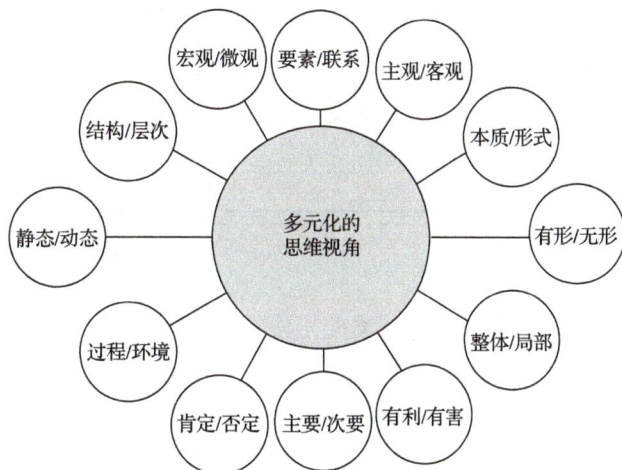

图 1-4　多元化的思维视角

课后实践——综合旅游项目开发

　　近年来,旅游市场火热,各地都纷纷发掘旅游资源,积极发展旅游产业,振兴本地经济。现在有一个西南地区县城,想要开发一些旅游或游玩项目,吸引游客前往。该县城依山傍水,风景秀丽,特产菌类、跑山鸡、牦牛肉等特色食品,并且保留着传统的农村风貌以及农牧业。请根据该县城的特点,为该县城的综合旅游项目的开发提出可行的方案。

　　全班同学分为若干小组,每组 6 ~ 8 人,以小组为单位完成本项实践。

1. 联想思维方式的应用

　　各小组基于"西南地区""山水风景""特色食品""农村"几个关键词,运用联想思维方式,提出创新性方案,将你的想法填写在表 1-3 中。

表 1-3　联想思维方式的应用

分析项目	分析结论
关于"西南地区"关键词的联想	
关于"山水风景"关键词的联想	
关于"特色食品"关键词的联想	
关于"农村"关键词的联想	

2. 发散思维方式的应用

一个综合旅游项目，必然包含游玩、餐饮、住宿、购物等元素，请各小组运用发散思维，结合当地条件与资源，以"游玩""餐饮""住宿""购物"为主题进行发散思考，将想到的成果画在或写在图 1-5 对应的空白处。

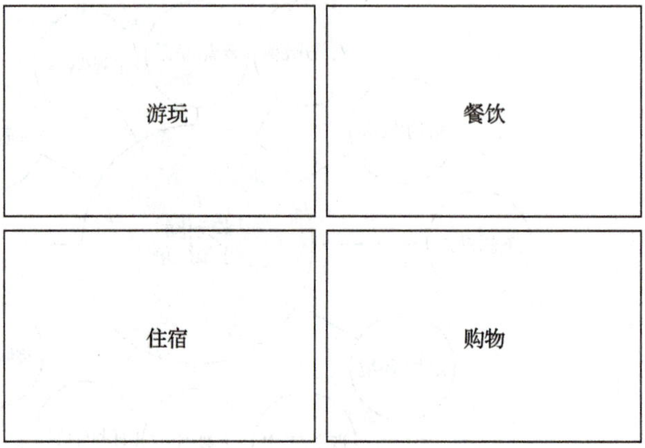

游玩	餐饮
住宿	购物

图 1-5　发散思维方式的应用

3. 聚合思维方式的应用

国内现在已经有很多成熟的旅游项目，可以为该综合旅游项目的开发提供有益的参考。聚合思维能够帮助我们从众多已经被证明有效的成熟方案中提炼出创新方案。请各小组基于西南地区、山水风景、特色食品、农村等关键词，寻找国内典型的旅游服务案例，然后分别从游玩、餐饮、住宿、购物等方面分析归纳，最后运用聚合思维方式，尽可能多地提出创新性方案，将你的想法填写在表 1-4 中。

表 1-4　聚合思维方式的应用

序号	游玩	餐饮	住宿	购物
1	典型的山水风景游玩项目：山林徒步	典型的特色食品：当地特色菜	典型的农村地区住宿：民居民宿	典型的特色食品购物：当地菌类
2				
3				
4				
5				
6				
7				

4. 逆向思维方式的应用

为了避免旅游项目与其他地区过于同质化，打造地区特色，形成独特吸引力，请各小组基于前面整理的典型旅游项目，运用逆向思维方式，提出创新性方案，将你的想法填写在表 1-5 中。

表 1-5　逆向思维方式的应用

原方案	逆向方案
山林徒步：游客沿着修建好的步道以固定的路线进行游览	山林徒步：不修建步道，游客由本地向导带领，在自然地貌中穿行游览，登山探险

5. 你的方案与建议

根据以上运用创新思维方式的成果，形成最终的确定方案。

02

项目二　认识设计思维

学习目标

1. 了解设计思维的基本概念，理解设计思维在创新活动中的作用。
2. 掌握两种设计思维模型，熟悉设计思维的发展过程。
3. 掌握设计思维的思考方法，能够坚持使用设计思维进行创新思考。
4. 培养创新思维能力，树立勤于思考、敢于创新的意识，能在日常生活中主动创新，用创新的思维思考和解决问题。

任务一　解读设计思维

创新是一个国家的灵魂，是生产力发展的动力源泉。创新本身属于一种思维模式，思维由思维材料、思维加工方法和思维成果构成，例如，在工艺品领域，通过运用概括、分析、想象等思维加工方法，对形状、色彩等思维材料进行处理，最终获得创意成果，也就是思维成果，这就是一种创新。

设计思维同样如此，它是一种结合科学与艺术的创造性思维。相比传统创新，设计思维侧重于满足用户的当前需求，以用户为中心，在创新活动中发挥着重要的作用。

一、何为设计思维

"设计思维"一词可以追溯到 20 世纪 80 年代，随着人性化设计的兴起而引起广泛关注，但其实在更早之前，很多的设计活动都是设计思维的体现。

在科学领域，把设计作为一种"思维方式"的观念可以追溯到赫伯特·西蒙在 1969 年出版的书《人工制造的科学》。在工程设计方面，更多具体内容可以追溯到罗伯特·麦克金姆在 1973 年出版的书《视觉思维的体验》。

20 世纪 80 年代和 90 年代，罗尔夫·法斯特在斯坦福大学任教时，扩大了麦克金姆的工作成果，把"设计思维"作为创意活动的一种方式，进行了定义和推广，此活动通过他的同事大卫·凯利得以被 IDEO（全球创新设计咨询公司）的商业活动所采用。

彼得·罗在 1987 年出版的书《设计思维》首次引人注目地使用了这个词语的设计文献，它为设计师和城市规划者提供了实用的解决问题程序的系统依据。1992 年，理查德·布坎南发表的题为"设计思维中的难题"的文章表达了更为广泛的设计思维理念，即设计思维在处理设计中的棘手问题方面已经具有了越来越大的影响力。后来，社会上陆续开设了关于设计思维的课程及研究学院，设计思维在气候变暖、贫穷国家的发展问题等社会及人文领域的探讨研究更是让设计思维受到了学术界和商业界的关注。

蒂姆·布朗认为"设计思维是一种利用设计师的感性和方法为解决问题，以满足人们的需要，在一个技术上可行和商业上可行的方式。换句话说，设计思维是以人为中心的创新。"具体而言，我们可以这样认识设计思维。

（1）设计思维的底层逻辑是以人为中心。

（2）设计思维是设计师思考和解决问题的方法。

（3）设计思维是以人为中心的创新语言，是满足人的真实需求的创新的方法论。

（4）设计思维是一种机会开发工具。

（5）设计思维是一种反向的思考策略，以人的需求为创新起点，寻求解决需求的技术或者方案，之后才思考商业模式如何运作。

（6）设计思维作为一种思维的方式，它被普遍认为具有综合处理能力的性质，能够理解问题产生的背景，能够催生洞察力及解决方法，能够理性地分析和找出最合适的解决方案。

总体看来，设计思维发展与运用的范围正在逐步扩大，其概念也从相对局限的学术讨论拓展到更广泛的领域，成为一种可以用来应对多种复杂情况的有效的方法论。可以说，设计思维更多的是强调未来与创新，即从当前挑战及用户需求入手，发现事情的更多可能性，用创造性与可行性兼备的解决措施超越用户的期望，这种发展性的思想甚至可能解决用户现在还没有意识到的问题。也正因如此，设计思维才能应对更多的挑战，更好地完成创新实践活动。

二、设计思维助力创新

随着全球化进程的加快，人类已经迈入知识经济时代。知识经济是建立在知识和信息的生产、分配和使用基础上的经济，是以知识为基础、以脑力劳动为主体的经济。而这也对创业者的脑力活动和创新能力提出了更高的要求。自改革开放以来，我国就一直处于高速发展之中，这是由于创新激发了人们的创造性。2006年，《国家中长期科学和技术发展规划纲要（2006—2020年）》印发，提出把建设创新型国家作为面向未来的重大战略选择。2016年，《国家创新驱动发展战略纲要》印发，明确创新成为引领发展的第一动力。作为社会主义现代化建设的接班人，为促进民族复兴和中国梦的实现，21世纪的大学生应当重视创新，培养创新能力。

在不断加快创新步伐、追求创新成果的时代背景下，具备创新实践性的设计思维被广泛应用于产品设计与迭代、商业模式创新、组织创新、人力资源管理、社会化思考、人生设计等方面。

设计思维作为全球创新创业者的共同语言，在研究中被证实其对大学生的创造力提升、创新创业能力培育及"三创（创新、创造、创业）型"卓越人才培养具有重要意义。同时，设计思维有助于清晰地观察和对解决问题的方案进行批判性分析，为实现创新提供各种可衡量的手段，促进创新目标的实现，因此大学生创业者应当重视设计思维对创新创业的重要作用。

设计思维对创业者的要求

拓展阅读

2021年3月11日，十三届全国人大四次会议表决通过《中华人民共和国国民经济和社会发展第十四个五年规划和2035年远景目标纲要》。大学生作为创造力和知识能力兼备的群体，是符合我国"十四五"规划的创业主要人群，然而由于各种各样的原因，许多创业计划在早期就夭折了。设计思维作为一套系统性的、能帮助大学生创业者找出最佳创业方案的理念，对培养大学生创业者的创造能力、推进创业活动具有重要作用。

同时，设计思维也对大学生创业者的思维水平提出了很高的要求，尤其是当设计思维衍生到情感、科技、商业、人文等其他领域时。因此，为了更好地团结其他人才，产生多层次的创意连接，将创新想法付诸实践，大学生创业者应当满足以下要求。

（1）跨领域的知识储备。大学生创业者要具备较广的知识面和跨领域的知识储备，这样才能吸引人才，产生好的创意，并且在团队内形成开放的、自由的、协作的创意发散氛围，促进创意的激发。

（2）综合素质全面。大学生创业者应培养自己在语言、身体运动、音乐、人际关系、逻辑、数学等各方面的能力，使自己具备综合素质高、思维辐射广、社会适应力强等优点。这样在面对创新挑战时，也能做到迎难而上，以变应变，积极乐观地解决问题。

（3）以人为本。设计思维强调以用户为中心，这要求大学生创业者以人为本，能够站在用户的角度考虑问题，满足用户的需求。

（4）右脑思维。设计思维能够为创新提供源源不断的灵感与设想，而要想推动创新，就要充分发挥右脑的作用，去设计新颖的，甚至天马行空的解决方案，促进创新的落实。

（5）实践合作能力。设计思维并不是一个单纯动脑的过程，更多的是联合团队成员，结合实际，通力合作。

任务二 ｜ 设计思维模型

赫伯特·西蒙认为设计思维包括定义、研究、构想、原型、选择、应用和学习，且这些步骤可以同时发生并重复。SAP 公司将设计思维分解成三大阶段：客户期望、可行性方案设计、给客户带来的利益价值。IDEO 则将设计思维分为启发、构思和实施三个步骤。IDEO 将设计思维流程表述为灵感期、构思期、施行期三阶段，表明了设计思维的发展阶段。而 D.School（斯坦福大学设计学院）则提出了五阶段设计思维模型，将设计思维的一般流程分为共情、定义、构想、原型和测试五个流程。这些说法各有侧重，都能够很好地表现设计思维的一般流程，其中尤以 IDEO 三阶段模型和 D.School 五阶段模型认可度最高。

一、IDEO 三阶段模型

运用设计思维开展的创新活动并不能一蹴而就，从发现问题到提出设想，再到创新落地实际上是需要一定的时间去完成的，IDEO 的设计思维流程分为三个阶段：灵感期、构思期、施行期，如图 2-1 所示。

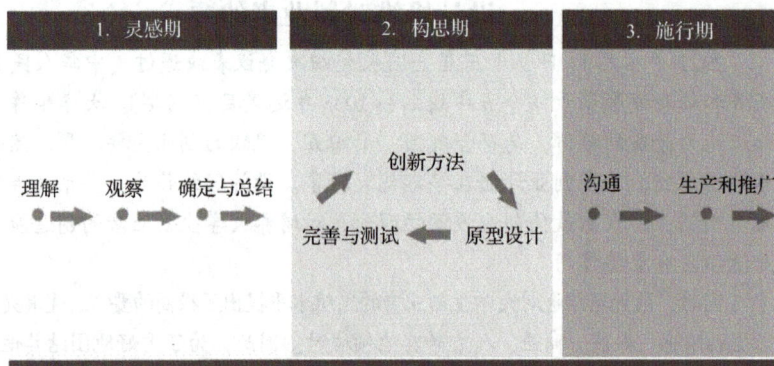

图 2-1 IDEO 设计思维流程

1. 灵感期

灵感期也被称为设计思维过程中的启发阶段。启发是指人们从某些现象或挑战中发现一些需要解决的问题，并且人们对这个问题的解决方案产生灵感或获得解决机遇。

在这个阶段，创新者需要对自己试图解决的问题产生共情心理。首先要去观察、理解用户的经历与动机，将自己沉浸其中，深入了解，这里可以通过专家咨询或自己调查获得第一手或者第二手资料，发现用户在产品、服务或者流程等方面的需求和遇到的问题。

然后，确定问题。在这个过程中，大量的资料被搜集、集中起来，创新者可以和自己的团队成员讨论、分享与展示，将获得的信息进行分类总结，定义核心问题，并对产品开发背后的问题形成最佳理解。

最后确定可以帮助用户解决问题的元素，或者让用户以最小的难度掌握自行解决问题的方法，接着进入下一阶段的构思期。

课堂活动

点燃灵感

近年来，大城市的交通拥堵问题越发成为人们的困扰。请同学们结为 4～6 人的小组，尝试以设计思维来获得灵感。

（1）理解。当前大城市交通现状如何？存在哪些问题？

_____

（2）观察。通过自身经历与网络资料，解释大城市交通拥堵问题是如何形成的。

_____

（3）确定与总结。总结大城市交通拥堵问题的成因，并尝试解决，将自己的创意写下来。

_____

---

2. 构思期

构思是产生、发展和测试创意的过程。通过上个阶段，创新者及其团队成员已经很好地理解了用户和他们的需求，也已经进行了问题分析，在这样的背景下，创新者及其团队成员要跳出常规的方法来思考解决方案。

可以利用各种创新方法发散创意，如头脑风暴法等。获取各种想法，然后对想法进行分类，列出优先级，并对这些想法进行原型设计。这时候可以推出一些价格低廉的产品或具备特定功能的简化版本的产品，以便创新者可以验证前一阶段确定问题的解决方案。这些解决方案是蕴藏在原型之中的，并逐个被检验，进行完善与测试。它们可能会被接受，并进行优化和再检验，也可能被拒绝。

当这个阶段结束时，团队将会更好地了解产品中固有的约束条件和存在的问题，并且能更好地了解真实用户在与最终产品交互时的行为、想法和感受。最后对检测下来得到的各个好的想法进行整合，循环这一过程，慢慢地获得完善的原型。

3. 施行期

施行是将想法从项目阶段推向人们生活。在这个阶段，创新者需要使用原型设计阶段确定的最佳解决方案，严格测试整个产品，然后通过与团队、用户的沟通，实现设计产品的生产和推广。

二、D.School 五阶段模型

D.School 的设计思维流程分为五大步骤：共情、定义、构思、原型、测试。如图 2-2 所示。五阶段模型的主要优点在于后期获得的知识可以反馈到早期阶段。信息不断地反馈给设计人员加深其对问题和解决方案的理解，并重新定义问题。这形成了一个"永久的"循环，在这个循环中，设计人员不断获得新的见解，创造审视产品及其可能用途的新方法，并加深对用户及其面临问题的理解。因此五阶段模型获得了广泛的认可和运用。

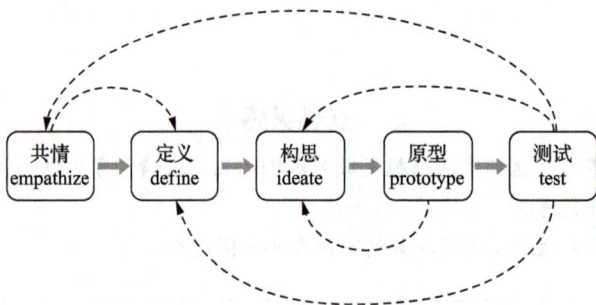

共情 empathize → 定义 define → 构思 ideate → 原型 prototype → 测试 test

图 2-2　D.School 设计思维流程

1. 共情

共情是设计思维流程的第一步，它把了解用户作为所有后续工作的开始，注重挖掘用户深层次的需求，做到以人为本。

设计思维强调以人为本，需要了解用户，洞察用户的需求。有些大学生创业者为了获得用户的真实感受，除了进行实时实地调研之外，还会选择融入用户环境，在对方不知情的情况下观察对方（须注意避免侵犯用户隐私）。大学生创业者在调研和观察用户时，还要保持同理心、同情心，摒除偏见和自己的预期假设，真实理解用户的实际需求，这样才更容易与用户产生共鸣。

📇 **案例阅读**　|　**同理心助力医院流程改革**

有一家医院希望 IDEO 能够帮助他们改进就医流程，优化病人的就医体验。IDEO 设计师克里斯汀·西蒙萨里安决定自己感受一遍就医的流程。

克里斯汀假装脚受了伤，通过医院急诊就医。据他事后的描述，当被告知需要等候、但没人告诉他在等什么或者为什么要等时，他感受到了烦躁。当被一位不知是谁的医院工作人员用轮椅推着，沿一条不知通向哪里的走廊穿过一扇令人生畏的双开门，进入令人眩目、喧闹的急诊室时，他体会到了由此而引起的焦虑。他的经历通过摄影机被如实记录了下来，供设计团队观看。

通过观看录像，设计团队意识到，在这个情景中有两种相互矛盾的描述：医院看到的就医流程是基于保险确认、医疗优先和床位分配来描述的"病人经历"。而病人的亲身经历则完全不同：本来就因生病而紧张，而就医的过程让人感到迷惘，加上就医信息不完整和局势不为自己所掌握，令病人焦虑。设计团队就此得出了结论：医院既要考虑从医疗和管理角度提出的合理化要求，又要考虑关注在此情境中病人的体验与感受。根据 IDEO 的建议，医院做出了积极的改革，优化了导诊流程，虽然就诊等待时间没有明显缩短，但就诊者的体验得到了显著的改善。

建立同理心、发现和理解用户的需求是设计思维的关键，实现共情的原则有以下六条。

（1）我怎么对待别人，别人就怎么对待我。

（2）想他人理解我，就要首先理解他人。将心比心，才会被他人理解。

（3）学会从别人的角度看问题，并据此改进自己在他们眼中的形象。

（4）只能修正自己，不能修正别人。想成功地与人相处，让别人尊重自己的想法，唯有先改变自己。

（5）真诚坦白的人，才是值得信任的人。

（6）真情流露的人，才能得到真情回报。

2. 定义

用简短精练的一句话去定义问题，准确描述问题，告诉别人本团队或者项目准备做什么，本团队又有怎样的价值观。这一阶段将有助于大学生创业者明确需要解决的问题，收集好的想法，明确解决方案的特性和功能，并可以为最终的解决方案提供评估标准。

设计思维的本质是解决现实中的问题，但准确定义问题往往比较困难，这时候就可以通过重复"为什么"去了解问题的本质，发现问题出现的潜在原因。同样是由于没有快马而出现经营危机的情况，如果将问题定义为"如何获得速度更快的马？"那么最终设想的解决方案可能就是寻找获得快马的途径，问题看似得到了解决，创业者还是会面临与其他有快马的同行的竞争。如果是通过一系列的追问，大学生创业者或许能提炼出用户真正需要解决的问题。

3. 构思

大学生创业者集思广益，通过各种创意方法，就问题生成解决方案构思。创意构思方法有许多，包括头脑风暴法、思维导图法、角色扮演法等。这些想法可能来源于一些用户对于产品缺陷提出的改进建议，或是在他人想法的基础上发展而来，其来源可以尽量广泛，想法越多越好。在该阶段，尽可能多地设想各种可能性至关重要。

之后，就可以对这些想法进行分类，例如，按照其能否实现、是否实用、重要性如何等进行优先级排序，再按照优先顺序执行这些想法。

4. 原型

该阶段为根据最优方案快速构建最终产品的阶段。通常要求大学生创业者用最短的时间和最少的成本来提出解决方案，做出产品原型并展示，从而反思产品。在该阶段，大学生创业者可以选择利用各种材料，如纸、笔、软件、3D 打印机、木料等创建多个原型，或是利用故事板塑造场景进行原型展示。这样做不仅能减少资源的浪费，还可以帮助大学生创业者判断其想法实现的可能性，从而做出更好的产品。

创新设计思维的最大特征之一，就是"快速原型法"，即先将事情做成，然后将事情做好。从直觉出发，获得一个创意，分析可行性之后要开始快速做原型，然后再对做和用的过程进行调整和优化，一步步进行完善。对于创新而言，非常可怕的一件事是设计了最完善的方案，结果竞争对手却早已占领了市场。

5. 测试

该阶段主要是测试产品原型，对设计好的产品进行真人测试，并尽可能获得反馈，然后根据结果重新审视自己的产品，从而进一步优化产品，促进产品迭代。

虽然该阶段往往紧接着原型设计进行，但其也可以贯穿整个设计思维的过程。例如，可以在构想之前先设计简单的原型来测试自己的想法，帮助发现更多的有关用户的信息。如果能合理、正确地进行该环节，大学生创业者将能更好地理解用户，设计出优秀的产品。

设计思维的非线性流程

拓展阅读

无论是三阶段模型还是五阶段模型，都将设计思维描述为一个直接和线性的、按部就班的思考过程，它们一环扣一环，以富有逻辑的方式线性运行下去。然而，实际上，设计思维很大程度上是以更灵活和非线性的方式进行。设计团队内的不同小组可以同时进行多个阶段的工作，例如在整个项目中收集信息并设计多个原型，又比如根据测试阶段结果提供的一些信息反过来推动另一个构思或新原型的开发。

因此，设计思维的过程虽然能够被分为不同的阶段，但是这些阶段可能会切换，同时进行并重复多次，如果创业者认为某一个新的环节可以帮助设计和创新，那创业者就可以立即进行这一环节。

任务三 │ 使用设计思维思考

设计思维能够为创新提供源源不断的灵感与设想，推动创新活动的实现，是创新行之有效的方法论。设计者也应该树立设计思维的理念，使用设计思维思考，具体而言，就是需要做到以下几点。

微课启学：问题探索的意义

一、坚持目标导向

目标导向也就是顶层设计，是指站在最终用户的立场上设计一个能体现长远眼光的解决方案，而不是使用纯粹的逻辑思维，站在自己的角度或问题的现状来思考。基于现状的答案虽然能够解决现在的问题，但是要想有颠覆、有创新，还是要有发展的、未来的眼光。

二、聚焦用户

设计思维强调以用户为中心，要求设计者站在用户的角度考虑问题，这也就是日常所说的要有同理心，移情予人，进入他人的境界和情感之中，深入了解他人的潜在需求。

比如说，当前的营销模式已从原来完全以企业为中心的 4P 模式（产品、价格、促销、渠道），转变成了以用户为中心的 4C 模式（用户、成本、沟通、便捷）。要想将以用户为中心和创新紧密联系起来，创新设计思维在其中起着非常重要的作用。这里强调同理心，就是完全将自己投入进去，以用户的身份、思维考虑问题。

案例阅读　　　　　　　**"让用户深度参与"——小米**

2018 年，东方天健数字传媒有限公司总经理王骞在其举办的讲座《小米生态链设计思维即营销法则》中提到："小米公司在刚开始创办时，目标便不是手机，而是为将来万物互联做准备。公司使用大数据了解用户使用体验，由此推出更方便、更有品质、更具颠覆性的产品。"事实上，雷军在各种分享会上的发言，也印证了这种说法。雷军在创业时的这种思考角度、思维境界，也为小米公司现在的成功奠定了基础。

2019 年，在小米开发者大会上，雷军提出了他在创办小米公司前的几个学习对象：同仁堂——真材实料、对得起良心，这启发了小米要认真做用户需要的好东西，而不仅是便宜的东西；海底捞——口碑，其本质在于琢磨产品和服务能够打动顾客；沃尔玛、Costco——低毛利率，启发小米公司通过低毛利率倒逼提高运作效率，其采取方法包括"拧毛巾（压缩内部费用）"和模式优化，即简化商业流通的中间环节，兼具接近成本定价和高运作效率。最后，雷军提到了互联网思维，他认为群众路线非常重要，即"深入群众，相信群众，从群众中来，到群众中去"，让用户参与进来。

小米公司的联合创始人黎万强也在众多场合反复强调用户参与的重要性。他们一致认为，小米公司不仅仅是售卖手机，而是售卖梦想、售卖参与感。纵观小米公司创办的初心及其发展历程，可以说小米公司的成功与其用户思维有很大的关联，小米公司的许多环节，都是以用户的参与体验为中心，而这也是小米公司"最大的卖点"和核心的竞争力的体现。

小米公司起家于 MIUI 手机操作系统、米聊软件及小米论坛。小米手机在推出之前，公司就通过雷军的微博、小米官方微博来吸引公众的注意，并通过预装 MIUI 操作系统来吸引手机"发烧友"参与定制。2010 年 8 月发布首个手机操作系统测试版本，当时就有 60 多万用户参与了小米测试版本的开发改进。此外，在线上，小米公司还通过论坛和话题关注的形式激发用户的参与热情并发展用户。在线下，小米公司则通过举办各种活动来吸引用户的参与，例如，"2012年小米手机爆米花全球行动活动"等。小米公司在全国各地举办"米粉同城会"，通过与用户的互动、用户的深度参与，使小米公司的成长成为企业和用户共同关注的事。

由于雷军有着前瞻性的思维，看到了智能硬件和物联网市场的发展前景，因此，2013 年初，小米公司以手机为中心，陆续投资其他"有潜力并认同小米价值观"的企业，从中孵化智能硬件的相关产品，首先是移动电源、耳机，然后是手环、智能音箱、机顶盒、电视、净水器、平衡车、扫地机器人等，后来也陆续投资牙刷、行李箱等。截至 2021 年 2 月，小米公司已经投资了 290 多家生态链企业，这些"小米产品"以点成线，由此形成了一个小米生态链。

同时，小米公司坚持借助互联网工具倾听用户反馈，让用户参与到产品研发、生产、售后各个环节中。小米公司在社区开发了不同的专区模块，让开发团队能直接与用户沟通，针对用户评论，第一时间解决问题，并不断进行产品开发与迭代，以尽量满足用户需求。2018 年，在中国消费者协会公布的 20 款扫地机器人测评中，米家扫地机器人对地板、边角、头发、宠物毛发的综合清洁能力几乎全部为 5 颗星，综合排名第一。同年，在北京市消费者协会和四川省保护消费者权益委员会发布的测评，以及 2017 年上海市保护消费者权益委员会公布的测评中，米家扫地机器人表现也非常突出。对此，小米集团副总裁、质量委员会主席颜克胜表示，这是因为团队做到针对用户"吐槽点"对症下药。这样的模式和企业态度，使得小米公司在创新和高品质的路上越走越远。

　　思维方式决定行为方式，不同的思维会引发不同的行为。小米公司的诞生是设计思维的体现。从案例中可以看出，在小米公司取众家之长的学习过程中，其学习对象和理念的选择，都与用户体验相关，深度体现了小米公司以用户为中心，关注用户需求的理念。小米公司将用户参与融入研发到售后的各个环节，并能通过用户测试改良产品，实质上也是设计思维的体现。这种思维方式让产品、企业更加成功，也是小米公司多年以来一直占领行业头部的关键。总之，不管是小米公司创业者的思维方式，还是其最大程度贴近用户的设计理念，都值得广大大学生创业者思考和学习。

课堂活动

需求画布

　　下面可以使用需求画布的方法来聚焦用户，以用户为中心。

　　图 2-3 展示了需求画布的构成要素。其中，用户画像是指具有共同特点和相似"痛点"的一群人，"痛点"问题是指用户感到恐惧或不舒适，并且愿意为此付费以解决问题。场景是指用户在"痛点"最强烈的时间、空间及情景。想象一下，如果你是"小米"公司负责手机业务的经理，你会如何填写"小米"手机的需求画布，将内容填写在图 2-3 中。

需求画布	
用户画像 （有共同特点、相似"痛点"的一群人）	**"痛点"问题** （客户恐惧、不爽、愿意付费解决问题）
场景 （客户"痛点"最强烈的时间、空间、情景互动）	

图 2-3　需求画布

三、保持开放心态

　　如果希望创意更有新意，就需要充分发挥思维的灵活性，突破定势思维的局限，去设计一些更离奇的、更新颖的，甚至显得天马行空的解决方案。因此，在创意思考的过程中要保持积极开放的心态，认为一切皆有可能，而不应急于否定自己的想法。

　　同时，在思考时也应该变换角度，注意多角度审视设计的对象，这条路走不通，那么换另外一条路继续走，俗话说"条条大路通罗马"，变换一个角度考虑问题，说不定就能获得意想不到的好创意。

四、集思广益

一人计短两人计长，创新是困难的，这就需要广泛征集参与者的建议并进行汇总，从中获取有价值的信息，最好是组织设计者对于确定的设计主题进行讨论。

在讨论过程中，人人都要发言，不受他人影响地去提出自己的见解，当别人提出不同想法时，不批评、不议论、不评价，然后再在别人想法的基础上提出更有用、更有新意的想法。因为有些好的想法可能就是在萌芽阶段被从众思维、惯性思维给掐灭的，如果每位参与者都能认真对待各种看似不能实现的想法，就会拥有很多创意选择。若再将不可能变为可能，那么就有可能在最后获得很好、很有效的创新方案。

课堂活动

集思广益的力量

现在，请你在下面尽可能多地写出和"天气"有关的词语。

_____

数一数，你一共写出了多少个词语。现在，请全班同学都将自己写出的词语展示出来，请你将你没想到而同学写出的词语补充在下面。你是否感受到了集思广益的力量？

_____

_____

五、原型速成

创新设计思维的最大的特征之一，就是"快速原型"，即先将事情做成，然后将事情做好。从直觉出发，获得一个创意，分析可行性之后要开始快速做原型，然后再对做和用的过程进行调整和优化，一步步进行完善。

案例阅读　　　　　**快速的模型制作**

佳乐公司 (Gyrus ACMI) 在手术器械方面技术一流，而且是开发微创手术技术的领头羊。IDEO 与佳乐曾经合作开发一种用来对娇嫩鼻腔组织进行手术的新器械。项目刚开始时，设计团队与 6 位耳鼻喉外科医生见面，了解他们如何施行这一手术，现有器械有哪些问题，以及他们希望新器械具有哪些特性。其中一位外科医生，用不太准确的语言和笨拙的手势，描述他希望新器械上有一个手柄似的东西。在医生表述完之后，一位设计师抓过一支白板笔和一个胶卷盒，用胶带把它们粘到一个撂在一边的塑料衣夹上，然后紧握这个衣夹。依靠这个简陋的模型，讨论得以继续深入，并最终达成了共识。一位与会医生表示，一个简单的模型，让每个人都同时了解了目前的进展，并省掉了数不清的现场会议、视频会议、制造时间和机票花费，而这个模型在人力和物力上的花费为零 (白板笔可以拆下来再作他用)。

课后实践——饰品设计训练

饰品是用来装饰的物品，一般用途为美化个人外表，装点居室，美化公共环境，装点汽车等，广受人们喜爱。饰品的设计至关重要，请同学们按照设计思维的五阶段模型，为自己的同伴设计一件饰品。

全班同学分为若干小组，每组 2 人，互相为对方设计一件饰品，完成本项实践。

1. 共情

共情是设计的第一步，只有深入了解同伴的需求，才能够设计出令他（她）满意的饰品。

（1）仔细观察你的同伴，并记录观察的内容。

_____
_____
_____
_____

（2）设计几个能够探究同伴真实需求的问题，对你的同伴进行访谈，并将访谈的内容记录下来。

问题_____
回答_____
问题_____
回答_____
问题_____
回答_____

2. 定义

共情完成后，设计者就需要根据共情的结果，定义用户的需求。请你根据共情的结果，定义同伴的真实需求。

（1）站在同伴的角度思考，他（她）喜欢的是什么饰品？

_____
_____
_____
_____

（2）根据同伴的需求，对问题进行重构。

同伴喜欢的饰品类型包括（例：发簪）_____
哪些元素对同伴具有特殊意义（例：玫瑰花）_____
哪些元素与同伴的描述贴合_____
_____
_____
_____
_____

（3）重构完成后思考，怎样的饰品才能让同伴喜欢？

_____

_____

_____

3. 构思

基于前面共情、定义两个步骤得出的结果来确定设计方向，并结合创意构思方法进行构思，以尽可能多地提出创意设计方案，并将其草图画在下面的空白处。

4. 原型与测试

请你利用手边的材料（如笔、纸张、小木棍、钥匙扣）等，按照自己的构思制成实物原型，然后让同伴评价。待评价完成后，再制作下一个构想的原型，再让同伴评价，如此将所有构思一一制作原型并测试。

构思 1 所获评价_____

_____

构思 2 所获评价_____

_____

构思 3 所获评价_____

_____

构思 4 所获评价_____

_____

构思 5 所获评价_____

_____

_____

构思 6 所获评价_____

_____

_____

5. 定稿

　　根据同伴的评价，再次进行共情、定义、构思，以改进自己的原型，之后再次让同伴评价，直到同伴满意，便为定稿。请将最终定稿画在下方空白处。

项目三　设计创意开发

1. 学习探索设计主题的方法，能够站在设计开发的角度理解用户、洞察问题，从而明确设计目标和设计方向。

2. 掌握创意构思的方法，能够充分发挥自己的创意思维，并产出创意。

3. 掌握创意发散与聚敛的方法，能够基于团队进行共创，产出创意，并筛选合适的创意。

4. 培养积极主动的创新态度，敢于挑战传统观念，产出创新成果，提高解决问题的能力和创新能力，提升个人的综合素质和竞争力。

任务一　探索设计主题

这里所说的设计主题，是指设计需要解决的问题。无论设计什么内容，都要确立设计主题，主题是进行设计时应预先设定的项目，只有设计好明确的、正确的主题，参与者们才能更好地理解设计的方向与意图，不至于偏离讨论中心，从而获得真正有效的结果。通常来说，为了确保设计主题的可行性，可以从理解用户、洞察问题两个方面来探索设计主题。

一、理解用户

设计的最终目的是满足用户的需求，设计主题就是围绕用户展开的，甚至在设计的全程都需要保持对用户的关注，因而在设计过程中，理解用户是非常重要的。只有理解用户，设计者才能更清楚用户的痛点，设计出用户真正需求的功能、更喜欢的交互动作等，从而让用户获得更好的使用体验。

1. 从哪些方面理解用户

人是复杂的个体，一个人很难完全了解另一个人，设计者也无法真的完全理解用户。但从设计开发的角度看，设计者只需了解用户与设计开发有关的信息，例如用户的基本信息、用户的使用场景、用户的痛点和问题、用户的行为、用户的反馈等，就可以抓住设计开发的方向，作出可行的设计开发决策。

（1）用户的基本信息。用户的基本信息包括用户的年龄、性别、职业、教育背景、收入、消费偏好等，可以通过调查、访谈、观察等方式了解，了解这些信息可以更好地分析用户的需求和行为。

（2）用户的使用场景。用户在办公室、家中、户外等不同场景使用产品时，可能会有不同的使用方式和使用需求，而使用方式、使用需求不同，设计的方向就不同，因此了解用户的使用场景，有利于设计者找到设计方向。

（3）用户的痛点和问题。用户的痛点就是用户真实需求的直接反映，通过了解用户的痛点和问题，可以非常直观地帮助设计者确定产品的功能和特性，从而设计出更受用户欢迎的产品。

（4）用户的行为。通过观察用户与产品交互的行为，可以了解用户的喜好，例如通过观察用户在使用产品时的操作步骤、眼神、手势等，来了解他们对产品的感受和体验。

（5）用户的反馈。通过收集用户的反馈可以了解他们对产品的看法和建议，这也有利于设计者深层次挖掘和理解用户的真实需求，指导产品的改进和优化。

2. 共情模型

通过市场调查、访谈、问卷等方式可以获得用户的信息，为设计决策提供参考，但不一定能真正洞悉用户的真实需求。那么，设计者应该使用什么方法来真正理解用户呢？《创业思考与行动》的作者朱燕空提出了共情模型，通过共情来帮助设计者感受用户的真实需求，以便提出有效的解决方案。

微课启学：问题识别

共情模型分为发现、沉浸、链接、分离四个阶段。该模型要求设计者通过研究用户的第一手资料、与用户接触或亲身体验用户的生活等，站在用户的角度体会用户的真实需求，与用户建立真实的情感链接，然后再跳出用户的生活去重新思考与定义问题，以探索有效的解决方案。

（1）发现。通过第一次面对面的接触或对用户资料的研究，激发设计者探寻用户需求的好奇心。

（2）沉浸。在接触后，设计者尝试体验用户生活，换位思考，以理解用户需求。

（3）链接。设计者可以与用户交流，与用户产生链接，达成某些情感共鸣，真实了解对方内心需求。

（4）分离。走出用户生活，从设计者的角度去重新界定、解读问题，并寻找有效的问题解决方案。

例如，在发现阶段：设计者发现某大型机构的客户多次对服务提出投诉，通过与客户的接触，对投诉信息、客户信息的研究，激发探寻客户投诉缘由的动机；在沉浸阶段：设计者以客户的身份去体验其在该机构的服务流程；在链接阶段：设计者亲身体验后，与客户交流，双方得出较为一致的意见，并发现用户内心需求；在分离阶段：并非所有客户都能很清楚地知道自己面临的问题，此时设计者跳出客户视角去分析，展开深度思考，试图建立更系统、优化的服务体验。

拓展阅读

共情的重要性

共情又被称为同理心。从心理学角度讲，共情是指一个人从别人的视角看问题和同理他人情感的能力，也就是换位思考的能力。为他人创造价值的第一步就是理解他人的需求，而共情就是一个必要的手段和方法。

通常来说，共情可以分为情感共情与认知共情两种类型。情感共情主要是指理解他人的情绪并作出适当反应的能力。认知共情则是一种理解他人观点或精神状态的能力，也就是思考别人在想什么。

在创新创业领域，对用户进行共情主要表现为换位思考与换位行动。换位思考是一种思想上的共情，是从他人角度去思考，其中包含了情感共情和认知共情。换位行动是从行动上展现共情，在理解他人的基础上，从他人的角度去行动。

例如，当海底捞火锅生意火爆时，顾客时常需要排长队。考虑到耽误了顾客的时间，同时还考虑到顾客长时间排队的无聊，海底捞不仅为等候的顾客提供桌椅、茶水、零食等，还为顾客提供美甲等创新的增值服务，这些服务展现了海底捞在顾客排队等待问题上的换位思考和换位行动，自然获得了顾客的喜爱与好评。

共情无论是在生活、职场还是创业中，都发挥着重要价值。在日常学习和生活中，如果我们学会共情，站在对方的角度思考问题，就能够更好地理解他人，建立良好的人际关系。在职场中，如果我们学会共情，站在用人单位的角度思考问题，就会更理解用人单位的愿景、使命和价值观，从而更好地保持个人发展与企业发展的同步。在创业中，有时用户需要的不是价格最低，而是更高的性价比，而共情用户，就更能理解用户的这一真实需求。

案例阅读　　　　**面向儿童的核磁共振检查解决方案**

道格是通用电气医用成像设备的高级工程师，他一直为自己的工作能拯救生命而感到骄傲，但有一天，他在医院考察时，发现一个小女孩在接受检查时被他所设计的检查设备吓哭了。这个小女孩对核磁共振检查感到害怕，因而十分抗拒使用这台机器。道格连忙询问医院的工作人员，结果得知这种情况非常普遍，医院内近80%的儿童患者都需要服用镇静剂才能完成核磁共振检查，这让道格备受打击。

事实上，医院也对这一现象感到束手无策。儿童尚处于发育期，服用镇静剂可能会对儿童的健康带来一些不良的影响，因此为了完成检查，他们不得不投入大量的人力物力去解决儿童不配合的问题。

面对这些困难和问题，道格或许有很多解决方案。例如，他可以通过技术创新降低设备的噪音音量；或通过流程创新缩减检查时长。但他却没有从问题的下游着手"解决"问题，而是选择了共情目标用户——儿童的情绪，以此获得解决方案。

他邀请了博物馆的管理员、幼儿园的老师、医院的检查员等人组成了一个团队，通过重新定义问题，找到了更好的解决办法——他们重新设计了整个核磁共振检查的流程，而不是花费更大的成本和更多的精力去改良设备。

他们把核磁共振检查设计成一次海盗船冒险，在墙上和机器上画上儿童比较喜欢的海盗船场景，又邀请了解孩子心理的专业人士对医务人员进行培训，他们结合检查流程，用孩子能听懂的语言为孩子们解释设备噪音和检查舱的运行，在孩子进入核磁共振仪器时说："好了，你现在要进入这艘海盗船，别乱动，不然海盗会发现你的！"

对于大人来说显得幼稚的情景设计，对孩子来说却非常适用。通过这一场景设计，儿童患者在做核磁共振检查时的配合程度得到显著提高。经测试，超过80%的儿童患者会主动选择"海盗船核磁共振仪器"，需要服用镇静剂的孩子从原来的80%下降到了10%。

镇静剂的使用频率大幅降低，减少了药物对儿童身体带来的影响。同时，每台核磁共振仪器每天可以做的检查数量也增加了，昂贵的医疗设备得到了高效利用，从而可以惠及更多人群。

课堂活动

共情与同情的沟通练习

　　共情和同情一字之差，但它们的含义却天壤之别。共情是与人感同身受，同情是对某人感到遗憾。例如有人被困在一个深坑里，A 说："那人被困在了坑里，真可怜"。B 爬进洞里和这个人待在一起，并想办法帮助他爬出来。前者是同情，后者就是共情。只有共情，才能得到问题的解决方案。

　　表 3-1 中列举了一些场景，试着用同情和共情两种方式进行沟通练习，然后进行讨论。

表 3-1　同情与共情的沟通练习

场景	同情	共情
在炎热的夏天，小明购买了一盒冰淇淋，到家的时候，冰淇淋已经融化了大半		
在寒冷的冬天，小明泡了一杯咖啡，咖啡太烫了，他打算先晾凉，没想到一不注意，咖啡彻底冷了		
小明的桌子高度不够，他使用计算机时常低着头，不一会儿就觉得脖子酸疼		

3. 共情地图

　　共情地图又称同理心地图，是可以帮助设计者深入理解用户的一种工具。共情地图是产品设计初期非常好用的一个工具，可以将用户需求可视化，提供有价值的信息。通用的共情地图是对用户内心体验四个不同方面的概述，即想法、语言、感受、行为，而在共情地图的底部，则最好包括问题、需求方面的内容。如图 3-1 所示。

　　通常，共情地图最好在用户调研完成之后制作，其内容应基于用户真实数据信息。设计者可以通过以下方法来进行用户调研。

　　（1）"什么行为—如何表现—背后成因""（What-How-Why）"。"What-How-Why"可以记录用户的客观行为，并观察和推测其背后的原因，从而更深入地理解用户。

　　① What，客观记录用户在什么场景下发生了什么行为。

　　② How，观察用户是如何表现的。

　　③ Why，根据用户的行为表现推测其想法或行为背后的原因。

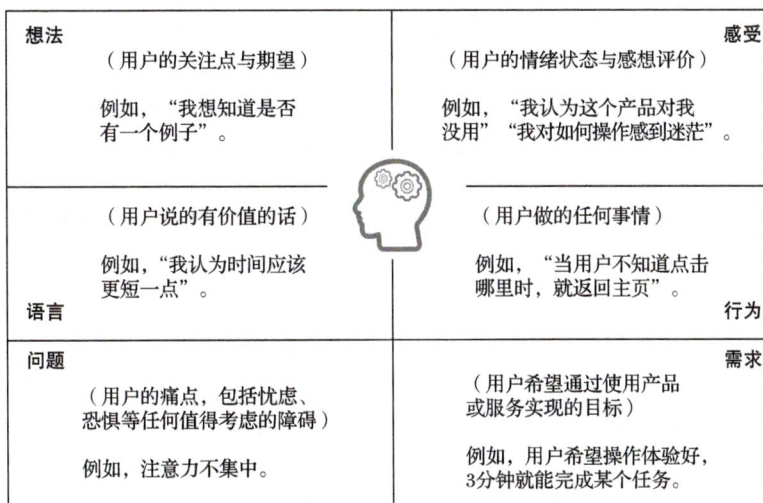

想法		感受	
（用户的关注点与期望） 例如，"我想知道是否有一个例子"。		（用户的情绪状态与感想评价） 例如，"我认为这个产品对我没用""我对如何操作感到迷茫"。	
（用户说的有价值的话） 例如，"我认为时间应该更短一点"。		（用户做的任何事情） 例如，"当用户不知道点击哪里时，就返回主页"。	
语言			**行为**
问题		**需求**	
（用户的痛点，包括忧虑、恐惧等任何值得考虑的障碍） 例如，注意力不集中。		（用户希望通过使用产品或服务实现的目标） 例如，用户希望操作体验好，3分钟就能完成某个任务。	

图 3-1 共情地图

（2）用户访谈。用户访谈是直接与用户沟通的方法，也是最常见的定性研究方法之一，通过与用户的深入交流，设计者能够挖掘出用户的想法和意见，从而便于设计者理解用户的情感和想法，共情用户的切实需求。在用户访谈中，需要关注以下的重要信息。

① 场景，在什么场景下用户产生了特定需求。

② 行为，用户在特定场景下具体做了什么行为。

③ 动机，用户为什么要这么做。

④ 需求，用户这么做的真实需求是什么。

⑤ 痛点，目前的方案中存在哪些用户痛点没有被解决。

（3）用户画像。用户画像又称用户角色，是真实用户的虚拟代表。它是建立在互联网海量数据之上，对用户社会属性、生活习惯和行为偏好等真实数据进行分析和标签化之后抽象出来的具有代表性的虚拟用户模型。通俗来说，用户画像可以呈现最典型的目标用户形象，设计者在对用户进行观察和访谈，对用户建立了一定认知和理解之后，就可以结合市场研究及数据，描绘出一个虚构的包含典型用户特征的画像，用以指导下一步的设计开发工作。

用户画像的构建通常包括以下流程。

① 确定用户原型。用户角色不同，画像维度不同，最终得到的画像结果会有很大区别。因此，在绘制用户画像之前，设计者应当先根据画像目标与业务要求，进行需求调研，选择适合的用户群体，并确立画像信息维度，以将典型目标用户立体地描述出来。这个过程，其实就是用户分析的过程。用户分析主要是对用户属性的分析，如用户的年龄、职业、地域等。例如，某企业想要制作面向年轻用户的手工艺品，这时就可以分析年轻用户的基本信息、消费习惯、经济水平、购买行为、社交习惯等，作为建立用户画像的数据信息。

② 选定用户场景。用户的需求就是产品所要提供的服务，因此产品功能的实现可以视作产品在特定的场景下为用户提供了解决问题的方案。例如，去屑止痒洗发露的场景即为用户头皮发痒或有头皮屑的情况。很多时候，场景往往决定了产品需要满足用户的什么需求。例如，当人们打算做饭却发现没有食材，但又不想出门时，就可能想到支持线上购物并能快速送达的平台，这就构成了产品设计的用户场景。有些产品甚至会尽量多地考虑不同的使用场景，使产品更加完善。

③ 为用户贴标签。用户画像的核心就是标签的建立。标签通常是人为规定的高度精练的某种特征标识,一种标签代表一种含义。标签可以涵盖用户性别、身高、体型、年龄、教育程度、健康状况、收入水平、活跃程度、购买力、购买忠诚度、品牌偏好、潜在购物需求、消费信用水平、婚否、是否育儿、孩子性别与年龄等信息。标签可以按不同属性分类,还可根据创业者需求进一步细化。图 3-2 所示为常见的用户标签属性分类。为用户贴标签,可以增进对用户的理解,并方便计算机程序化处理各种数据信息,甚至可以通过算法、模型"理解"用户,从而提高用户画像在后期运用于各领域时的精准度。

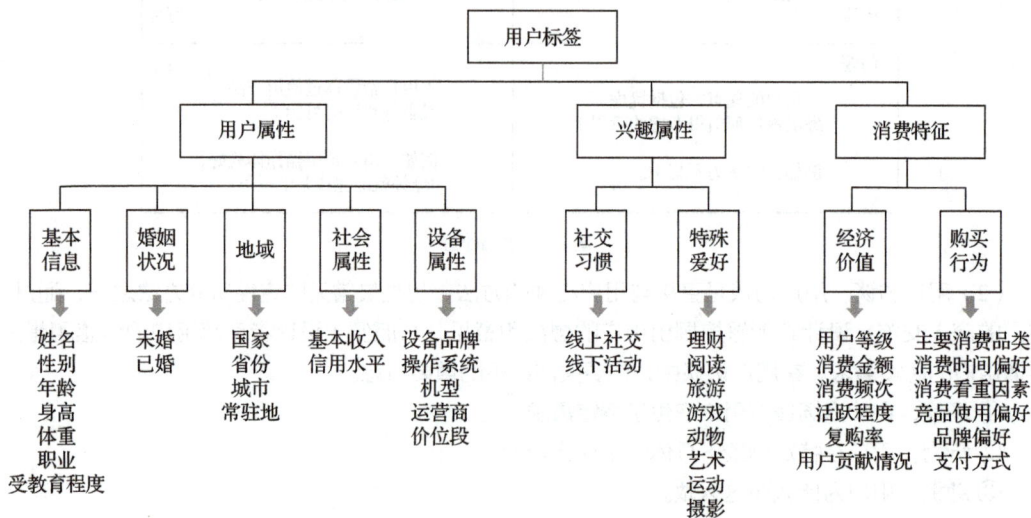

图 3-2 用户标签属性分类

④ 为用户画像命名。根据用户画像的目的或者用户画像的描述内容,设计一个简洁明了的用户名称即可,例如,对新浪微博的总体用户进行统计分析的用户画像可命名为"新浪微博用户画像",对某品牌青年用户群体的描述可命名为"×× 品牌青年用户画像"等。

对于一个设计产品来说,典型的用户画像可能不止一个,例如某应用 App 在设计产品时,基于用户的目标、行为、观点和基本信息等依据,将用户分为了不同的类型,又从每个类型中提取出了一些典型特征,形成了几个不同的角色,以代表所有的用户群体。图 3-3 所示为其中一类角色的用户画像描述。

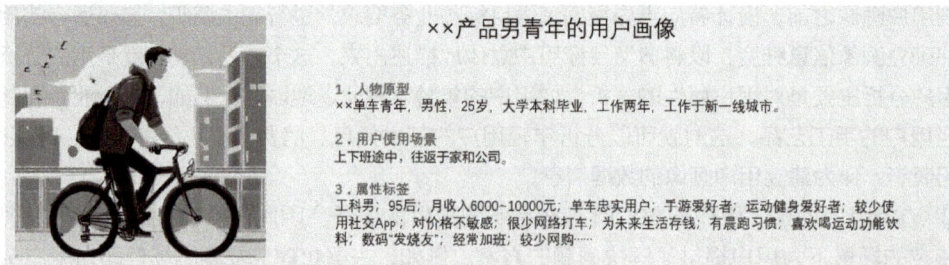

图 3-3 用户画像描述

4. 用户体验地图

为了切实站在用户的角度去共情用户,设计者还可以使用用户体验地图,去清晰地勾勒出用户在产品使用不同阶段的行为、想法和情绪，从用户的综合体验中挖掘痛点背后的产品机会。用户体验地图从布局上分为上、中、下三个大的板块。上面部分是用户的信息，包括用户画像、用户使用产品的场景、用户想要达到的目标；中间部分是在产品使用的不同阶段，用户的行为、想法、感受和情绪波动；下面部分是对应的痛点分析以及挖掘的机会点。图 3-4 所示为用户体验地图示例，通过共情晚归的用户使用共享单车的过程，来理解其痛点，探索创新设计的方向。

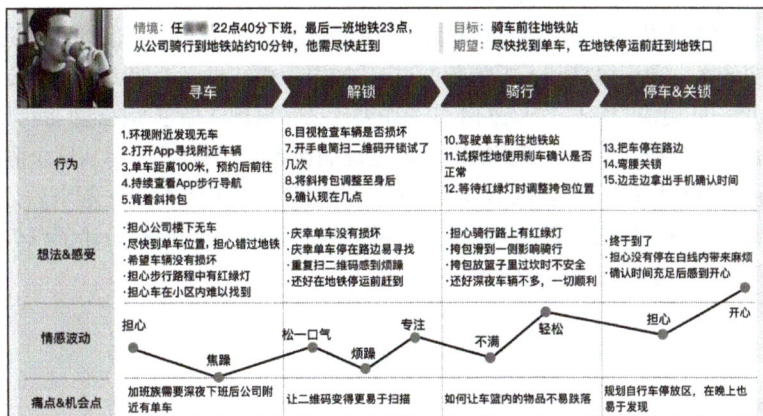

图 3-4　用户体验地图示例

课堂活动

用户体验地图练习

假设有一位用户的手机电池出现了问题，需要花费较长时间进行维修，请围绕该问题进行适当的调研和用户访谈，然后使用图 3-5 所示的用户体验地图，分阶段填写用户的行为、想法、感受及情绪波动，找出其中的用户痛点，并挖掘相应的产品机会和设计重点。

图 3-5　用户体验地图

二、洞察问题

何谓洞察？在设计开发中，洞察是深刻理解用户后，发掘出令用户信服的"点子"的过程。建立对用户需求和痛点的深刻洞察，是准确定义问题的基石。

1. 洞察用户的真实需求

《乔布斯传》中记录了史蒂夫·乔布斯这样一段话。

有些人说："消费者想要什么就给他们什么。"但那不是我的方式。我们的责任是提前一步搞清楚他们将来想要什么。我记得亨利·福特曾说过，"如果我最初是问消费者他们想要什么，他们应该会告诉我，'要一匹更快的马！'"人们不知道想要什么，直到你把它摆在他们面前。

在这一段话中，消费者想要一匹更快的马，这是消费者的"需求"。单从这个需求来看，满足消费者需求的最直接的方式，就是为他们提供快马。但福特在深刻洞察这一需求后，发现"一匹更快的马"只是满足用户需求的方案，用户真正的需求是"更快"。因而他设计了汽车，将超出消费者预料的、更好的方案摆在用户面前，令用户信服。

课堂活动

洞察力练习

能够深入事物或问题的表面现象，判断出事物与问题背后本质的能力，就是洞察力。洞察力是包含了观察、分析与决断等多项能力的综合能力。很多时候，用户虽然描述了自己的需求，但其背后可能产生的需求并不是唯一的，这就需要依靠洞察力去准确分析与识别。表3-2所示的洞察力练习表格左侧给出了用户的需求，试着运用洞察力在表格右侧写出该需求背后可能的另外1～3个需求。

表3-2 洞察力练习表

用户的需求	另外需求
想喝健康的奶茶	
想要方便佩戴的眼镜	
想告别拖延症	
想减少交通费用	
想快速去除厕所异味	

2. 基于用户需求洞察问题

共情可以帮助设计者感受用户的真实需求，从而定义真正的问题，只有定义清楚了问题，才能有针对性地提出多样且有效的解决方案。设计者可以使用5Why分析法、第一性思考、用户需求陈述、HMW问题等工具来分析用户的需求，并洞察用户需要解决的真正问题。

（1）5Why分析法。5Why分析法又称"5问法"，即针对一个问题连续以"为什么"进行提问，以追究其根本原因。5Why分析法的目的是鼓励设计者

微课启学：问题分析

避开主观或自负的假设和逻辑陷阱，从结果出发，找出问题的根本原因。

例如，为什么要考研？是为了获得更高的学历。

为什么要获得更高的学历？是为了找到更好的工作。

为什么要找到更好的工作？是为了获得更多的报酬。

为什么要获得更多的报酬？是为了过更好的生活。

为什么要过更好的生活？是为了获得更充足的幸福感。

拓展阅读

设问法

设问法也是针对目标不断提问来扩展思维的方法。通过提问，可以认识到现有事物的各种不足，从而有针对性地解决，并产出创新成果。该方法用于洞察问题同样适用。设问法通常可以从以下几个方面来提出问题。

①为什么。为什么要进行创新，为什么现有产品市场表现不佳，为什么良品率低，为什么原材料损害很大，等等。

②是什么。需要改进的问题是什么，新产品的要求是什么，等等。

③什么人。创新需要哪些人员，需要什么样的人员，创新成果需要面对哪些人群，等等。

④什么时间。新产品要在什么时间上市，在什么时间段使用，等等。

⑤哪里。创新成果要应用到哪里，等等。

⑥怎么做。怎么达成目标，怎么使产品具有相关功能，怎么打动服务对象，等等。

⑦多少。产量多少，成本多少，原材料多少，等等。

（2）第一性思考。第一性思考是指思考问题时，从无法再分割的最底层"原子"级开始，通过逻辑和常识层层向上推理，以得到最终的答案。第一性思考要求设计者思考问题时应具有足够深度，跳出现象层面的争论，直达问题的本质。

案例阅读　　**用第一性思考解决电池成本问题**

特斯拉在研究电动汽车的早期，曾面临电池成本太高的难题。在当时，储能电池每千瓦时需要 600 美元，一辆电动汽车大约需要 85 千瓦时电池，电池成本超过了 5 万美元。如果用常规的思考方式，设计者可能会思考使用什么方法，可以在电池上节约 10%、20% 的成本，从而胜过竞争对手。

但马克决定避开与竞争对手相比较的思路，从底层开始思考电池成本的问题，即直接思考组成电池的材料是什么？如果直接购买这些材料，需要多少钱？答案是每千瓦时 82 美元。经过计算，85 千瓦时电池的价格是 6970 美元。这个成本几乎是当时行业成本的八分之一。

此刻，问题就很清楚了，那就是如何把这些材料整合成一个电池组？最后，凭借第一性思考，特斯拉成功洞悉了真正的问题，并将电动汽车的电池成本做到了行业最低。

（3）用户需求陈述。要想清楚地定义问题，就要深入理解用户的行为和动机，而要实现这一目的，可以使用用户需求陈述工具。用户需求陈述也称为问题陈述或观点陈述，是用来阐述并总结用户是谁、用户的需求是什么，以及为什么这个需求对该用户很重要等问题，从而帮助设计者正确界定当前需要解决的问题。通常来说，一个好的用户需求陈述包含三个要素：用户、需求和洞见。图 3-6 所示为用户需求陈述示例。

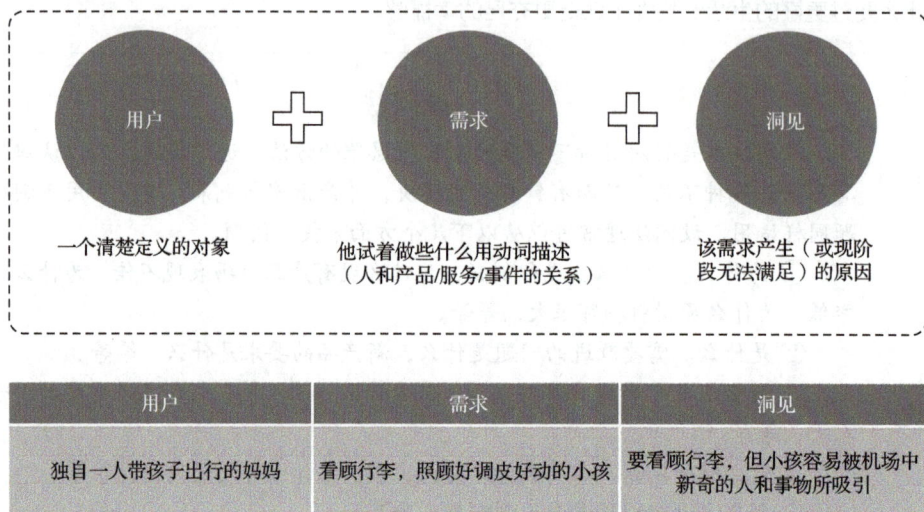

用户	需求	洞见
独自一人带孩子出行的妈妈	看顾行李，照顾好调皮好动的小孩	要看顾行李，但小孩容易被机场中新奇的人和事物所吸引

图 3-6　用户需求陈述示例

完成用户需求陈述，需遵循以下流程。

① 设定范围。在不同的环境下，用户需求可能是复杂的、多方面的，为了准确定义问题，就需要根据设计目的确定需求陈述的范围。

② 开展消费者研究。通过用户访谈、实地调研、共情等方式，加深对用户需求的理解。

③ 生成要素，并将不同的要素组合起来。利用消费者研究数据，生成带有特征标签的用户描述、需求和目标三个变量（一个变量中可以包含多个要素）。单独考虑每个要素的必要性，再将不同的要素配对组合，直到得到一个代表用户真实需求的陈述。注意，用户的真实需求陈述不一定是由用户表达出来的，有时候用户并不知道自己的真正需求是什么，需要设计者去设计创造用户真正想要的更好的产品。在组合要素时，可以思考用户关心什么、为什么这对用户很重要、是什么情绪在驱动用户的行为、用户将获得什么等问题，以此来确定要素组合的初稿。

④ 批判和迭代需求陈述。用户需求陈述的初稿完成后，设计者还可以尝试改变不同要素的组合和搭配，对用户需求陈述不断迭代。在迭代需求陈述时，可以思考：你是否将用户的需求视为一个动词，而不是一个名词？你能基于这个需求陈述构思解决方案吗？解决此需求对用户的生活意味着什么？

⑤ 评估方案是否可行。如果你要满足用户的需求，你怎么知道自己的方案是否成功？此时，就可以通过消费者满意度、退货数量、回购或续订、消费者推荐产品的可能性等数据进行评估。

（4）HMW 问题。HMW 是 "How Might We" 的缩写，意思是 "我们如何才能……？" 在洞察了用户面对的困难以及未满足的需求后，设计者就可以把模糊的议题转化为具体的、可解决的 HMW 问题。例如：

微课启学：问题重构
与呈现

① 我们如何才能让妈妈在无亲友陪伴出行时能够照顾好小孩？

② 我们如何才能提升机场安全以防止小孩走失？

③ 我们如何才能让小孩不容易被分散注意力？

或者：

① 我们如何才能让手机维修等待变得有趣？

② 我们如何才能缩短用户对等待时间的感知？

③ 我们如何才能加快维修速度以减少用户等待时间？

④ 我们如何才能改进维修工具以加快维修速度？

这样，通过 HMW 问题，设计者就可以更加深刻地洞察到问题的根源所在，从而找准设计的方向和目标。

课堂活动

HMW 问题造句

假设某学生去学校食堂用餐时，总是吃不到自己喜欢的饭菜，请使用 HMW 问题，围绕学生的真实需求进行提问，洞悉真正的问题根源。

我们如何才能＿＿＿＿＿＿＿＿＿＿＿＿＿＿＿＿＿＿＿＿＿＿＿

我们如何才能＿＿＿＿＿＿＿＿＿＿＿＿＿＿＿＿＿＿＿＿＿＿＿

我们如何才能＿＿＿＿＿＿＿＿＿＿＿＿＿＿＿＿＿＿＿＿＿＿＿

我们如何才能＿＿＿＿＿＿＿＿＿＿＿＿＿＿＿＿＿＿＿＿＿＿＿

我们如何才能＿＿＿＿＿＿＿＿＿＿＿＿＿＿＿＿＿＿＿＿＿＿＿

任务二 | 创意构思

当设计者真正洞察了用户的需求，找到了设计的重点和方法，就需要运用创新思维为设计构思一个出彩的创意，设计出让用户眼前一亮的产品，同时提升自己在相关领域的影响力和竞争力。

创意来自人的想法，人不同的思维方式决定了创意具有多样性，因此构思创意的方法也多种多样，例如，联想、元素组合、现实映射等方法都能激发创意。我国学者刘仲林在其著作《美与创造》中将创意（造）分为四类，称其为"四大家族"，即联想类、类比类、组合类和臻美类。

微课启学：创意方案
内涵

一、联想类方法

联想类方法是以联想为主导的创意方法，提倡抛弃陈规旧律，打开想象之门，由此及彼，不断地进行思维的发散。例如，夏天看到火热的太阳，就会联想到树荫，再联想到森林及至山顶，最后联想到滑翔翼，于是便可以在太阳和滑翔翼两个似乎毫不相关的物体之间建立联系，这就是联想的体现。

常见的联想方法包括纵向联想、横向联想与关联联想三种。

1. 纵向联想

纵向联想本质上是通过深入理解某一主题或概念，对问题形成全面、系统的认识，从而逐次寻求最合理的结果。该联想方法的应用应遵循由低到高、由浅到深、由因到果、由始至终的层递式思维原则，从某一中心点或起始点出发，逐步深入，挖掘与之相关的各个方面。例如，在设计一个产品时，可以从其设计概念出发，逐步联想该产品的原型制作、测试、生产、迭代等各个环节，以及每个环节中可能出现的问题，并通过不断解决这些问题，来寻求最合理的结果。

微课启学：一般创意方法

2. 横向联想

横向联想是指摆脱原有纵向的思维方式，思考问题时从其他角度、领域寻求突破，从而激发更多新观点、新想法的方法。进行横向联想时，设计者可以参考以下创意思考方式。

（1）对现有的一些假定提出挑战。即通过对当前事物的质疑去产生联想创新。例如，黎曼质疑欧几里得关于三角形内角之和等于180度的定律，并得出在非平面上，欧几里得的该条几何原理并不适用，由此实现了几何学上的突破；牛顿对苹果垂直下落的质疑促进了万有引力的发现。

（2）对现有情况进行逆向思维。即反其道而行之，让思维向事物的对立面发展。例如，"人不动地动"的传送带。

（3）故意在两个风马牛不相及的事物之间形成联系，去激发创意。例如，红叶野花能在雪地里开放，猜测是红色叶子帮助其快速吸收热量存活，由此联想到，将煤油染上红色，加速煤油吸热汽化的效果。实验证明确有效果，由此成功使煤油替代汽油。煤油与野花的这种创新就属于横向联系。

（4）凭借直觉、内在感知、潜意识去提出设想，这也能帮助人激发好创意。例如，爱因斯坦利用直接思维观察自然，从牛顿的"绝对时间"和"绝对空间"的观念中解脱出来，顿悟时间是可变的，从而创立狭义相对论。

3. 关联联想

关联联想主要围绕事物的关联性展开联想，联想到其他与其有关联的事物，例如，君子与竹、风与火等，由此激发创意，这种联想比较适用于多主题的设计。

课堂活动

寻找联系

许多有意思的创意都来自人们的发散与联想，而两个看似不相关的事物之间，可能也存在诸多联系，本活动重在训练同学们的联想能力。

图3-7所示为圆形与可通过该形状产生的联想，请据此对图3-8所示的图形展开联想，并寻找两个图形的联想之间的相同点或可以产生联系的意象，最终形成一个具体的创意。例如，从图3-8所示的图形可联想到"台阶"，结合圆形的"圆木"，可以联想到原木台阶类的水上活动等，因此主题可定为某自然主题的运动场所等。

同学们尽可能发散自己的思维，最后分享自己联想的最终内容，并评选出最有意思的联想结果。

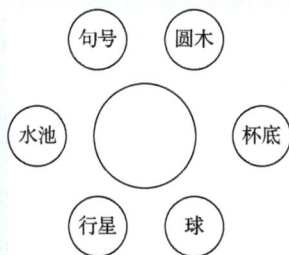

图 3-7 圆形与其联想

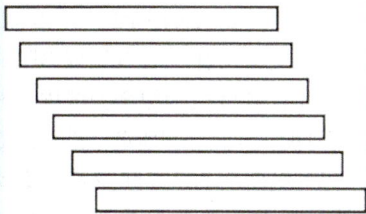

图 3-8 联想图形

二、类比类方法

类比类方法是以两个不同事物的类比为主导的创意思考方式。该方法建立在大量联想的基础上，以不同事物的相似点或相同点为基础寻找创意的突破口。相比联想法，类比法更为具体。常见的类比创意思考包括以下几种。

1. 拟人类比

拟人类比又可称为"亲身类比"，是指在解决问题时将自己设想为问题中的某些事物，或者说将创新发明的对象拟人化，从而深刻体会问题本质的一种创意思考方式。例如，挖掘机的挖掘臂就是模仿人体手臂动作设计的，其分为上下臂，可左右上下弯曲，而挖斗相当于人的手掌。

2. 直接类比

直接类比指从自然界的现象中或人类社会已有的发明成果中寻找与创造对象相类似的事物，并通过比较启发出创造性设想的一种方法。例如，从鸟的飞行姿态获得设计飞机的灵感；从升降电风扇中得到灵感，发明了升降篮球架等。

3. 象征类比

这是一种用具体事物来表示某种抽象概念或思想感情的思考方法。例如，橄榄枝代表和平，以此进行产品设计。

4. 仿生类比

这是通过仿生学对自然系统生物分析和类比的启发创造新方法。例如，根据青蛙发明的电子蛙眼、因壁虎脚趾的启发发明的黏性录音带等。

5. 幻想类比

这是根据创造对象的要求，以最狂热的幻想提出自己的愿望，然后想象出一些在现实中并不存在的能够满足愿望的可能方式，以此启发解决问题的思路的创意思考方法。例如，从嫦娥奔月到人类探月登月；对外星生物及其生存环境的幻想推动了人类向外太空的探索等。

6. 因果类比

这是根据已掌握事物的因果关系与正在研究改进的事物的因果关系的相似之处寻找创新思路的方法。例如，为解决牛黄供应不足的问题，医药公司从人工育珠（人工将异物放入河蚌体内培育珍珠）的因果关系中想到了将异物放入牛的胆囊中，成功培育出了和天然牛黄相同的人工牛黄。

三、组合类方法

组合类方法就是将两种或两种以上的事物的部分或全部进行有机地组合、变革、重组，从而设计新产品、产生新思路或形成独一无二的新技术。

据统计，现代技术创新成果中组合型成果已经占到了 60% ～ 70%。这也验证了晶体管发明者之一威廉·肖克莱所说的一句话："所谓创造，就是把以前独立的发明组合起来。"

组合创新是常见的创新活动，许许多多的发明和革新都是组合的结晶。且不说领域与领域之间的组合（如机电一体化）以及高精尖的科技成果的诞生，单看大学生们的生活中，组合创新的产品随处可见。下面是一些组合产品的例子。

（1）牙膏＋中药＝中药牙膏。

（2）电话＋视频采集＋视频接收＝可视电话。

（3）毛毯＋电热丝＝电热毯。

（4）台秤＋微型计算器＝电子秤。

（5）照相机＋模／数转换器＋存储器＝数码相机。

（6）自行车＋蓄电池＋电机＝电动自行车。

四、臻美类方法

臻美类方法是指以达到理想化的完美性为目标的创意方法，是对创意作品的全面审视和开发，属于创意方法的最高层次。这类创意方法主要是找出作品或产品的缺点，并对其进行改进，使其更完美、更有吸引力。例如，希望点列举法、缺点列举法等，都属于臻美类的创意方法。

1. 希望点列举法

希望点列举法是一种人们不断以"希望……"的句式提出理想与愿望，进而探求问题解决或策略改善的创意思考方法。该方法可以聚合对事物各种属性的要求，以寻求新的发明目标。希望点列举法有三个主要步骤：一是确定课题，利用观察联想、会议列举、抽样调查等，激发与收集用户的希望；二是仔细研究这些希望，以形成"希望点"；三是以"希望点"为依据创造新产品。

希望点的列举可以分为两类：一类是目标固定，即人们将目标集中在已确定的创造对象上，列举其希望点，形成相关创新改进方案；另一类是目标离散，即人们没有固定的创造目标和对象时，通过全方位、各层次的人在不同条件下对希望点的列举，找到创新点，形成有价值的创造课题，由此进行创造性的设计。前者侧重"找希望"，后者侧重"找需求"。例如，某制笔公司想要升级钢笔，通过列举对钢笔的希望，如书写流利、省去笔套、不用加墨水等，选择了省去笔套，设计了一款可伸缩的钢笔，并获得了市场认可，这就属于"找希望"类；某医疗公司通过对自己客户的分析，选择了满足肢体残疾患者的需求，研发出多功能假臂，就属于"找需求"类，因为其创造对象不固定。需要注意，使用希望点列举法时，人们往往会有更多创造性的想法，因此大学生创业者要尽量用创造学的观念对其进行评价，对其中产品设计的创新成分加以保留。同时，创造发明应与人们的需求相符，这样才能更加适应市场。

2. 缺点列举法

所谓缺点列举法，就是人们通过对已有的、熟悉的事物进行深入的分析，在对其缺点一一进行列举的基础上，找出相应的解决方案，从而找到创新的方法。缺点列举法可以帮助大学生创业者突破问题感知障碍，及时发现问题，找出事物的缺点和不足，从而有针对性地进行创新和发明。大学生创业者如果能站在用户的立场上，切实改进产品的缺点和不足，就能进一步满足用户的需求，赢得市场，从而获得可观的经济效益。

格子外思考

联想类、类比类、组合类和臻美类四种创意构思方法，本质上是提高个体创造力的方法。个体创造力是指个人创造"新事物"的能力，或是在已有事物上增加新元素的能力。这里的"新事物"涵义比较广泛，可以是一个问题的新解决方案，也可以是一种新的技术和设备等。

通常来说，个体创造力可以通过后天的学习和练习进行提升，例如，通过阅读和思考提升认知水平、通过体验和实践丰富人生阅历、寻求跨学科与跨领域的合作等方式，都有利于提升个体创造力。当然，也可以通过改变思维方式来提升个体创造力，前文提到的四种创意方法，就是通过改变思维方式来产出创意。另外，我们也可以使用"格子外思考"，跳出传统思维的框架，通过不同视角的假设和追问产出优秀的创意。

在使用格子外思考时，可借助"假如（as if）"框架，从以下八个方面进行提问。

（1）转换时间。通过转换时间尺度，获得新的思维视角。例如，在纠结是否换工作时可以问自己："假如十年以后，我更想现在的自己从事哪份工作？"

（2）转换价值观词汇。通过变换价值观排序或替换某些价值观词汇来进行思考。例如，"假如将企业目前的价值观排序（投资人、消费者、员工、社区）颠倒过来，这会对你的管理决策产生什么影响？"

（3）转换角色。通过将自己转换为其他角色，来获得这个人的独特视角和反应。例如，"要是精通这行的专家在这里，他会首先考虑哪些问题？"

（4）系统性思考。借助某个知识系统，进行更全面的思考。例如，"假如你来制定新产品的营销策略，你会怎么做？"

（5）收集信息。信息的局限可能会限制我们的思考和行为，因此我们可以通过假设掌握了某些信息，来获得新的想法。例如，"假如你真的获得了所需信息，你下一步会如何做？"

（6）放大成果。通过放大解决方案来检验其可能性。例如，"假如你每天坚持写作300字，每天坚持发一篇自媒体文章，一年后的情景会是怎样？"

（7）奇迹式问题。假想一些日常生活中不大可能发生的事情，以扫除思维障碍。例如，"假如你拥有某种魔力，能够任意改变事物，你将从哪儿开始改变你的生活？"

（8）反事实提问。对过去已经发生的事实进行否定式的重新表述，以建构一种新的可能性假设。例如，"假如艾伦·图灵没有因为遭受迫害而英年早逝，计算机和人工智能领域发展会如何？"

案例阅读 | **二相插座的发明**

1894 年,松下幸之助出生在日本的一个贫寒家庭。又瘦又小的他从 9 岁起就开始打工养家。后来,他凭着一项发明开创了自己的事业。

在那个时代,电源的插座是单相的,只有一个插口,也就是说插口接了一盏电灯后,就不能再接其他电器。人们使用起来虽然很不方便,但都对此习以为常,没有人着手进行改进。

勤奋好学的松下幸之助很快就注意到电源插座的这个缺点,于是开始动脑筋、想办法。经过反复思考和实验,他终于发明了二相插座,有效地克服了以前电源插座的缺点,赢得了巨大的市场。

"为什么呢?你怎么会那么想呢?"松下幸之助经常这样问别人。正是他这种处处留意身边事物的不足和缺点并积极想办法改进的精神,才使他做出了电器方面许许多多的创新,而这些创新也成就了他的事业。

课堂活动

圆圈挑战

图 3-9 中绘制了 20 个空心圆圈,请在圆圈中任意增添几笔,使空心圆圈变成其他的图案,例如,可以画一个笑脸,一个地球,一个足球等,限时 2 分钟。

绘制完成后,请同学们数一数自己一共画了几个。然后全班同学交流自己总共绘制的圆圈数量,以及绘制了哪些图案。最后思考自己在圆圈挑战的过程中遇到了什么样的阻碍,并与其他同学交流。

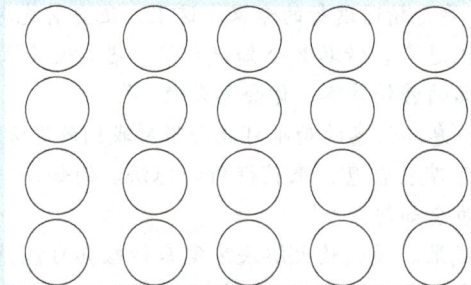

图 3-9　圆圈挑战

任务三 | 创意的发散与聚敛

在快速变化的外部环境中,单靠个人的创意很难获得成功,因此我们需要从依靠个人的创意(个创力)发展到提升团队成员之间的共创能力(共创力)来进行创新。共创力是在团队中个人与他人合作进行创意产出的能力。共创不仅可以让具有个创力的个人充分发散自己的创新思维,还可以将个人的创新能力聚敛起来，形成更优质的解决方案。

一、创意的发散

创意强调思维的广阔性、变通性、层次性和独特性，个人与团队思维的质与量将决定创新活动所能取得的效果。通常意义上，创意越多，创意的创新性、可实现性和实用性越强，而这一切都建立在创意的发散上，也就是说，在创意发散阶段，应充分发挥团队共创的力量，尽可能多地获得创意方案。

1. Yes-and 法则

Yes-and 法则是一种在沟通和解决问题时使用的技巧。在沟通时，无论对方提出什么观点或问题，都要以"是的，而且"的方式回应，即同意对方的观点，并且提出自己的观点或补充。在创意发散的过程中，也可以通过 Yes-and 法则，接受他人的观点，并补充自己的观点。

在使用 Yes-and 法则时，可以要求小组按顺序提出观点、补充观点，以产生尽可能多的创意想法。同时，需要遵循以下几个原则。

（1）聚焦主题提出观点、补充观点。

（2）暂缓评判，不对他人观点发表意见。

（3）鼓励任何想法。

（4）尽量在他人的想法上产生新想法。

（5）追求数量。

（6）记录每个观点。

课堂活动

"互送礼物"游戏

试着与同学互送礼物。两位同学一组，一位同学选择一个一般意义上不被认为是礼物的东西作为礼物送给对方，例如，空的饼干袋，接受礼物的同学要欣然接受礼物，并讲出一个喜欢这个礼物的理由，例如，"太好了，我正需要一个袋子装垃圾"。

两位同学交换角色，进行该游戏，学会欣赏对方观点的闪光点和可取之处。

"Yes-and"观点共创练习

表 3-3 左侧给出了一些观点，试着在此基础上，运用 Yes-and 法则，运用"是的，而且"的逻辑，在表格右侧填写新的观点。注意要在接受左侧给定观点的基础上，递进出新的观点。

表 3-3　"Yes-and"练习题

观点	"Yes-and"练习
元宇宙要来了	
考研的竞争越来越大了	
没有创造性的机械式工作很容易被人工智能取代	
青年是祖国的希望	
一定要实现中华民族伟大复兴的中国梦	

2. 头脑风暴法

头脑风暴法又称智力激励法，是美国创造学家亚历克斯·奥斯本于 1953 年正式提出的一种激发性思维方法。它指一群人（或小组）围绕一个特定的领域，无限制地自由联想和讨论，进而产生新观念或激发创新设想的一种方法。头脑风暴法是一种集体创新方法，能够集思广益，充分发挥集体智慧，探求问题各方面、各角度的全部原因或构成要素，从而提出解决问题的方法。

在头脑风暴中，每一个人都被鼓励发表就某一具体问题及其解决办法的看法，从而产生尽可能多的观点。但在头脑风暴的过程中，要遵守以下四个要求。

（1）不要在讨论的过程中评价想法，一定要在完成头脑风暴后再进行评价。

（2）尽可能地说出想到的任何意见，不要害怕自己的意见不被采纳。

（3）看法越多越好，主要着重于看法的数量，而不是质量。

（4）综合分析他人的方法，集思广益。

头脑风暴法通过头脑风暴会议得以实施，头脑风暴会议的操作步骤通常可分为准备阶段、畅谈阶段和评价选择阶段。

（1）准备阶段。明确会议需要解决的问题和与会人员的数量，提前向与会人员通报会议议题。同时确定会议的主持人和记录者，并将会议的相关信息通知所有与会人员。

（2）畅谈阶段。由主持人引导与会人员围绕会议议题进行自由发言，提出各种设想，并彼此相互启发、相互补充，尽可能做到知无不言，言无不尽；记录者需将所有设想都记录下来，直到与会人员都无法再提出构想。

（3）评价选择阶段。讨论结束后，对所有提出的构想进行分类和组合，形成不同的解决方案，这一阶段需对每一个构想进行全面评价。评价的重点是研究该设想实现的限制性因素以及突破这些限制因素的方法。在质疑过程中，可能会产生一些可行的新设想。

课堂活动

9 点连线

同一个问题，往往有多个解决方案。同学们不妨跳出常规的思维模式，进行创意的发散练习。

（1）全班同学分为若干小组，各小组 4～6 人。

（2）每位同学准备好纸笔，在笔不离开纸的情况下，用 4 条直线将图 3-10 所示的 9 个点连接起来。

（3）各小组统计本小组方案，看看一共总结了多少种不同的画法。

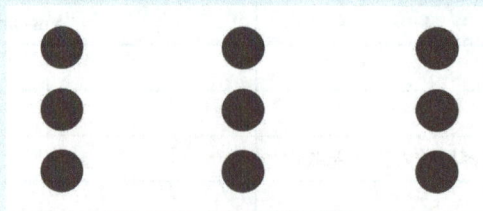

图 3-10　9 点连线

课堂活动

快速清扫积雪

一夜大雪后，小明房屋前的道路全部被大雪掩埋，严重影响了小明的通行。请同学们运用头脑风暴法，为小明提出快速清雪的建议。

（1）全班同学分为若干小组，每组 8～12 人。

（2）每个小组的成员要尽可能地发散自己的思维，提出自己的设想。

（3）5～10 分钟后，各小组总结本小组提出的建议，与其他小组分享。

注意，在提出设想时，不必考虑设想的可行性，不批评任何设想，同时尽可能多地提出设想。小组内部也可以智力互补，互相完善其他成员的设想。

3. 奥斯本检核表法

所谓检核表，就是围绕需要解决的问题或创新的对象，把所有的想法罗列出来，然后一个个讨论，以打破旧的思维框架，引出创新设想。检核表法几乎适用于任何类型与场合的创新活动，因此享有"创新方法之母"的美称。不同的领域流传着不同的检核表，但知名度最高的是奥斯本检核表。奥斯本检核表法可用于发散思维，检验创意是否全面，这也属于发散创意的一种方法。

奥斯本检核表法主要用于新产品的研制开发，其是从九个方面来激发思维，以便启迪设计者思路、开拓思维想象的空间，促进其产生新设想、新方案。奥斯本检核表法的检核项目如表 3-4 所示。

表 3-4　奥斯本检核表法的检核项目

编号	检核类别	检核内容
1	能否他用？	现有事物有无新的用途？保持现有事物原状不变能否扩大其用途？稍加改变，现有事物有无别的用途？能否改变其现有的使用方式？ 例如，夜光粉早先被运用在钟表上，后来扩大其用途，设计出夜光项链、夜光棒，后来被制成夜光纸，裁剪出形状，贴在夜间或停电后需要指示其位置的地方，如电器开关处、火柴盒上、公路转弯处、楼梯扶手和应急通道及出口处等。
2	能否借用？	能否从别处得到启发？能否借用别处的经验和发明？过去有无类似的东西可供模仿？谁的东西可模仿？现有的发明能否引入其他的创造设想之中？ 例如，建房时，要安装水暖设备，经常要在水泥楼板上打洞，既慢又费力。一位建筑工人就想到用能烧穿钢板的电弧机来烧水泥板，经过改造，发明了在水泥上打洞又快又好的水泥电弧切割器，这便是参考了其他领域进行的创新。
3	能否改变？	能否改变现有事物的形状、颜色、味道、外观、声音？是否还有其他改变的可能性？ 例如，1898 年，亨利·丁根把滚柱轴承中的滚柱改成圆球，发明了滚珠轴承，大大降低了摩擦力。
4	能否扩大？	能否添加部件、拉长时间、增加长度、提高强度、延长使用寿命或加快转速？ 例如，在玻璃中间加入某些材料，就制成了防弹、防震、防碎的新型玻璃。
5	能否简化？	能否将现有事物微型化？能否将其缩短、变窄、分割、减轻？能否将其进一步细分？能否将其变成流线型？ 例如，20 世纪 50 年代，荷兰的马都洛夫妇为纪念爱子，投资将荷兰的典型城镇缩小到 1/25 建成世界上第一个"小人国"——"马都洛丹"，从而开创了世界主题公园的先河。后我国采用这种形式建造了深圳的"世界之窗"和"锦绣中华"，并为中国园林的发展提供了一个新方向。

编号	检核类别	检核内容
6	能否代用？	能否由别的事物代替现有事物？能否使用别的材料、零件、工艺、能源？ 例如，瓶盖里过去用的是橡胶垫片，后改为低发泡塑料垫片。换材料后，大力节约了橡胶的使用量。
7	能否调整？	有无可互换的成分？能否变换模式？能否更换顺序？能否变换工作规范？ 例如，房间布局、家具的重新布置，有可能带来非常好的效果。
8	能否颠倒？	这类似于反向思维。上下是否可以倒过来？左右、前后是否可以对调位置？里外能否对换？正反能否倒换？能否用否定代替肯定？ 例如，一般小学语文是先识字后读书，后黑龙江一学校让学生先读书，在其过程中对不认识的字进行拼音标注，最后这类学生的识字、阅读、写作水平均超过了先识字后读书的学生。
9	能否组合？	能否将各种想法进行综合？能否进行材料组合、部件组合、功能组合？ 例如，南京某中学学生利用组合的办法，发明了带水杯的调色盘，并将杯子设计成可伸缩的，固定在调色盘的中央。用时拉开杯子装水，不用时倒掉水，使杯子收缩。

课堂活动

研发跑步机

假设某企业计划针对学生研发一款平板电脑，请同学们运用奥斯本检核表法为该企业的平板电脑创新设计提供思路，填入表3-5中。

（1）全班同学分为若干小组，每组8～12人。

（2）各小组基于奥斯本检核表提出创新设想。

（3）各小组将创新设想总结并填入表中，然后与其他小组分享观点。

表3-5　关于平板电脑创新设计的奥斯本检核表

项目	问题	思路
能否他用？	有无新的用途？能否改变现有的使用方法？	
能否借用？	能否模仿或超越？能否引入其他设想？	
能否改变？	能否改变形状、颜色、外观？	
能否扩大？	能否增加使用时长、寿命、性能、范围？	
能否简化？	能否微型化？	
能否代用？	能否用别的材料、零件、工艺、能源代替？	
能否调整？	内部元件能否互换？能否变换模式、操作工序、速度或频率？	
能否颠倒？	能否颠倒现有事物的正负、里外、上下、主次、因果？	
能否组合？	能否进行材料组合、部件组合、功能组合？	

二、创意的聚敛

站在创新创业的角度看，创意要转化为有价值的商业产品，才有意义。这就需要设计者对创意进行聚敛，找到其中最为可行的创意。

1. 想法聚类

在创意发散阶段，可能会产出大量的构想，此时可以根据一些分类标准对所有的构想进行分类，将相同性质的构想归为一类，便于团队进一步地筛选和决策。在制定分类标准时，可以按照构想是否可行、构想是否能创造价值、构想是否受用户喜欢等划分标签，如图 3-11 所示。

图 3-11 想法聚类

2. IDEO 可行性分析工具

世界著名设计咨询公司 IDEO 提供了一个非常好用的创意聚敛分析工具——IDEO 可行性分析工具，它从需求性、技术可行性和商业永续性三个层面对创意进行评估，再结合三个评估结果形成最终方案，如图 3-12 所示。

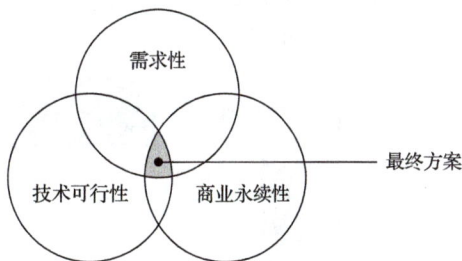

图 3-12 IDEO 可行性分析工具

（1）需求性。需求性意味着某创意能够满足用户需求的程度。设计者在考虑某个创意是否具备需求性时，要真正站在用户的角度，充分理解用户使用解决方案的场景并努力解决用户的问题。创意聚敛首先要满足用户的需求性，否则其将丧失创造的价值。

（2）技术可行性。通常情况下，创意或者创意解决方案都需要一定的技术要求，例如，某创意要求在一个月内转化为成品，如果技术无法助其实现，那么该创意就不是一个可行的方案。创意的技术可行性要求可行的解决方案应当建立在当前运营能力的优势之上。

（3）商业永续性。商业永续性是指某创意既能为用户创造效益，又具有经济价值。这要求该创意解决方案能够建立盈利的、可持续的商业模式。商业永续性主要考虑三个层面。

① 商业目标能否实现，即用户是否愿意为该创意解决方案付费。

② 考虑用户的预算，创意解决方案的售价应在用户的预算之内。

③ 投入与产出要成正比，否则，设计者应考虑其他的解决方案。

一般，回报既可以是现金，也可以是其他可以量化的收获，如股权增资等。

如果创意解决方案缺失了其中的任意层面，则该创意的实施成本和风险会更高；相反，如果创意解决方案能满足这三个条件，其将有非常大的成功机会。

3. 创新矩阵

如果创意产出较多，还可以通过创新矩阵挑选出合适的创意，图 3-13 所示为创新矩阵图示。该图中，X 轴代表该创意的市场需求是否强劲，Y 轴代表该创意在技术上是否可行。将创意发散阶段讨论的方案按照需求强劲程度和技术可行程度两个维

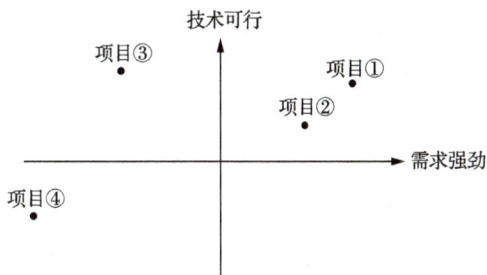

图 3-13 创新矩阵

度进行讨论和评价，再将评价的结果标注在创新矩阵上。最终，位于第一象限的创意或项目就是相对合适的创意或项目。

课后实践——创新方案设计

经研究发现，长期久坐不利于健康。A 先生是一个需要长期久坐的上班族，他想要进行一些健身运动，摆脱亚健康的身体状态，但他难以规律地到健身房进行锻炼。请围绕以 A 先生为典型用户的人群设计开发一款产品（或服务），满足他们的需求。

全班同学分为若干小组，每组 6 ～ 8 人，以小组为单位完成本项实践。

1. 共情用户

通过共情 A 先生的健身经历，挖掘 A 先生的痛点，并将其各阶段的表现填写到图 3-14 的用户体验地图中。

用户画像	场景：一位亚健康上班族，在考虑如何规律健身锻炼		用户目标：		
阶段	阶段1	阶段2	阶段3	阶段4	阶段5	阶段6
行为						
想法&感受						
情绪波动						
痛点						
机会点						

图 3-14 用户体验地图

2. 洞察问题

在理解 A 先生后，准确定义出 A 先生需要解决的真正问题，探索问题的根源所在。

（1）用 5Why 分析法找出问题的根本原因。

A 先生为什么要健身？

因为＿＿＿＿＿＿＿＿＿＿＿＿＿＿＿＿＿＿＿＿＿＿＿＿＿＿＿＿＿＿＿＿＿＿＿＿＿＿

为什么要＿＿＿＿＿＿＿＿＿＿＿＿＿＿＿＿＿＿＿＿＿＿＿＿＿＿＿＿＿＿＿＿＿＿＿

因为＿＿＿＿＿＿＿＿＿＿＿＿＿＿＿＿＿＿＿＿＿＿＿＿＿＿＿＿＿＿＿＿＿＿＿＿＿＿

为什么要＿＿＿＿＿＿＿＿＿＿＿＿＿＿＿＿＿＿＿＿＿＿＿＿＿＿＿＿＿＿＿＿＿＿＿

因为＿＿＿＿＿＿＿＿＿＿＿＿＿＿＿＿＿＿＿＿＿＿＿＿＿＿＿＿＿＿＿＿＿＿＿＿＿＿

为什么要＿＿＿＿＿＿＿＿＿＿＿＿＿＿＿＿＿＿＿＿＿＿＿＿＿＿＿＿＿＿＿＿＿＿＿

因为＿＿＿＿＿＿＿＿＿＿＿＿＿＿＿＿＿＿＿＿＿＿＿＿＿＿＿＿＿＿＿＿＿＿＿＿＿＿

为什么要＿＿＿＿＿＿＿＿＿＿＿＿＿＿＿＿＿＿＿＿＿＿＿＿＿＿＿＿＿＿＿＿＿＿＿

因为_____

（2）用 HMW 找出真正的问题。

我们如何才能让 A 先生（例：自由选择健身时间）_____

我们如何才能让 A 先生（例：摆脱亚健康状态）_____

我们如何才能让 A 先生_____

我们如何才能让 A 先生_____

我们如何才能让 A 先生_____

我们如何才能让 A 先生_____

3. 发散创意

各小组基于前面共情用户、洞察问题两个步骤得出的问题来确定设计方向，并结合创意构思方法进行共创，以尽可能多地提出创意方案。

（1）用 Yes-and 法则共创。

我认为（例：A 先生需要一个可以随时使用的健身器械）_____

是的，并且_____

是的，并且_____

是的，并且_____

是的，并且_____

是的，并且_____

是的，并且_____

（2）用头脑风暴法共创。

围绕问题与设计方法提出尽可能多的创意，例如，围绕"为 A 先生设计一个便于携带和使用的健身器械"这一问题共创时，可以针对器械的外观造型、功能特点等进行创意构思。围绕"为 A 先生提供人性化的健身培训课程"这一问题共创时，可以针对服务内容、服务特色等进行创意构思。填写共创成果。

_____

_____

_____

_____

（3）用奥斯本检核表法共创。

共创成果填入表 3-6 中。

表 3-6　奥斯本检核表

项目	问题	思路
能否他用？	有无新的用途？能否改变现有的使用方法？	
能否借用？	能否模仿或超越？能否引入其他设想？	
能否改变？	能否改变形状、颜色、味道、外观？	
能否扩大？	能否增加使用时长、寿命、性能、范围？	
能否简化？	能否微型化？	
能否代用？	能否用别的材料、零件、工艺、能源代替？	

项目	问题	思路
能否调整？	内部元件能否互换？能否变换模式、操作工序、速度或频率？	
能否颠倒？	能否颠倒现有事物的正负、里外、上下、主次、因果？	
能否组合？	能否进行材料组合、部件组合、功能组合？	

4. 聚敛创意

通过创意聚敛，筛选出更有潜力和前景的创意设计。

（1）运用 IDEO 可行性分析工具评价创意。

将对本小组创意设计方案的评价填写下来。

_____

_____

_____

_____

（2）运用创新矩阵评价创意。

将对本小组创意设计方案的评价填入图 3-15 所示的创新矩阵中。

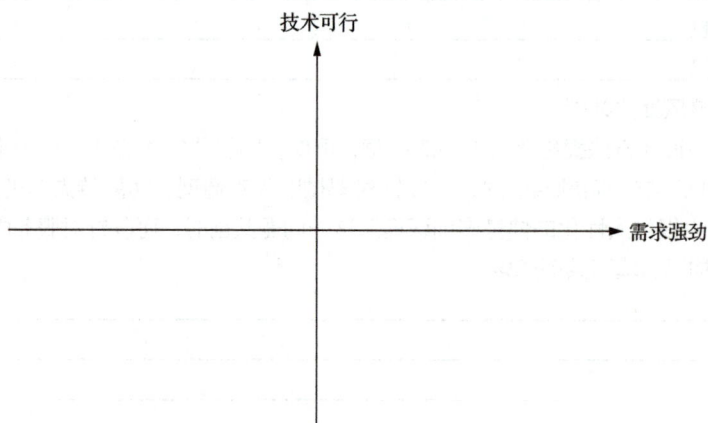

技术可行

需求强劲

图 3-15　创新矩阵

04

项目四　原型设计与测试

1. 理解精益创业的思想，能够在原型设计中贯彻精益理念，并有意识地使用精益开发工具。

2. 理解原型的作用与表现方式，能够通过最小可行产品的形式完成原型设计，并掌握在原型基础上迭代开发的方法。

3. 掌握选择测试对象和开展用户测试的方法，能够合理进行用户测试并收集有效的反馈信息，支撑后续迭代开发。

4. 培养勇于尝试、不断突破的探索精神，提高实践能力，敢于通过实践解决问题，实现创新。

任务一　精益开发

在完成创意聚敛，确定最终的创新方案后，下一步就需要进行实际开发，将设想一一转化为现实。完成这一任务需要不断投入人力与物力，而处于初创时期的团队，受资源限制，迫切需要一种投入低、见效快的产品开发方法。精益创业理论提供了相关的方法论，能够帮助初创团队的开发者进行原型开发。

一、何为精益开发

IMUV 联合创始人及首席技术官埃里克·里斯在丰田公司的"精益生产"的哲学思想和理论基础上，发展出了精益创业理论，并在《精益创业》一书中阐述了相关理论。在精益创业模式下，产品开发者能够低成本、高效率地进行产品开发。

精益创业认为产品开发过程应该是从一个想法开始，先制作一个具备最低限度功能的原型产品，然后通过用户测试获得关于用户对该产品的反馈，以快速完善想法，然后不断地试验和学习，以最小的成本和有效的方式验证产品是否符合用户需求，灵活调整方向，通过多次循环迭代，创造出符合用户需要的产品。整个精益开发的过程，经历"想法—开发—原型—测试—数据—学习"的循环。如图 4-1 所示。

（1）想法。想法是开发的起点，是设计者认为可能在商业上取得成功的"点子"。例如，某餐厅的主厨认为推出一些新的菜品，能够提高餐厅的人气和收入。

（2）开发。开发就是按照想法创建一个新的产品或一项新的服务，在上面的例子中，就是主厨自己尝试，研制新菜品的过程。

（3）原型。原型是产品或服务的最初形式，是开发的结果。在上面的例子中，原型就是主厨在开发新菜品后总结出的新菜品菜谱以及制作出的示例菜品。

（4）测试。测试是将原型投放到真实的商业环境中，验证原型是否符合想法的环节。但值得注意的是，测试通常只在小范围内面对一部分用户进行。譬如，餐厅要测试新菜品并不会直接将新菜品加入菜单，而往往是将小分量的新菜品赠送给老客户，听取老客户对其的评价。

（5）数据。数据是测试的成果，能够反映原型的优劣，用于衡量原型在商业上是否被用户接受。

如餐厅统计客户对新菜品的评价。

（6）学习。通过数据，设计者能够对原型进行评价，进而对原型产生新的认识，想办法改进原型。如此开启下一轮循环，直到原型获得用户的满意。

图 4-1　精益开发的过程

二、精益开发工具

精益开发的思路是进行验证性学习，先向市场推出极简产品，在此基础上通过迭代，完成产品的优化。精益开发工具包括原型、用户测试与反馈、快速迭代。如图 4-2 所示。

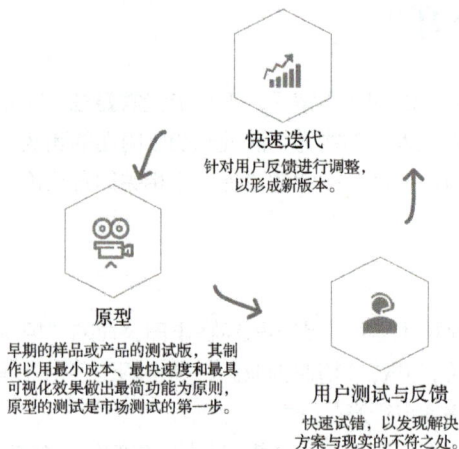

快速迭代
针对用户反馈进行调整，以形成新版本。

原型
早期的样品或产品的测试版，其制作以用最小成本、最快速度和最具可视化效果做出最简功能为原则，原型的测试是市场测试的第一步。

用户测试与反馈
快速试错，以发现解决方案与现实的不符之处。

图 4-2　精益开发工具

1. 原型

原型这个概念最早出现在工业设计领域，是设计师用来更好呈现设计理念、验证产品、打磨产品的一种方式，同时也能够起到节约成本的效果。

具体而言，原型就是通过一定介质将头脑里的想法在物理世界可视化呈现出来。如果设计师设计了一款杯子，除了手绘图之外，可以通过制作一个实物原型，真实感知到这个杯子握在手中是否舒适、美观。也可以拿给朋友，看看他们是否喜欢。如果是灯具设计师，除了上述几点，还可以检验产品模型的合理性，如是否可以成功连接好内部的电路，实现灯具的功能等。

产品原型是将抽象的想法和需求转化为具象产品的过程。同时它可以直观地呈现给团队中的其他成员，甚至早期用户，用于验证产品的合理性，通过高效、低成本的方式来表达、测试和验证产品。

2. 用户测试与反馈

用户测试与反馈，是指让特定的用户使用原型，再通过直接或间接的方式，从用户那里获取针

对该产品或服务的意见。通过用户反馈渠道了解关键信息，包括：用户对产品或服务的整体感觉、用户并不喜欢或并不需要的功能点、用户认为需要添加的新功能点、用户认为某些功能点应该改变的实现方式等；获得用户反馈的方式主要是现场使用、实地观察。对于精益开发而言，用户满意是衡量原型质量的唯一指标，开发的一切活动都是围绕用户而进行，产品开发中的所有决策权都交给用户。

案例阅读　　　　**华为造车：用户思维是法宝**

华为是我国消费电子和通信领域的巨头，但在 2021 年，华为石破天惊地宣布与赛力斯合作，发布全新高端智慧汽车品牌 AITO。在发布会上，华为宣布将从产品设计、产业链管理、质量管理、软件生态、用户经营、品牌营销、销售渠道等方面全流程为赛力斯的 AITO 品牌提供支持。同年底，AITO 首款汽车产品问界 M5 发布，该产品 87 天即售出 11296 台，创新品牌单款车型交付破万最快纪录。后续又推出了问界 M7、问界 M5 EV 等车型，同样取得了良好的市场反响。

从消费电子行业跨到智能新能源汽车行业，华为所取得的成功不仅源于其自身深厚的技术能力，更取决于其替用户考虑的思维方式。时任华为终端 BG CEO、智能汽车解决方案 BU CEO 余承东在接受媒体专访时表示："我们做消费电子，对用户体验的关注远远超过传统车厂。"问界 M7 第二排使用了"零重力座椅"，所谓零重力，是指靠背、坐垫、腿部的平均压强基本接近于零，这样才能让身体达到极致的放松，让用户获得最出色的乘坐体验。在动力上，问界 M7 使用增程式混动，具备比燃油车更好的加速性能、更低的油耗、更好的平顺性；在空间上，则提供了 2605mm 的乘员舱空间，808mm 的第三排的纵向空间，这些都是驾驶员和乘客感知很强的因素。动力十足、空间充沛、乘坐舒适，这就是华为用户思维在汽车领域的展现。

华为在涉足新能源汽车领域时，非常重视用户的体验和反馈，在产品中最大限度地提高用户体验，从而取得了成功。

---

3. 快速迭代

快速迭代是指产品与服务要快速地适应不断变化的需求，不断推出新的版本满足或引领需求。快速不是追求一次性满足用户的需求，而是通过一次又一次的迭代不断完善产品的功能，因此能够贴合市场需要，成功率高。

> **敏捷开发**
>
> **拓展阅读**
>
> 快速迭代的思想来自敏捷开发。敏捷开发是一种软件开发的方式，区别于传统的瀑布式开发。瀑布式开发顾名思义，就如同瀑布一样，从一个特定的阶段流向下一个阶段，将软件开发划分为需求分析、设计、编码、测试、维护等几个明确的阶段。而敏捷开发则主张简单，强调递增的变化，认为最简单的解决方案就是最好的解决方案，软件开发不用，也不可能在一开始就准备好一切。开发的模型只要具备需要的功能和细节就可以了，打下基础，然后再慢慢地改进模型，或是在不再需要的时候丢弃这个模型。同时，敏捷开发强调快速反馈，既要求和用户

紧密联系，及时获知并分析用户的需求；也要求开发成员内部及时沟通和实时反馈。这样的开发方式使得软件能够尽早地交付使用，同时不断地完善和进步。

快捷开发的出现，不仅引发了软件行业的变革，其思想也被广泛应用于其他领域，对社会产生了深远的影响。

案例阅读 | **微信的迭代开发**

2019 年 8 月，微信的日登录量超过 10 亿，成为其历史上一个重要的里程碑。2013 年，微信有 3 亿用户；至 2020 年 12 月 31 日，微信及 WeChat 的合并月活跃用户数达到 12.25 亿。微信的用户数无疑经历了爆发式的增长，至 2021 年 8 月，微信版本经历了从 1.0 到 8.0 的迭代，越来越满足用户所需，并成为现在人们社交必备的一项工具。

张小龙及其创业团队最初建立微信的创意，来源于张小龙想要为像他这样不使用 QQ 的人建立一款聊天工具的想法，其最初目标是建立一款类似其之前创业产品 Foxmail 的收发邮件的产品，然而具体做成什么样，张小龙及其创业团队并没有具体的想法，只有做工具的思路。但张小龙没有停止思考，他不仅想要做一款通信软件，还思考如何能超越 QQ。他并未将微信片面地定位于通信工具，而是如微信的宣传语所说：微信是一个生活方式。

2011 年 1 月，微信正式上线。初版的微信仅支持发布文字信息，并提供分享照片、设置个人头像的服务，用户增长较慢，媒体关注度还不如先于微信 1 个月推出的米聊。到了 4 月，Talkbox 的火爆，让微信团队看到了语音功能的市场，同年 5 月，微信开始支持语音对讲，并通过思考用户使用场景，对产品进行改进，如距离感应器无感应即为扬声器模式，手机接入耳机则立马改为听筒模式等，提高了用户的语音功能使用体验，这使得微信成为有一定影响力的产品。

之后，张小龙团队基于对用户的分析，不断开发微信功能。2012 年 4 月，微信增加朋友圈功能；2012 年 7 月，推出公众号；2013 年 8 月，微信支付上线；2017 年 1 月，小程序上线；2017 年 5 月，微信推出搜一搜、看一看；2017 年 12 月，小游戏上线；2020 年 1 月，视频号上线。微信许多功能的推出都建立在用户测试的基础上，微信会有选择性地邀请用户参与内测，体验新功能，因此，新上线的功能往往能使用户有良好的使用体验。此外，微信还针对界面、表情、状态栏等进行更新调整，并有针对性地根据用户的反馈新增功能，例如，微信固定一位用户拥有自己唯一的微信号，且一旦锁定不可修改，随着微信的广泛普及和用户使用微信程度的加深，有许多用户对自己的微信号并不满意。基于此，2020 年 6 月，微信解锁了这一新功能，允许用户在同时满足 3 个条件的情况下，一年内可修改一次微信号，受到了用户的广泛好评。

三、精益画布

对于初创团队的开发者而言，精益创业非常关键，尤其是创业初期资源较少、开发者掌握的经验较少、对于市场认知不足的时候，就要在尽量节约成本的基础上高效行动，而精益画布此时就能发挥作用。精益画布是早期创业者的高效行动指南,可以帮助大学生开发者在产品开发前的规划中,更有逻辑和头绪,快速聚焦关键点,其已经被众多创业公司使用,助力其做出理想产品。精益画布如图 4-3 所示。

问题	解决方案	独特卖点	竞争壁垒	客户群体分类
需要解决的三个重要问题。	产品最重要的三个功能。	简明扼要,一句话概括产品的独特之处,为什么值得用户购买。	相对竞品的无法被复制的优势。	目标客户。
	关键指标 应考核哪些方面。		**渠道** 如何获取客户、如何推广。	
成本分析 争取客户所花费的费用、推广销售的费用、网站架设费用、人力成本等。			**收入分析** 盈利模式、毛利等。	

图 4-3 精益画布

精益画布的设计者认为,产品开发者必须关注和研究的要素包括:问题、解决方案、关键指标、独特卖点、竞争壁垒、渠道、客户群体分类、成本分析和收入分析九个要素。由此,大学生开发者可使用精益画布进行产品分析,推动原型的建立。

课堂活动

完成精益画布

精益画布能够帮助产品开发者理清思路,判断产品的市场表现。下面请同学们使用精益画布对自己的一项创意进行分析,并将结果填写在图 4-4 中。

问题	解决方案	独特卖点	竞争壁垒	客户群体分类
	关键指标		**渠道**	
成本分析			**收入分析**	

图 4-4 创意分析

任务二 | 原型设计

原型设计是创意设计到产品开发之间的重要一步。开发者要将头脑中的创意化为现实，就需要设计一个能够看得见、摸得着、听得懂的"原型"，用以展示或验证自己的创意设计。原型设计是一个动手实操的过程，也是对原有的方案进行思考与完善，原型的质量，直接关系到后续的产品开发以及市场表现。

微课启学：快速制作原型

一、原型的作用

原型的本质是将创意设计通过一定的介质具象化，对于产品开发者来说，原型具有不可替代的作用。

1. 原型能够使团队获得有效反馈

当原型制作完成，包括用户、合作者、其他团队成员在内的任何人就能够直观地认识原型，并从自己的角度对其进行评价，开发者就能够获得有效的反馈。这些反馈意见是后续开发中宝贵的参考意见。

2. 原型是团队智能的体现

原型设计的过程是设计想法落地并变现的过程，也是团队成员进行深入沟通与针对性讨论的过程。原型的成功制作就是团队成员智能外化的结果。

3. 原型能够加深命题了解

设计和制作原型时，团队成员会一边动手一边讨论，不仅能更直观地感受创意要点，还能使设计想法有了直观的体现方式，使其变得可知、可感。

4. 原型有助于开发者发现问题

在创意设计时，开发者总是抱有良好的期待，但在实际设计和制作原型的过程中，开发者就会发现很多在创意设计时没有妥善考虑的问题，因此需要不断调整方案，甚至推翻重来。因此，原型设计的过程就是一个发现问题并解决问题的过程。在原型制作完成后，也可能会暴露出一些新问题。

5. 原型有助于探索新的可能

原型的制作可以是低精度的，在制作原型时，设计者可以将自己想要展现、测试的方面尽量突出地展现出来，设计用户与之交互的场景，说不定会萌生出新的想法，从而有助于探索创意的无限可能性。

二、原型的类型

根据制作精度的不同，原型有不同的表现方式。最初一般先制作低精度的原型，以用来获得快速反馈；而后期，随着各种产品功能需求的增加以及对外观的精确度要求的提高，需要开始制作高精度模型；在接近成品时，还要进行 1∶1 的打样制作，以便在产品正式面世前进行最后的审查和微调。因此，原型的呈现没有固定的形式，设计思维方面的训练都鼓励设计者可以尽量利用现有的材料将创意实现出来，达到创新的目的。原型的表现方式有草图描绘、实物原型、故事板原型、角色扮演、视频、预订网页、软件七种。

1. 草图描绘

草图描绘就是利用纸笔或计算机图形勾勒一系列想法的过程。任何物体结构、流程、行为、环境、情景等都可以用画草图的方式呈现出来，绘制时并不一定要描绘出整体的效果，只要能简单地表达核心思想，如目标、要求、行为、流程、场景、结果等，让人对设计方案传达的思想一目了然即可。另外，还可以用一些诸如天气符号、表情符号等的形象符号来比喻描述，使草图内容更加生动。

图 4-5 所示为某手机软件的草图（线框图）原型。该线框图出自一个天气预报软件，开发者使用简单的图案，标示了界面上需要展示的信息和展示形式，以及三个页面的简单交互，让人一目了然。

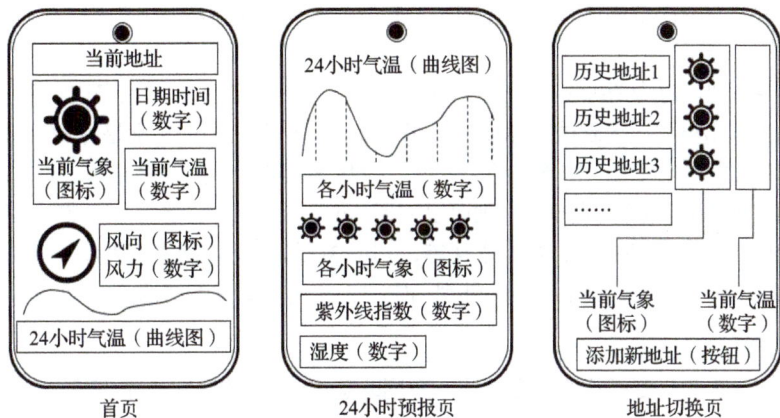

图 4-5　某手机软件的草图（线框图）原型

草图通常较简单，易于理解，可以帮助设计师、开发者和利益相关者更好地理解和协作，减少误解和不必要的争议，同时也有利于开发团队专注于产品的核心功能和交互，而不被视觉细节或复杂的设计元素所分散注意力，同时其设计成本往往较低。

课堂活动

草图描绘原型

假如，现在学校需要一种新型的课桌椅，要求这种新型课桌椅能够更好地满足大学生的学习需要，提高大学生的学习体验。现在请你设计一款新型课桌椅，并设计其低保真原型。原型的形式为手绘稿，要求写清楚课桌椅的材料、尺寸、零部件、功能及使用方法。

2. 实物原型

实物原型可以分为两种，一种是用纸做成的纸质原型，另一种是立体实物模型。

纸质原型制作是最常见的原型制作方法，也是一种快速搭建原型的方法，其需要用到的工具极为简单，通常包括纸、剪刀、彩色笔和胶水等。当设计者希望测试产品的形状、大小或属性而又不希望付出过于繁重的劳动时，纸质原型就是很好的原型制作选择。例如，斯坦福大学有一个理想钱包的思维体验项目就是鼓励设计者用纸制作出理想的钱包类型，因为其提供的材料较少，纸质原型方便又简单。纸质原型既可以做得粗糙，也可以做得非常精细，这取决于项目要求。若要用于说明定性的问题，大多数时候会制作较为粗糙的概念原型，但当涉及定量的分析时，纸质原型就需要制作得比较精确和完善了。

立体实物模型也可分为两种：一种是在没有 3D 打印机的情况下，利用身边可用的花盆、塑料、软布、报纸、乐高和橡皮泥等制成可体现设计概念的立体模型；另一种则是在 3D 打印技术的支持下利用 3D 打印机制作的模型，它不仅费用低廉，在制作精细度不高的产品时，其从画稿扫描到建模的用时也短。若是要求细节的产品，则可以采用 AutoCAD 制作的数字模型作为制作 3D 模型的蓝本，通过计算机控制堆叠塑料、纸、木头等，利用 3D 打印机将蓝本变为细节比较精确的实物。这样的原型可以精确到细节，展示产品的外观和内里，让用户测试更加精确。

3. 故事板原型

故事板的概念来源于影视行业，是指用一系列的照片或手绘图纸表述故事的方式。在影视行业中，故事板相当于一个可视化的剧本，它会标出主要的镜头、每个镜头长度、对白、特效等。由此可见，故事板是导演在影片制作中与剧组人员沟通的重要工具，演员、布景师、特效师等都可以通过故事板对影片建立起较为统一的认知。在制作原型时，设计者可以利用故事板进行原型概念表达，即借助故事板绘制场景，将各个角色、场景与事件串联起来，或将故事板的情节演示出来，从而给人们带来一个完整的体验。例如，关于新产品创新和服务流程创新的原型，可以通过故事板来塑造场景。某项目在进行关于客户营销的策略设计时，就借助了当时热门电影的相关角色，并以小品的形式来演绎客户遇到困境应如何做，不仅形式新颖，具有吸引力，还提升了客户体验，使其建立起对创新点的认识。

需要注意，若是在白板上画故事板，要注意运用表情元素，同时要结构清晰，结局明确。

4. 角色扮演

角色扮演是设计思维原型阶段的一种常用方法，它是一个非常有趣的工具，尤其是当解决方案面向的是一种服务和流程，而非某一具体的产品时。设计者可以扮演该服务或流程中涉及的项目相关人，对客户的使用情景和步骤进行复盘。这种原型方法生动形象，代入感强，容易让人产生共情心理，其在呈现过程中也往往极具戏剧效果，显得活灵活现，表现效果更加强烈。

5. 视频

以上几种原型都不利于大规模的扩散，如果设计者希望原型有大范围的受众，得到远距离和更大量的传播与反馈，可以考虑采用视频制作原型。

视频原型本质是先不开发产品，只是利用视频向用户介绍产品概念以及能为用户解决的问题，看看用户的反应。例如，Dropbox 概念设想的视频只描述了内容并留下产品注册方式，但其注册用户一夜间从几千人增加到几万人。

6. 预订网页

可以通过设计预订网页向用户说明自己的产品，并吸引其在产品未开发之前就为产品买单。众筹也是类似的原理，其主要是通过用户的贡献度来判断产品的价值，并给创业者机会，让其接触到一些对产品感兴趣又积极参与的早期使用者。

7. 软件

也可以利用博客或软件、网络平台等作为产品原型或用于测试最小可行性产品，例如，有些作者通过博客发表文章，以此建立受众基础并赢得签约、出版订单；Groupon 最初以定制化的 WordPress 网页问世，创办者将交易发布在页面上并且手动以电子邮件的形式发送订阅的文件，以验证他们的市场潜力。

三、最小可行性产品

精益创业中的原型制作其实就是最小可行性产品（Minimum Viable Product，MVP）的制作，即创业者将新产品的创意用最快、最简洁的方式实现，只将必要的功能留在其中。与常规产品不同，MVP 更侧重对未知市场的勘测，以最小代价来验证其商业可行性，可以帮助产品实现从 0 到 1 的突破。MVP 可以是产品界面，也可以是能够交互操作的胚胎原型。它的好处是能够直观地被用户感知，有助于激发用户的反馈。

微课启学：最小可行性产品

1. MVP 的概念

MVP 理念最早由埃里克·里斯在《精益创业》一书中提出："MVP 指的是企业用最小的成本开发出可用且能表达出核心理念的产品版本，使其功能极简但能够帮助企业快速验证对产品的构思，以便于企业在获取用户反馈后持续迭代优化产品、不断适应市场环境。"

在产品开发中，MVP 是一种具有刚好满足早期目标用户需求的功能，并为未来产品开发提供反馈的产品。其核心是聚焦，要求开发者抓住核心的产品功能或流程，去掉多余或高级功能。例如，用户的需求是要能坐，那么其基本的 MVP 就是凳子，而非椅子甚至高科技的多功能椅。MVP 通常具有以下特点。

（1）能体现项目创意。MVP 建立在产品思路之上，自然应体现项目创意。

（2）功能核心。MVP 是能帮助开发者表达产品核心概念的产品，例如，要检测汽车这一产品是否可行，制造一个或两个轮子作为 MVP 根本无法检测出用户的需求，因为汽车背后的真实需求是出行，仅靠轮子无法实现，但滑板、自行车等却可以作为 MVP，因为用户对它们的使用可以证明该需求确实存在，产品思维可行。

（3）功能极简。MVP 保证产品满足用户基本需求即可，其他冗余可能导致用户判断失误，进而导致产品决策失误。

（4）能够演示和测试。MVP 需要用于收集用户反馈，且其往往会经历迭代，因此必须满足能够演示和测试的功能。

（5）开发成本尽可能低，甚至成本为零。MVP 主要用于实现低成本快速试错，从而以较低成本尽快推出完善的产品。

2. MVP 的类型

MVP 的表现形式有很多，产品的不同阶段，其 MVP 表现形式各不一样，但无论如何，其重点在于帮助开发者验证自己的假设，并弄清楚其投入是否值得等。适合开发者自己业务模型和市场的

MVP 是多种多样的，开发者需要弄清楚自己想测试的假设，并选择合适的方式加以验证。

（1）人为手动型 MVP。该概念的核心是：假设自己有了全部的功能，直到自己最终真的实现所有功能为止。即人为提供功能，让用户以为他们体验的是实际的产品。例如，Zappos 的创始人尼克·斯威姆最初是手动将当地鞋店中商品的照片上传到网上，客户下单之后他再去当地鞋店购买。这种方法相较一开始就投资在基础建设和商品库存上，能以更低成本获取第一手的用户信息，发现用户需求。

（2）定制型 MVP。明确告知对方产品是人为干预的，并且这样的产品或服务会作为一个高度定制化的 MVP 交给特定的用户。例如，有些新创企业在开办线上业务前，会提供线下的体验服务以验证其想法。

（3）拼接型 MVP。将市场上现有工具和服务组合起来建立一个可运行的产品原型。

原型与 MVP

拓展阅读

原型和 MVP 是两个意义相似但是各有侧重的概念。原型追求可视化，能将抽象的想法呈现出来即可，往往不具备实际使用的真实功能，如手绘草图、故事板等，仅仅具有展示的作用。

MVP 追求的是产品化，无论功能再精简，也得需要是一个能供用户交互的产品，以便于给用户测试后继续迭代。因此，MVP 不能是简单的手绘草图、故事板等，而需要能让用户进行基本的交互，获得实际的体验。

四、最小可行性产品制作

开发者需要设计并制作出 MVP，但是如何开发出一个良好的 MVP，却是困扰很多开发者的问题。要想 MVP 取得最佳的效果，开发者需要做到以下三点。

1. 寻找直面用户的"黄金路径"

MVP 的重要原则是以最快速度上线接触用户，因此开发者在制作 MVP 时也一定要寻找直面用户的"黄金路径"，省略掉一切不必要的步骤。黄金路径就是产品关键流程，即用户完成任务的最短路径。要找到这个最短路径，开发者需要有明确的用户目标，接着确定实现这些目标所要完成的任务，最后把这些任务以最短的路径连接起来。以某电商平台为例，用户使用该平台从访问平台开始，到最终成交为止，其中的黄金路径如图 4-6 所示。

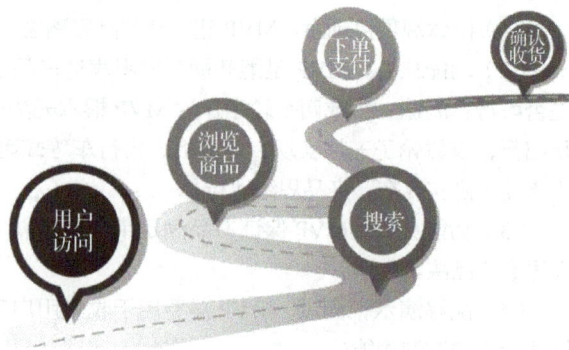

图 4-6 电商平台用户的黄金路径

根据黄金路径，开发者就可以罗列需要的产品功能，列举出实现黄金路径所需的所有功能，包括登录、按商品名搜索、商品详情展示、填写交易信息、支付等。明确好最终功能集合后，就可以快速开发具有这些功能的软件，作为 MVP。

绘制黄金路径

假设现在某公司需要开发一个图片社交软件，其目标是实现用户拍照分享的功能。

（1）请在下面绘制出该软件 MVP 的黄金路径，并列出所需的功能。

（2）绘制完成后，同学们交换查看，对比彼此绘制的黄金路径的异同，讨论哪些功能应该出现在黄金路径上，哪些功能不应该出现在黄金路径上。

（3）小组讨论结束后，进行全班分享，包括绘制结果，以及绘制过程中的难点。

2. 尽量保证最低的成本、最及时的响应

小和快是 MVP 的两大特征，开发者在制作 MVP 时，应该坚持追求最低的成本、最实际的响应速度。例如，按照常规做法，想要经营电商网站，需要设计并制作一个完整的电商网站，做好基础的测试，全面涵盖仓储、分销伙伴支持，并提供减价等销售方案吸引用户，最终才能正常运转。而 Zappos 的创始人尼克·斯威姆没有这么做。斯威姆想要经营的是一家网络鞋店，他假设用户已经就绪，并愿意在网上购鞋，于是先建立了一个规模很小的网站。随后，他询问本地的鞋店是否能让他为店里的库存产品拍照。他承诺如果有人从网上买鞋，他就会代用户以全价从这家店里买下鞋子。随后他将拍摄的鞋子照片和价格展示在自己的网站上，供用户选择。每当用户在网站下单，他就到店铺里买下鞋子并邮寄给用户。这样，斯威姆验证了这一模式的可行性，以非常低的投入经营起了自己的事业。

多抓鱼的初创期

多抓鱼是 2017 年成立于北京的一个主营图书和耐用消费品二手循环服务的公司。目前，多抓鱼拥有微信小程序、iOS 及 Android App 和网页端，用户可以在线上将闲置的图书、服装以及电子产品卖给多抓鱼；也可以在线上和线下店买到由多抓鱼翻新和消毒的商品。如今，多抓鱼用户数量超百万人，而在初创期，多抓鱼只有一个微信群和一张 Excel 表。

多抓鱼的模式是先付费从用户手里面把书收上来，然后书经过鉴定、消毒、翻新、包装处理后，再上架对用户销售。初创时，创业团队中的成员将自己喜欢看书的朋友们拉进了一个微信群。在这个微信群里，有人想要卖书，就可以直接找群主（多抓鱼团队），将要卖的书摞在一起拍照发给群主。群主就会告诉卖家，哪些书是需要的，哪些书是不需要的，再帮卖家叫快递上门取件。等到多抓鱼收到书，检查无误就会通过微信把钱打给卖家。收到书后，多抓鱼团队会检查书籍的情况，并为其标价，然后将所有买到的书的信息填在一张 Excel 表格里，之后把 Excel 表格发布在群里，告诉大家上新了，可以来买书了。这样，需要买书的用户就可以

查看 Excel 表格，联系群主购买自己喜欢的书。在卖出书籍后，多抓鱼团队则会在 Excel 表格里删去相应的书籍信息。就这样，凭借一个微信群和一张 Excel 表格，多抓鱼开展了自己的二手书籍回收售卖业务。

3. 验证最需要关注的问题

　　MVP 的意义在于验证开发者的设计理念，通过实践来确定产品是否能实现最初的想法。因此，MVP 要确保可以验证开发者设想的问题。同时，一个良好的 MVP 只验证最需要关注的一个问题。

　　例如，斯威姆要确认用户是否愿意通过网络渠道购买鞋子，于是他做了一个售卖鞋子的网页以验证这一问题。而多抓鱼团队则是要验证"回收二手书—检验标价—出售"这一套商业模式能否被用户认可，因此选择微信群和 Excel 表格来验证。

案例阅读　　　　　　　　**"闪送"的起航**

　　2014 年，快递行业已经非常发达，各大快递公司几乎占据了所有市场，新兴的快递企业已经难以实现长足的成长和发展。此时，薛鹏却在想一个问题，"消费者真正的痛点或许并不是成本，而是快和安全"。他有了这样的想法：给消费者提供专人直送、限时送达的服务，保证物品安全和时效。

　　2014 年 3 月 18 日，"闪送"公司第一次开立项会，仅仅一周之后，服务成功上线。"闪送"在早期搭建的 MVP 模型里，把北京五环内分成多个矩形格子。每一个格子长宽都低于 9 千米，这就意味着在平台只要保证在每一个格子里面有一名"闪送"快递员就可以进行服务，在保证效率的情况下实现了最低的成本。而在用户端，"闪送"为用户提供一个网页用以下单，在用户下单之后，"闪送"团队就把订单信息通过短信的形式，发送给最初的几名"闪送"快递员，然后"闪送"快递员打电话到"闪送"团队接单，按照先到先得的规则分配订单。

　　这样的方式虽然粗糙、简易，但确实可行。"闪送"虽然价格远超其他快递的价格，但上线之后，很快获得了一些订单，在订单完成后，"闪送"对用户进行回访，发现用户大部分都认可这样的模式，这坚定了"闪送"团队的创业想法。以"一对一急送，专门送您这一单！更快更安全！"的"闪送"，也成功在竞争激烈的快递行业站稳了脚跟。

课堂活动

MVP 设计

　　假设，现在学校希望增加一批能够体现传统文化的社团，你和几个志同道合的朋友决定创办一个"舞狮社"，但是担心同学们是否会积极参加。现在，请同学们结成 4 ～ 6 人的小组，讨论并设计一个 MVP，用以验证同学是否愿意参加"舞狮社"。

任务三 | 用户测试与反馈

根据精益开发的思想，MVP 要尽快接近用户，供用户使用，其本质是为了获取用户的反馈，从而判断产品是否符合市场要求。因此，在制作出 MVP 后，开发者就需要紧接着进行用户测试，然后通过用户反馈改良产品或服务，不断进步，最终打造出符合市场要求的产品和服务。

微课启学：市场测试的内涵

一、认识用户测试

用户测试是向用户展示产品原型（或 MVP），获得用户反馈的过程，本质上是向用户学习。在这一步骤中，开发者观察用户如何使用或误用原型（或 MVP），即通过开放性问题再次了解用户需求。测试时通过用户反馈获取的关键信息一般包括以下内容。

（1）用户对产品的整体感觉。

（2）用户不喜欢或不需要的功能点及理由。

（3）用户认为需要添加的新功能点。

（4）用户对产品的改进意见。

用户测试与反馈是产品改良的重要依据，许多创业者就是从用户反馈中获得有效信息，从而合理地改进和迭代自己的产品。

二、选择测试对象

用户测试的主要对象不是所有用户，而是"天使用户"。"天使用户"特指产品的早期用户，这些用户能够接受不太完美，甚至有些缺陷的早期产品，并且愿意和开发者一起试用、验证和反馈，甚至参与产品研发，共同完善产品。正是有了正确的"天使用户"，才帮助产品实现了从零到被"引爆"的过程。

"天使用户"的共性是热爱产品，并从口碑、产品改进等角度成为一个产品从小众走向大众的基石。例如，雷军在做手机的时候就是通过寻找 100 个手机"发烧友"来陪他一起测试还没开发的小米，这些"发烧友"就是小米的"天使用户"。

拓展阅读

"天使用户"的来源

从社会学家埃弗里特·罗杰斯的观点来看，"天使用户"可能来源于"创新者"。其在《创新的扩散》一书中提出，新产品的问世将依次遇到五类用户群体：①创新者。他们是勇敢的先行者，自觉推动创新。创新者在创新交流过程中，发挥着非常重要的作用；②早期使用者。他们是受人尊敬的社会人士，是公众意见领袖，他们乐意引领时尚、尝试新鲜事物，但行为谨慎；③早期大众。他们是有思想的一群人，也比较谨慎，但他们较之普通人群更愿意、更早地接受变革；④后期大众。他们是持怀疑态度的一群人，只有当社会大众普遍接受了新鲜事物的时候，他们才会采用；⑤落伍者。他们是保守传统的一群人，习惯于因循守旧，对新鲜事物吹毛求疵，只有当新的发展成为主流、成为传统时，他们才会被动接受。

"天使用户"也可能来源于"领先用户"。埃里克·冯·希贝尔结合诸多学者的看法，在 20 世纪 80 年代提出了"领先用户"的概念。"领先用户"指与市场上大多数用户需求一致，但敢于在市场不确定以及产品具有较高技术挑战的情况下，早于其他用户使用创新产品。"领先用户"在工作和生活中往往使用最先进的技术和方法，但是对于这些技术和方法的表现并不满意，因而常常自己动手改进这些技术和方法，这些改进也往往具有很大创造性，如果这些创新能被企业获悉并合理运用，就有助于推出创新产品或新的解决方案。

因此，可以看出，"天使用户"既是现有技术的积极使用者，也是未来技术的开拓者，对推动创业企业的创新与产品改进具有重要价值。

三、开展用户测试

用户测试可以帮助开发者在产品开发生命周期的早期阶段抓到产品存在的潜在问题，使其更自信地指导产品和设计方向，开发者可以掌握多种方法来获得关于用户测试的反馈。常见的用户测试方法包括用户访谈、产品预订、众筹、试用反馈等。

微课启学：用户测试与迭代

1. 用户访谈

用户访谈是一种非常直接的用户测试方法，是指通过与用户的交谈来测试开发者的想法是否成立。通常用户访谈需要开发者围绕其想要解决的问题，如发现目前产品存在的问题，或发现潜在的需求点等，访谈应该是具有探索性的，而不是为了兜售开发者自己的创意。因此，为了更好地发挥用户访谈的作用，开发者需要事先准备好问题，例如，按重要性罗列产品功能是否奏效的相关问题，从而确定产品是否能真正解决问题。

用户访谈的目的是获取真实的评价，但是在实践中，开发者可能会收到三种噪音：赞美的客气话、没用的"烟雾弹"和主观化的设想。例如，某餐厅负责人询问顾客就餐的体验，顾客出于好心或敷衍，很可能就会给出正面评价，而不会指出餐厅的缺点，这无疑使得用户访谈无效。因此，开发者需要有提问的技巧，以尽量获取有效反馈。要和用户进行有价值对话，开发者需要注意三个要点。

（1）聊用户的生活，而不是自己的产品。

（2）聊用户生活中已经发生的，跟产品需要解决的问题相关的具体细节，不泛泛而谈，更不展望未来。

（3）提出问题并倾听，尽量少进行陈述，以避免自己的语言对用户产生不必要的引导。

"好问题"和"坏问题"

在用户访谈中，开发者应该注意，多提"好问题"，少提"坏问题"。

好的问题例如"你平时怎么解决这个问题的？流程大概是什么样？用了什么东西？""这个过程中，你不爽的是什么？""为了解决这些不爽，你试过什么办法？为什么没有解决？"

坏的问题例如"你觉得这个产品怎么样？""你觉得你愿意付多少钱？""你觉得你会想买一个带智能化功能的产品吗？"

如何判断一个问题是好是坏？我们可以发现，好的问题集中在用户的需求和问题，以及用户是怎么解决问题的。不好的问题，出发点都是开发者自己。

拓展阅读

用户访谈能够收集到的信息非常多，为了方便记录用户访谈的内容，开发者可以使用原型测试表。如图4-7所示。原型测试表也叫反馈收集表，其原理是将一页纸分为以下四个部分，分别将信息记录在上面。

（1）"+"代表有用的信息，在此部分记录下用户喜欢的功能或特性。

（2）"-"代表可以改善的地方，在此部分记录下用户提出的建设性意见，或是从用户的反馈获得的改善启发。

（3）"？"代表疑问，在此部分记录下用户在体验中遇到的问题。

（4）"！"代表新想法，在此部分记录下用户在体验中产生的新想法。

+有用	-可以改善
（用户喜欢的功能或特性）	（用户提出的建设性意见）
？疑问	！新想法
（用户体验中遇到的问题）	（用户体验中产生的想法）

图4-7　原型测试表

课堂活动

用户访谈

假设，班委会想要在班级内部举办一次主题活动，现在需要通过用户访谈的方式，了解各位同学对活动主题、活动内容、活动形式等的看法。请你设计几个问题，再以至少5名同学为对象进行访谈，最后使用原型测试表（见图4-8）将所有有效信息都整理展示出来。

完成后，各位同学展示自己的成果，并进行交流讨论。

我设想的问题：＿＿＿＿＿＿＿＿＿＿＿＿＿＿＿＿＿＿＿＿＿＿＿＿＿＿＿

＿＿＿＿＿＿＿＿＿＿＿＿＿＿＿＿＿＿＿＿＿＿＿＿＿＿＿＿＿＿＿＿＿

＿＿＿＿＿＿＿＿＿＿＿＿＿＿＿＿＿＿＿＿＿＿＿＿＿＿＿＿＿＿＿＿＿

+有用	-可以改善
？疑问	！新想法

图4-8　原型测试表

2. 产品预订

产品预订是指开发者通过搭建预订网页，向用户展示自己的产品，并吸引其在产品未开发之前就为产品买单。产品预订可以获知用户对产品的需求量，从而帮助开发者判断该项目是继续还是放弃。

3. 众筹

众筹是指通过群众募资来推动项目进行。该测试方法主要是通过用户的贡献度来判断产品的价值，并给开发者机会让其接触到一些对产品感兴趣又积极参与的早期使用者。众筹采取的是"团购＋预订"的形式，因此，其与产品预订有一定相似之处，即通过介绍产品创意来测试产品可获得的支持，相比产品预订，众筹的募资模式将直接决定该创业项目是否继续。众筹项目规定了目标金额，项目筹资成功，支持人将获得发起人预先承诺的回报，即产品本身及一些附带"福利"，这意味着产品将进入生产与市场销售的流程。筹资失败则将退还支持者资金。

众筹平台可以说是众多 MVP 的集中地，在众筹平台，用户可以看到许多有意思的创业创意和产品原型图片，同时，对开发者来说，这也是其建立口碑和得到反馈的好机会。

4. 试用反馈

试用反馈是指通过用户对产品使用的感受来进行产品的改进。一般用户测试需要制作原型，但通常是草图、实物模型等形式，而对功能性产品，必须进行真实的试用，例如，进行电动牙刷震感、口香糖新口味接受程度的用户体验测试等。通过试用，用户可以获得产品满足需求程度的深刻体验，使开发者获得更真实的用户反馈。

四、迭代开发

迭代是重复反馈过程的活动，其目的通常是为了逼近所需目标或结果。每一次对过程的重复称为一次"迭代"，而每一次迭代得到的结果会作为下一次迭代的初始值。

在数学中，迭代函数指的是运用同一函数反复进行计算，前一次计算的结果作为下一次计算的输入；在计算机领域中，迭代算法是让计算机对一组指令（或步骤）进行重复执行，即执行程序中的循环，在每次执行这组指令（或步骤）时，都从变量的原值推出它的一个新值，直到满足某条件为止。而在产品（或服务）开发中，迭代则是指对产品（或服务）功能模块不断调整、优化等，以不断提高其性能，及时满足市场需求。

开发者在进行用户测试后，就应该根据用户反馈优化 MVP，然后将更新后的 MVP 投入新一轮的用户测试，获取新的反馈，如此不断迭代，最终使 MVP 在质量和功能上满足市场的需求，成为最终的产品。迭代开发模型如图 4-9 所示。

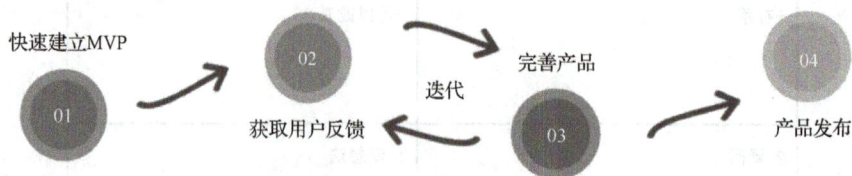

图 4-9　迭代开发模型

需要注意的是，精益开发的迭代策略是螺旋式升级，开发者不应闭门造车，完成线性的前三个步骤直到成功，而要在每一个阶段都使产品具备核心功能，能够独立地进行用户测试，获得反馈，从而不断地进行迭代升级。如图 4-10 所示。

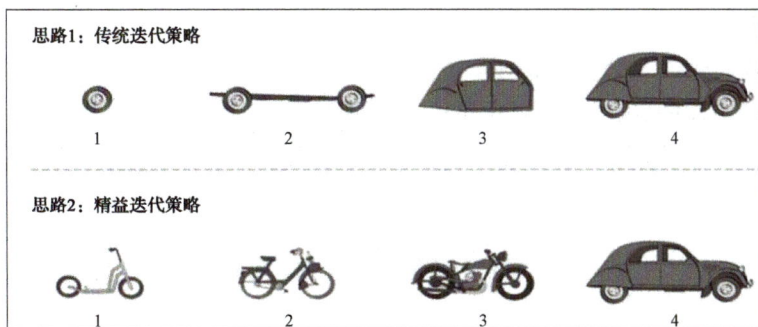

图 4-10　迭代升级示意图

课堂活动

纸飞机大赛

全班同学每人发放一张 A4 纸，1 枚 1 元硬币，要求使用 A4 纸叠纸飞机，纸飞机上需搭载 1 枚 1 元硬币，限时 8 分钟内完成。活动中途，每个同学可以随意试飞，也可以任意拿取 A4 纸重新叠纸飞机。一段时间后，统一比赛，看看哪个纸飞机飞得更远。

你在活动中对自己的纸飞机进行了多少次迭代？第一次试飞的成绩如何？最终成绩如何？成绩提高了多少？

课后实践——产品开发

在项目三的课后实践"创业方案设计"中，同学们为了满足长期久坐的上班族人群摆脱亚健康状态的需求开发了一款产品（或服务），并设计了创新方案。现在，请同学们以该创新方案为基础，开发对应的产品（或服务）。

全班同学分为若干小组，每组 6 ～ 8 人，以小组为单位完成本项实践。

1. 设计原型

根据现有的创意方案，为产品（或服务）设计原型，通过原型体现产品（或服务）的设计思路、预想功能、使用方法等。原型的形式不限，如果是草图或者故事板，就将其描绘在图 4-11 的空白中。如果是其他形式，则以合适的载体另外展示。

图 4-11　原型

2. 制作 MVP

在设计完原型后，紧接着就需要制作 MVP。

（1）在图 4-12 中绘制产品（或服务）的黄金路径。

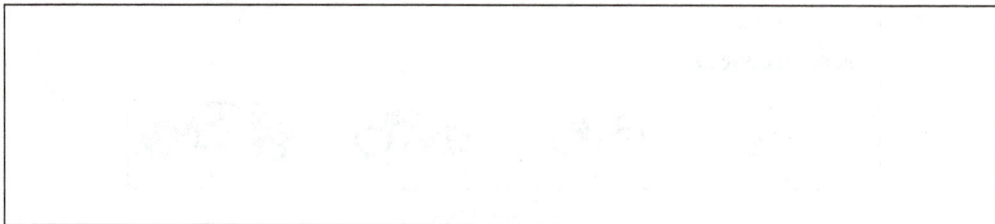

图 4-12　黄金路径

在完成黄金路径后，分析并列出 MVP 必须具备的功能。

_____

_____

（2）详述 MVP 的具体设计。

_____

_____

_____

_____

3. 用户测试计划

制作完 MVP 后，就需要进行用户测试，获取用户反馈。

（1）选择测试对象。

本产品（或服务）的"天使用户"应是哪一人群？

_____

_____

如何接触"天使用户"，使其愿意帮助我们完成用户测试？

_____

_____

（2）进行用户访谈。

选择几名合适的测试对象，进行用户访谈。用户访谈前事先准备好需要交流的问题。

问题 1：_____

问题 2：_____

问题 3：_____

问题 4：_____

问题 5：_____

问题 6：_____

在完成访谈后，将访谈的结果填入图 4-13 所示的原型测试表中。

+有用	−可以改善
? 疑问	! 新想法

图4-13 原型测试表

（3）除了用户访谈以外，还可以使用产品预订、众筹、试用反馈等方法进行用户测试。请根据这些方法拟定一个用户测试计划。

用户测试方法：_____

具体实施方案：_____

_____

预期效果：_____

_____

4. 迭代计划

在完成用户测试后，就可以改良产品（或服务），经过多轮迭代即可完成产品（或服务）开发。

（1）根据用户访谈结果，分析产品（或服务）当前存在的问题。

_____

_____

_____

_____

（2）根据现有的问题，提出改进方案。

_____

_____

_____

_____

05

项目五 　认识创业

学习目标

1. 了解创业的含义和类型，认识创业者需要具备的素质。
2. 知晓创业团队对于创业活动的重要性，了解创业团队的构成，掌握组建创业团队的方法。
3. 熟悉当前的创业支持政策，了解创业孵化器的作用，能够积极参加创新创业大赛。
4. 培养创业精神，塑造在逆境中迎难而上、勇往直前的意志品质。

任务一 ｜ 解读创业

"君子创业垂统，为可继也"（语出《孟子·梁惠王下》）是我国古人对于创业这一概念的早期表达。在当时，创业的词义为"开创事业"或"创立基业"，随着时间的推移，创业开始专指在商业领域开创事业。

如今，创业的大潮正如火如荼地开展，当代大学生也应当认识创业，了解创业。

一、何为创业

现代对创业的定义大部分来源于西方经济学家——杰弗里·蒂蒙斯。他曾提出"创业是一种思考、品行素质，杰出才干的行为方式，（创业者）需要在方法上全盘考虑并拥有和谐的领导能力"。哈佛大学教授霍华德·斯蒂文森则将创业表述为"在不拘泥于资源约束的前提下，追逐机会并创造价值的过程"。

微课启学：什么是创业

从广义上看，创业具有开拓、创新的积极意义，涉及政治、经济、军事、文化、科学、教育等各个方面，对社会乃至人类文明都会产生积极的影响。而从狭义上看，创业则不拘泥于社会背景、资源条件等，只要创业者借助自己所学的理论和技能，依靠自身的学识和经验，发现和抓住商业机会，从而开创个人事业，都可称作创业。现代管理学认为，创业是创业者对自己拥有的资源或通过努力对能够拥有的资源进行优化整合，从而创造出更大经济或社会价值的过程。这是对于创业相对规范和标准的阐述，本书也采用这一说法。

创业是由一系列要素组成的复杂活动，这些要素是创业必不可少的组成部分，也是提高创业者创业成功率的关键。总体来说，提到创业要素，最典型且公认的仍是杰弗里·蒂蒙斯提出的蒂蒙斯三要素模型，即完整的创业活动包括创业团队、创业机会、创业资源，如图5-1所示。

（1）创业团队。创业团队是开展创业活动的主体，创业不能单打独斗，正所谓"一个好汉三个帮"。若能形成一个分工合作、优势互补、风

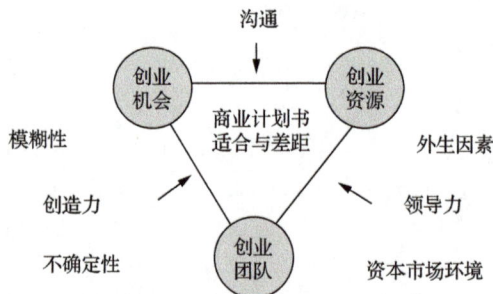

图 5-1　蒂蒙斯三要素模型

险共担且有较强凝聚力的优秀创业团队，创业活动的开展将更加顺利。在我国商业史上留下浓墨重彩的创业企业，往往都有一个声名赫赫的创业团队，如腾讯的"五虎将"、阿里巴巴的"十八罗汉"等。

（2）创业机会。创业机会是以各种形式存在于创业市场的，有吸引力且适宜的，可以持续创造经济价值的特殊商业机会。这些商业机会最开始表现为针对某项新业务而产生的创意。创意一般是创业者关于创业的初步设想，但并不是任何创意都等于创业机会，只有优质、具有商业价值的创意才是创业机会。每一个成功的创业活动都是一个或多个创业机会的具体体现。创业者要善于发现和把握创业机会，根据创业机会有效地匹配资源，最终获取收益。

（3）创业资源。麻省理工学院管理科学教授伯格·沃纳菲尔特在1984年提出了资源基础理论，该理论认为企业是各种资源的集合体，资源是企业的基础。创业活动能否顺利进行，很大程度上受到创业资源的影响。所谓创业资源，是所有对创业项目及创业企业经营发展有所帮助的要素及其组合。创业资源是企业创立和运营的必要条件，合理配置和运用各种创业资源，可以有效地将创业机会转化为实际的产品或服务，从而产生新的价值。

课堂活动

我的创业资源

在创业前，了解自身具备的创业资源是非常重要的。可以通过填写创业表单来挖掘自身资源并且为下一步的创业活动做好铺垫工作。

（1）请描述自身具备的资源以及资源附有的价值，填写在图5-2中。

（2）填写完成后，同学们在班级内分享。

资源	价值	
	我能帮助谁	解决什么问题
（我有哪些资源）我是谁 我知道什么 我认识谁	对象1：	问题1：
	对象2：	问题2：
	……	

图5-2　创业表单

蒂蒙斯对创业三要素的观点如下。

（1）创业机会是创业过程的核心驱动力。如果没有创业机会，创业活动就成了盲目行动，难以创造价值。创业过程始于创业机会，而不是资金、战略、网络、团队或商业计划。在创业初期，创业机会的价值比资金、团队的才干和能力和适当的资源更重要。

（2）创业团队是创业过程的主导者和核心。创业团队的作用是利用自身的创造力在模糊、不确定的环境中发现创业机会，并利用企业网络和社会资本等外界因素组织和整合资源，主导企业利用这些创业机会创造价值。

（3）创业资源是创业成功的必要保证。创业团队把握住合适的创业机会后，还需要相应的资金和设备等资源。如果没有必要的资源，创业机会就难以被开发和实现，创业活动也就无法进行。

（4）创业过程实际上是三要素相互作用，由不平衡向平衡发展的过程。

在三要素中，绝对的平衡是不存在的，但企业要保持发展，必须追求三要素的动态平衡。处于模型底部的创业团队要善于平衡，推进创业过程，必须做的核心工作是：理性分析和把握创业机会，认识和规避风险，合理利用和配置资源。

基于保持平衡的观念展望企业未来时，创业者必须思考如下问题：目前的团队能否领导企业未来成长得越来越好；下一阶段要想取得成功会面临怎样的挑战。这些问题在不同的阶段以不同的形式出现，关系到企业的可持续发展。

课堂活动

创新与创业

创新与创业，仿佛一对孪生兄弟，总是一起出现，这是因为创新和创业确实有非常紧密的联系。请思考，创新和创业为何息息相关？创新对创业有何帮助？创业又对创新有何支持？

_____

_____

_____

_____

二、创业的类型

创业活动常涉及各行各业，创业项目的类型、动机和影响等也各不相同。按照不同的划分标准，创业可以分为以下类型。

1. 以创业动机为依据的分类

依据创业者创业动机的不同，创业可以分为生存型创业和机会型创业。

（1）生存型创业是指创业者迫于生活、出于生存需要而从市场中捕捉机会进行的创业活动。这类创业具有低成本、低门槛、低风险和低利润的特点，创业项目多集中于餐饮、零售等行业，规模较小，大多属于模仿型创业或复制型创业。例如，打算自食其力的劳动者成为个体工商户，开餐馆、服装店等都属于生存型创业。

（2）机会型创业是指创业者基于实现自我价值的强烈愿望，在发现或创造新的市场机会的前提下进行的创业活动。开展这类创业活动的创业者有明确的创业梦想，善于把握和识别创业机会。这类创业不仅能解决创业者自身就业问题，往往还能为更多人提供就业机会，在创造更大的经济效益和社会价值方面更具潜能。因此，无论是从缓解就业压力还是从创造社会和经济价值的角度，政府和社会都应该更加关注机会型创业，大力倡导机会型创业。

2. 以创业形式为依据的分类

经济学家福布斯等人依照创业对市场和个人的影响程度，即个人改变和新价值创造两个维度，将创业分为复制型创业、模仿型创业、安定型创业和冒险型创业四种类型，如图 5-3 所示。不同的创业类型具有不同的特征。

图 5-3 基于个人改变和新价值创造的创业类型

（1）复制型创业。复制型创业是指在现有经营模式的基础上，简单复制原有企业经营模式所进行的创业活动。例如，1998 年，牛根生从伊利集团离开后，启动了"复制一个伊利"计划，创办了蒙牛乳业集团。

（2）模仿型创业。模仿型创业与复制型创业一样，创新成分较低，但冒险程度更高，学习过程较长且容易出错，具有较高的不确定性。例如，某产品经理辞职开"网红"奶茶店。创业者若经过系统学习，具备相关能力和资源，也可能创业成功。

（3）安定型创业。安定型创业是指对创业者来说工作内容没有太大改变的创新创业活动。这类创业强调创业精神。例如，某研发部小组在开发完成一种新产品后，继续在该企业部门开发另一种新产品。

（4）冒险型创业。冒险型创业是指难度较高、失败率和投资回报率较高的创业活动。这类创业对创业者能力、创业时机、创业策略、商业模式创新、创业过程管理等都有较高的要求。例如，蔡先培 50 岁时放弃稳定的生活和工作，下海经商，最终创办了科宝·博洛尼。

3. 根据创业者的创业项目分类

由于创业者各自掌握的知识和资源不同，他们选择的创业项目自然也就不一样。按照创业项目的差异，创业一般可以分为传统技能型创业、高新技术型创业和知识服务型创业。

（1）传统技能型创业。当创业者具备传统技能方面的知识和资源优势时，可以选择传统技能型创业模式。传统的技术或工艺往往具有独特的技艺或配方，与现代技术或工业相比，拥有天然的市场优势。尤其是在一些与人们日常活动紧密相关的行业，如农牧业、酿酒业、饮料业、服装与食品加工业等行业，传统技能型项目具有独特的竞争力。

（2）高新技术型创业。高新技术型创业主要围绕知识项目、高科技项目等展开，此类项目通常具有知识密集、技术密集、研究开发费用高昂等特点，对创业者个人和团队的要求也相对更高，如人工智能、机器人、智慧医疗等。

（3）知识服务型创业。知识服务型创业是一种相对来说投资较少、见效较快的创业类型。在互联网技术不断迭代升级的当下，知识的更新速度加快，越来越多的人选择通过互联网来学习知识，因此催生了一批基于互联网的知识型付费服务，如付费公开课、付费阅读、付费学习等。此外，会计师事务所、管理咨询公司、广告公司等咨询业企业也在市场经济的推动下开拓出了更大的市场，各类咨询机构的规模、数量都得到了显著的扩大和增加。

课堂活动

大学生适合的创业类型

大学生是社会上一个特殊的群体，一方面，大学生具有较高的文化水平和专业能力；另一方面，大学生又缺乏社会经验和必要的资源积累。现在，请同学们讨论，大学生适合进行哪些类型的创业，并说明理由。

示例：我认为大学生适合知识服务型创业，因为大学生的优势在于理论知识丰富、文化水平高，在知识服务型创业领域更具优势。

_____

_____

_____

_____

三、创业者

"创业者"（Entrepreneur）一词来源于 17 世纪的法语，表示某个新企业的风险承担者，早期的创业者也是风险承担的"承包商"（Eontractor）。欧美的经济学研究往往将创业者定义为一个组织、管理生意或企业并愿意承担风险的人。经济学家约瑟夫·熊彼特认为，创业者应该是创新者，具备发现和引入更好的能赚钱的产品、服务和过程的能力。

创业者通常是一个有梦想的追求者，他追求的是未来的回报，而非现在的回报。如果未来的回报低于预期，或者低于现在的回报，一个人不可能有创业的动力。因此，创业者进行创业活动是为了获得更大的价值，这种价值的实现有物质上的诉求，也有人生价值的实现。创业者的未来收益是一种投资性活动的收益，这些投资既可能是实际的资本投入，也有本人和团队的时间和精力的投入，而收益也不只是金钱上的收益，还包括自我价值的实现、理想的实现等。

创业者一般被界定为具有这些特征的人：创业者是一种主导劳动方式的领导人；创业者是具有使命、荣誉、责任、能力的人；创业者是组织、运用服务、技术、器物进行作业的人；创业者是具备思考、推理、判断能力的人；创业者是能使人追随并在追随的过程中获得利益的人；创业者是具备完全权利能力和行为能力的人。

与一般人的观念不同，在实际生活中，创业者所谓较高的商业才能，不仅指创业者创办一个企业，而且还指在企业的整个发展过程中，创业者具有做出正确的决策，及时解决面临的问题，修正企业的发展方向，使企业长期保持活力、不断发展壮大，成为具有影响力的企业的才能。同时，从社会发展的角度出发，那些建立了新的商业模式并获得了发展的企业，那些为其他企业的发展提供样板、为社会提供就业岗位、不断带来财富的企业创立者通常也被称为创业者。

课堂活动

创业潜力测评

个体创业潜力对大学生的创业成功率有一定的影响。你想要创业吗？你的创业潜力如何？表 5-1 所示的表格内容为创业潜力测评题，可帮助大学生创业者判断自己是否适合创业以及具有多少创业潜力。

该测试由一系列判断题组成，请根据你的实际情况，从"是"或"否"中选择符合自己特征的答案。注意，在作答时，一定要根据第一印象回答，不要做过多的思考。全部选完后，查看测评标准，了解自己的创业潜力。

表 5-1　创业潜力测评题

测评题	是	否
（1）你是否曾经为了某个理想而制订两年以上的长期计划，并且按计划执行直到完成？		
（2）在学校和家庭生活中，你是否能在没有父母及老师的督促下，自觉地完成分派的任务？		
（3）你是否喜欢独自完成自己的工作，并且做得很好？		
（4）当你与朋友在一起时，你的朋友是否会时常寻求你的指导和建议？你是否曾被推举为领导者？		
（5）求学时期，你有没有赚钱的经验？你喜欢储蓄吗？		
（6）你是否能够连续 10 小时以上专注于个人兴趣？		
（7）你是否习惯保存重要资料，并且井井有条地整理它们，以备需要时可以随时提取查阅？		
（8）在平时生活中，你是否热衷于社会服务工作？你关心别人的需求吗？		
（9）你是否喜欢音乐、艺术、体育及各种活动课程？		
（10）在求学期间，你是否曾经带动同学，完成一项由你领导的大型活动，如运动会、歌唱比赛等？		
（11）你喜欢在竞争中生存吗？		
（12）当你为别人工作时，发现其管理方式不当，你是否会想出适当的管理方式并建议对方改进？		
（13）当你需要别人帮助时，你是否能充满自信地要求，并且说服别人来帮助你？		
（14）在募捐或义卖时，你是否充满自信而不害羞？		
（15）当你要完成一项重要工作时，你是否总是给自己足够的时间去仔细地完成，而不在匆忙中草率地完成？		
（16）参加重要聚会时，你是否准时赴约？		
（17）你是否有能力安排一个恰当的环境，使你在工作时能不受干扰、有效地专心工作？		
（18）你交往的朋友中，是否有许多有成就、有智慧、有眼光、有远见、老成稳重型的人？		
（19）你在工作或学习团体中，被认为是受欢迎的人吗？		
（20）你自认是一个理财高手吗？		

续表

测评题	是	否
（21）你是否可以为了赚钱而牺牲个人娱乐？		
（22）你是否总是独自挑起责任的担子，彻底了解工作目标并认真完成工作？		
（23）在工作时，你是否有足够的耐心与耐力？		
（24）你是否能在很短时间内结交许多朋友？		

（本测试仅供参考，资料来源于中国大学生创业网）

以上题目中，选择"是"得1分，选择"否"不得分。统计分数，参照以下标准。

（1）0～5分：目前不适合自己创业，应先为别人工作，并学习技术和专业技能。

（2）6～10分：需要在旁人指导下创业，才有创业成功的机会。

（3）11～15分：非常适合自己创业，但是在选择"否"的问题中，必须分析自己的问题并加以改正。

（4）16～20分：个性中的特质足以使你从小事业慢慢开始，并从妥善处理问题中获得经验，有机会成为成功的创业者。

（5）21～24分：有无限的潜能，只要懂得掌握时机，就有机会成为成功的创业者，开创一番事业。

案例阅读　　**致初心：创业情怀如何坚守**

我国数次创业的大潮中诞生了无数优秀的创业者。他们是创业的主角，更是时代的弄潮儿。我国互联网行业的创业人物何一兵，在20多年的时间中历经了多次创业，而支持他不断创业的动力，就是他始终坚持的创业情怀与初心。

1995年，何一兵和马云一起创办服务型网页——"中国黄页"。"中国黄页"第一本样本的扉页上印着何一兵在从杭州到上海的火车上写下的文案："从前，随着悠扬的驼铃，灿烂的东方文明广布天涯。今天，谁载我们走向世界？海博人。让我们同全球握手。"

后来，马云离开"中国黄页"创办"阿里巴巴"，何一兵带领"中国黄页"成为中国互联网界第一家盈利的公司。2003年，何一兵再次投身创业，创办了电子签名服务平台——"e签宝"，然而直到2005年4月1日，《中华人民共和国电子签名法》才开始施行。2015年之前，"e签宝"的电子签名总量不到100万次，但2015年，"e签宝"的电子签名数量达到了1000万次，2016年达到1亿次，2017年达到10亿次，2019年达到100亿次。2020年，"e签宝"在电子签约市场份额上以36.36%占据第一，并完成了我国电子签名行业首个D轮融资，金额超10亿元。

2013年，何一兵带领团队创建全球首个线下场景流量运营平台——"脸脸科技"，开创了一种服务于传统线下的购物中心的电子商务模式。截至2021年初，"脸脸"已覆盖中国26省270多座城市、15大消费场景，带动线下销售额超10亿元。

现在，何一兵是多个创业公司的董事长。提到在创业的二十几年中，是什么让何一兵坚守如初，什么是何一兵连续创业的动力，何一兵说，创造价值，为传统企业赋能，始终是他创业的初心。

正是他对未来奋斗目标的不断追求，构建起他坚持创业的信念；也正是他不变的创业初心，使他始终选择去做"对"的事，为社会创造了更多的价值（资料改编自第一财经《致初心：创业情怀如何坚守》）。

任务二　创业团队

苏宁集团前董事长张近东曾经说过："如果我用个人的能力，可以赚一个亿，可能 100% 是我的；但我用十个人的时候，我们可能赚到十个亿，可能我只有 10%，我同样是一个亿，但我们的事业变大了。"创业活动的复杂性（涉及技术、市场营销、人力资源、财务、税收、法律等领域和专业），决定了所有的事务不可能由创业者独自包揽，而要通过组建分工明确的创业团队来完成。

微课启学：创业团队的内涵

创业团队的优劣，基本上决定了创业能否成功。在世界各国创新力排行榜中名列前茅的每一个企业，几乎都有着一个卓越的创业团队，而团队也是这些公司的核心竞争力所在。大学生创业者需要认识到创业团队的重要性，组建起优秀的团队，才能在创业路上扬帆远航。

课堂活动

唐僧团队大裁员

众所周知，《西游记》里的唐僧团队是由多人组成的西天取经团队。现在请思考，唐僧团队中，各个成员都发挥着什么样的作用？如果现在必须从该团队中裁掉一人，你会选择裁掉谁，为什么？

请同学们分为 4 至 6 人的小组共同讨论，团队轮流发表观点。

_____

_____

_____

_____

一、团队的力量

相较于个人单独创业，组建创业团队进行创业具有无可比拟的优势。创业团队的作用主要体现在优势互补、风险共担、辅助决策以及增强竞争力四个方面。

1. 优势互补

个人的能力是有限的，一个人的精力和能力通常无法使其兼顾创业过程中的所有事情。只有找到可以取长补短、彼此协助的人，才更容易达成目标。通过优势互补建立起来的创业团队，能够充分发挥每个人的特点，将个体能力运用到极致，最终达到整体效益大于个人效益之和的效果。

2. 风险共担

创业团队是一个整体，具有一荣俱荣、一损俱损的特点。团队成员共同对企业运营过程中可能出现的问题负责。当资金不足时，团队成员可以平均分担；当技术出现问题时，团队成员可以共同协商解决。每个成员既分工合作又互相关怀、帮助，使创业项目正常运转，这样既减轻了个人创业的压力，又分散了创业的风险。

3. 辅助决策

所谓"一人计短，二人计长"，大学生创业者自己难免会有思虑不周的地方，此时就需要具有判断能力和识别能力的合作伙伴来提出建议，这些建议对决策具有参考价值，能帮助大学生创业者做出正确的决定。

4. 增强竞争力

个人的力量往往比不上团队的力量，企业发展到一定阶段，比拼的不再是个人能力，而是人才储备、合作伙伴和资源。创业团队中拥有越多的人才，就越能够构建一种团结向上、乐观进取的氛围，使企业在激烈的竞争中始终处于有利的地位。

案例阅读 ｜ **携程的创业团队**

随着改革开放的春风吹遍大地，技术、制度、社会、人口和产业结构发生了重大变革，这为我国的经济发展带来了勃勃生机。尤其是 20 世纪 90 年代的创业潮和互联网技术在我国的发展，使得商业领域产生了不少"明星"，其中便包括携程的创业团队。

与"新东方三驾马车""阿里巴巴十八罗汉""腾讯五虎将"一样，携程也有关于创业团队的"雅号"——"携程四君子"，这四个人分别是季琦、梁建章、沈南鹏、范敏。

携程创业团队的领导者季琦是一个充满激情的创业者，他于 1966 年出生于江苏南通如东县的一个农民家庭，大学考上了上海交通大学的工程力学专业。在大学期间，为了寻找人生的答案，季琦将大量时间花在图书馆里，读哲学、历史、文学、诗歌等。这让他认识到：人生无所谓意义，只有过程和经历。1989 年，季琦考了本校机械工程系的机器人专业研究生。读研期间，他接触到了计算机，并认识到了该新兴行业存在的发展机会。他开始学习掌握计算机的使用、装机，以及组网技术，甚至在校期间还兼职与同学合开了计算机公司。毕业后，为了能留在上海，季琦放弃了宝洁公司的录用通知，进入国企上海计算机服务公司工作了两年半，之后又去国外做技术工作。1995 年，季琦回国发展，在中化英华智能系统有限公司工作了一段时间之后便自主创办了一家名为"协成"的公司，做系统集成业务。1999 年，他因缘结交了甲骨文咨询总监梁建章。

梁建章从小就十分聪明，接触计算机也早。13 岁那年就参加了计算机兴趣小组，他编写的辅助写诗的程序获得了第一届全国计算机程序设计大赛的金奖。15 岁，梁建章进入复旦大学计算机本科少年班，在国外读硕、读博之后便进入甲骨文公司。一次偶然回国，国内火热的创业气氛和隐藏的巨大商机让他震惊，他认为自己的发展机会还是在国内。于是认识季琦之后，两人便决定一起做网站。做什么网站呢？

梁建章当时看国外的网上书店和招聘网站发展得很好，于是想做这两个方面，而季琦思路不同，他看到了家庭装潢市场的爆发式增长，因此想进入网上家装市场。但网上书店和家装由于国内地域广阔、物流不便，成本较高而难以实现，网络招聘又在国内已经有一定发展，以此创业没有太大优势。想法一个个被否决。正当一筹莫展的时候，一次两人出门游玩的契机，让他们诞生了建立一个旅游网站的想法。

对于一个创业团队而言，虽然有梁建章负责技术，季琦负责市场和管理，但还缺一个懂财务和融资的人才。这时，梁建章向季琦介绍了一个人——沈南鹏，季琦的校友。沈南鹏爱好数学，年少时就得过全国数学竞赛的奖项，耶鲁大学 MBA 毕业后，沈南鹏先后进入花旗银行和雷曼兄弟公司，当时已是德意志银行的投资银行部——德意志摩根建富的董事。当梁建章和季琦找他创业时，他没犹豫就答应了。之后便开始确定股份，梁建章和季琦出资 20 万元，各占股 30%，沈南鹏出资 60 万，占股 40%。在后续讨论开办旅游网站的过程中，他们发现还缺少一个真正熟悉旅游行业的人，于是便找来时任上海新亚酒店管理公司副经理范敏。对方在季琦的劝说之下，决意加入创业团队。后来被誉为中国企业史上"第一团队"的"携程四君子"正式组队成功。季琦等依据自身经历大体定下了人事构架，沈南鹏任首席财务官、范敏任执行副总裁，梁建章与季琦相继出任执行总裁。1999 年 10 月，携程旅游网上线。

2000 年年初，携程创始人之一季琦的职位由 CEO 变为了联席 CEO，另一创始人梁建章开始分权、同任 CEO。年中，季琦改任总裁，梁建章为唯一的 CEO。2002 年，梁建章等人又发现了经济型酒店的发展商机，于是携程与首旅共同投资创建如家连锁酒店，季琦离开携程、执掌如家。为达到上市要求，携程在 2003 年撇清了和"交易关联方"如家的投资关系。季琦成为如家的独立当家人。

2004 年，季琦卸任如家CEO后，又创办了汉庭。2006 年，如家在纳斯达克上市；2010 年，汉庭在纳斯达克上市。携程的其他三个创始人也有各自的精神生活目标。2005 年，沈南鹏离开携程创建了红杉中国基金，在风险投资的路上一路开创。梁建章在2006年辞去了CEO一职，继续担任董事局主席，致力于自己感兴趣的事；范敏则继续留在携程工作，但长期隐居幕后。

这四人有共同的梦想，各有性格特点和专长，各司其职，因此他们的创业才有非常好的发展。季琦有激情、锐意开拓；沈南鹏严谨稳妥，具备资深投资家的风范；梁建章细腻敏锐，眼光长远；范敏则踏实专注，善于经营。这个创业团队凭借着团队协作，优势互补，只花了4年，就在纳斯达克成功敲响了携程上市的钟声。

二、创业团队的构成

创业团队是指为了进行创业活动而形成的集体。狭义上的创业团队是指有着共同目的、共享创业收益、共担创业风险的一群经营新成立的营利性组织的人；而广义的创业团队在此之上还包括与创业过程有关的各种利益相关者，如风险投资人、供应商和智库等。

从创业团队的广义概念来看，一个完整的创业团队，其成员组成是十分复杂的，因此团队很难在创业初期立刻组建起来，而是随着新创企业的发展不断填充和完善。从本质上说，创业团队的形成过程其实就是一个不断寻找、挑选、邀请各种人才的过程，在这个过程中，创业者必须发挥"领头羊"和引导作用，掌握创业团队的构成。

1. 创业者

一个高效的创业团队最好有一个明确的领军人物，即创业者。作为创业企业的创始人，创业者也必须具备一定的素质和能力。一般来说，投资人在对一家新创企业进行评判时，主要考察的是新创企业的"潜力"，而非当前的资产或绩效。一家新创企业是否具备发展潜力，与创业者和初创团队有很大的关系。

通常来说，企业创始人或团队成员的受教育水平越高，其研究能力、洞察力、创造力，乃至创业能力也相应更强，更容易受到投资人的认可。有经验的创业者或团队成员往往更具备行业洞察力和决策能力，也更容易取得创业成功。具备成熟社会关系网的创业者或团队成员往往能够更有效地获取外部资源，具备更强大的竞争力，创业项目的推进和实施相应地也会更加顺利和平稳。

2. 合伙人

通常来说，团队创业有利于创业者整合更多技术、创意、人才和社会关系等方面的资源，弥补自身能力与创新创业目标之间的差距，因此大多数创业者在创新创业时，都会邀请合适的合伙人共同创新创业。合伙人就是与创业者共同从事创新创业活动并共担风险的人，合伙人的能力、性格和资源往往与创业者的能力、性格、资源形成互补，与创业者共同负责企业的运营和管理。

3. 核心团队

通常来说，核心团队由创业者、合伙人及重要技术骨干组成，创业者与合伙人分管不同的业务。例如，在小米的创业团队中，雷军是核心领导人物，其他几位联合创始人则分别分管不同的领域，而核心技术骨干则负责组建研发团队，领导技术研发，或者进一步完善和细化企业商业模式，提供商业创意和建议等。

通常来说，核心团队的成员是由创新创业项目发起人和合伙人招募而来，核心团队的各成员可以在技术、营销、财务、管理等方面形成互补，保证创新创业项目的业务能够顺利开展。

4. 员工

当企业初具雏形后，创业者就需要立即招募员工，以保证创新创业项目的顺利运行。通常来说，员工都是在创新创业项目不断发展的过程中陆续加入创新创业团队的，主要负责执行核心团队提出的具体任务，例如细化并实施商业创意、参与技术研发等。

5. 专业顾问

当创业者需要在某些方面获得信息、建议和意见时，可以寻求专业顾问的指导。专业顾问是创业者在企业经营管理过程中寻求咨询并获取建议的专家。专业顾问可以针对企业所面临的特定问题提出解决方案，例如，遇到法律问题时，可以寻求法律顾问的帮助；想要调整产品时，可以咨询企业咨询师的意见。律师在新创企业创办之际，可以为创业者提供创办法律流程指导、材料申请与准备、协议合同拟定等帮助，在新创企业运营过程中，也可以为创业者提供法律风险预防、经济与合同纠纷解决等帮助。企业咨询师则可以在新创企业的运营中为创业者提供项目可行性分析研究、产业分析等方面的专业帮助。

通常情况下，专业顾问不在企业中具体任职，甚至不需要面对面交流就可以为创业者提供高水平意见和建议。在获取了专业顾问的指导和建议后，创业者需要向专业顾问支付一定的佣金。

6. 投资者

投资者是新创企业团队的非员工成员，也是一个完整的创业团队所不可或缺的组成部分，特别是创业前期的投资者。由于投资者会对企业投入资金，因此他们往往会全力以赴地推动企业的运转，有些天使投资人和风险投资家甚至会花费大量的时间帮助新创企业完善商业模式，为新创企业物色优秀的管理者和供应商，帮助新创企业组建优秀的管理团队等。

7. 其他利益相关者

除了创始人、管理团队、核心员工、专业顾问和投资者以外，还有一些专业人员在新创企业的建设中也发挥着重要作用，例如会计师等。会计师在新创企业的运营中可以为创业者提供节约纳税成本、降低纳税风险、提高企业资金使用效益等方面的专业帮助。

总之，组建新创企业团队是创始人在创业时从事的最重要活动之一，很多创业者由于对该过程没有充分的考虑而蒙受了损失。新创企业的运转最终是要人来推动的，而拥有科学的管理团队，拥有众多高素质员工、顾问和专家，有助于新创企业解决在创办及发展过程中遇到的困难，使新创企业得到更好的发展。

三、创业团队组建

由创始人、合伙人以及重要技术骨干组成的核心团队是支撑新创企业运营的基石，核心团队的组建是创业者在创新创业之初需要重点完成的工作。核心团队成员之间是否优势互补、同心协作，将直接影响整个创新创业项目能否顺利推进。因此，组建一支优秀的核心创业团队，对创新创业意义重大。

1. 创业团队的组建原则

在一个创业项目中，核心创业团队成员往往是相互陪伴时间最久的人，也是将创业项目从构思培养为成果的一群人。创业团队是创业项目的真正推动者，只有创业团队具备相应的能力，后续才能吸引投资者、专家等加入创业团队。创业团队的重要性不言而喻。当然，创业团队既然是一个集体，必然由很多性格、能力、偏好不同的成员组成，而要让这些成员在创业活动中充分发挥各自的作用，创业者在组建创业团队时就需要遵循一定的原则。

（1）愿景明确合理原则。创业愿景是创业的动力。愿景必须明确、合理、切实可行，这样才能使创业团队成员清楚地认识到自己的奋斗方向，真正达到激励的作用。

（2）能力互补原则。组建创业团队的目的在于弥补创业者自身能力与创业目标之间的差距。只有当创业团队成员在知识、技能、经验等方面实现互补时，才有可能通过协作发挥出协同效应。因此，创业团队成员之间要做到诚实守信、志同道合、取长补短、分工协作、权责明确。

（3）精简高效原则。创业初期，受资金与资源的限制，创业者很难凭借个人能力支撑一支庞大的创业团队，所以创业团队应该保持"麻雀虽小，五脏俱全"的模式。在人员构成上，应在保证企业高效运转的前提下尽量精简。

（4）动态开放原则。由于创业活动的前景不明朗，创业团队往往也并不稳定，经常会有人员的变动。因此，在组建创业团队时，创业者应注意保持团队的动态性和开放性，使真正适合的成员留在创业团队中。

2. 创业团队的人员分工

创业团队是由多名成员组成的，团队成员的能力和素质决定了创业团队在创新创业活动中的实际表现。因此，要想组建起一支优秀的、能胜任创新创业活动的创业团队，创业者必须明确创业团队中各成员的优势特长，做好团队成员的分工。

剑桥产业培训研究部前主任梅雷迪思·贝尔宾博士及其同事们经过多年的研究与实践，提出了著名的贝尔宾团队角色理论。该理论的核心要义是"没有完美的个人，但有完美的团队"。该理论认为，利用个人的行为优势创造一个和谐的团队，可以极大地提升团队和个人的绩效。

贝尔宾团队角色理论认为，一支结构合理的团队应该由九种不同的角色组成，每个角色负责不同的工作内容，如图 5-4 所示。这九种角色分属于三个不同的导向，即行动导向型角色、人际导向型角色和谋略导向型角色。

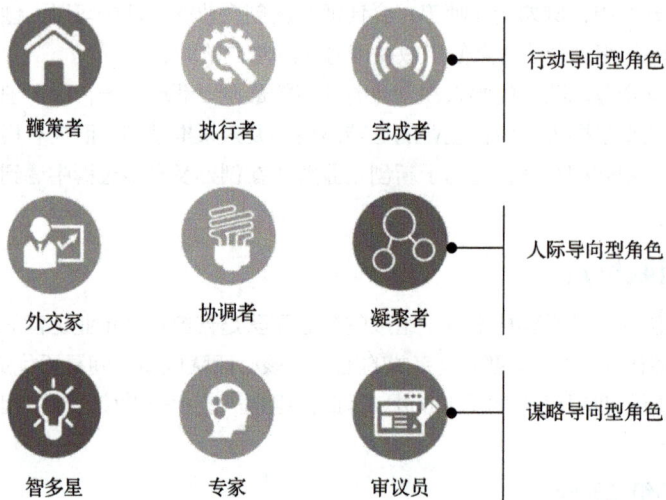

图 5-4　贝尔宾团队角色理论

（1）行动导向型角色。行动导向型角色主要负责执行团队的各种任务和活动，该类角色包括鞭策者（Shaper）、执行者（Implementer）和完成者（Completer）。

① 鞭策者。鞭策者是充满干劲的、精力充沛的、渴望成就的人，通常表现为有进取心，性格外向，拥有强大的驱动力。在行动中遇到困难时，他们会积极找出解决办法。但是鞭策者也容易出现好争辩的缺点。

② 执行者。执行者具有强烈的自我控制力及纪律意识，偏好努力工作，并系统化地解决问题，往往将自身利益与团队利益紧密相连，较少体现个人诉求。执行者可能因缺乏主动性而显得呆板。

③ 完成者。完成者通常会坚持不懈地执着于细节的完美，他们勤恳尽责，希望将事情做到最好，因而无法容忍那些态度随意的人。

（2）人际导向型角色。人际导向型角色主要负责协调团队内外部人际关系，该类角色包括外交家（Resource Investigator）、协调者（Co-ordinator）和凝聚者（Teamworker）。

① 外交家。外交家沟通能力强，善于和人打交道，能够挖掘新的机遇、发展人际关系，从而发掘那些可以获得并利用的资源。外交家为人随和，好奇心强，但是他们的热情往往不能长久保持。

② 协调者。协调者成熟、值得信赖并且自信，能够凝聚团队的力量，向共同的目标努力。协调者拥有快速发掘对方长处的能力，能够将人安排到合适的位置，从而更好地达成团队目标。

③ 凝聚者。凝聚者性格温和、观察力强，善于交际并关心他人，能够适应不同的环境和人群。凝聚者是团队中的"最佳倾听者"，既是团队中最受欢迎的人，也是能给予其他成员最大支持的人。

（3）谋略导向型角色。谋略导向型角色负责发掘创意和提供专业意见，该类角色包括智多星

（Plant）、专家（Specialist）和审议员（Monitor）。

① 智多星。智多星拥有极强的创造力，是团队中的创新者和发明者，为团队的发展和完善出谋划策。智多星运用自己的想象力完成任务，其想法可能会很激进，甚至会忽略这些想法的可行性。

② 专家。专家是专注于某一领域的研究者，他们会不断提升自己的专业技能，拓展自己的专业知识。然而，由于他们将大多数注意力都集中在自己的专业领域，往往对其他领域缺乏足够的认识。

③ 审议员。审议员具有强烈的批判性思维，往往态度严肃、谨慎理智，执着于客观规律和事实。审议员倾向于在考虑周全之后做出明智的决定，是团队的"保险丝"。但是他们通常看待问题较为消极，不能忍受风险。

这九种角色共同构成了一支对内和谐、对外有力，能稳定运转并胜任各种复杂活动的创业队伍。当然，创业者不要拘泥于理论，并非每一种角色的数量在团队中都要一致，也不是一个团队成员只能担任一种角色。但一般而言，一个创业团队至少需要管理、技术和营销三方面的人才。

课堂活动

贝尔宾团队角色自我测评

通过贝尔宾团队角色自我测评，测评者可以了解自己在团队中的角色倾向。

说明：对下列问题的回答，可能在不同程度上描绘了你的行为。每题有九句话，请将总分10分分配给每题的九个句子。分配的原则是：最体现你行为的句子分最高，以此类推。最极端的情况也可能是10分全部分配给其中的某一句话。

（1）我认为我能为团队做出的贡献是：

A. 我能很快地发现并把握住新的机遇

B. 我的专业知识与经验通常是我最主要的资产

C. 我能与各种类型的人一起合作共事

D. 我生来就爱出主意

E. 我的能力在于，一旦发现某些对实现集体目标很有价值的人，我就及时把他们推荐出来

F. 为了能把事情办成，我会做到直言不讳

G. 我能够被依赖去完成任何被交给我的任务

H. 我通常能意识到什么是现实的，什么是可能的

I. 在选择行动方案时，我能不带倾向性，也不带偏见地提出一个合理的替代方案

（2）在团队中，我可能有的弱点是：

A. 如果会议没有得到很好的组织、控制和主持，我会感到不痛快

B. 我容易对那些有高见而又没有适当地发表出来的人表现得过于宽容

C. 对于我不熟悉的领域，我不太能够给予贡献

D. 只要集体在讨论新的观点，我总是说得太多

E. 我的客观看法，使我很难与同事们"打"成一片

F. 在处理重要事宜时，我有时使人感到特别强硬以至专断

G. 可能由于我过分重视集体的气氛，我发现自己很难与众不同

H. 我容易陷入突发的想象之中，而忘了正在进行的事情

I. 我的同事认为我过分注意细节，总有不必要的担心，怕把事情搞糟

（3）当我与其他人共同进行一项工作时：

A. 我试着始终保持我的专业态度与素质

B. 我有在不施加任何压力的情况下，去影响其他人的能力

C. 我随时注意防止粗心和工作中的疏忽，以确保工作顺利完成

D. 我愿意施加压力以换取行动，确保会议不是在浪费时间或离题太远

E. 在提出独到见解方面，我是数一数二的

F. 对于与大家共同利益有关的积极建议我总是乐于支持的

G. 我热衷寻求最新的思想和新的发展

H. 我相信我的判断能力有助于做出正确的决策

I. 我能使人放心的是，对那些最基本的工作，我都能组织得"井井有条"

（4）我在工作团队中的特征是：

A. 我有兴趣更多地了解我的同事

B. 我经常向别人的见解进行挑战或坚持自己的意见

C. 在辩论中，我通常能找到论据去推翻那些不甚有理的主张

D. 我认为，只要计划必须开始执行，我就有推动工作运转的才能

E. 我有意避免使自己太突出或出人意料

F. 对承担的任何工作，我都能做到尽善尽美

G. 我仅在我知晓的领域以及我评论的方面做出我的贡献

H. 我乐于与工作团队以外的人进行联系

I. 尽管我对所有的观点都感兴趣，但这并不影响我在必要的时候下决心

（5）在工作中，我得到满足，因为：

A. 我感到我正在有效地使用我的专业知识与经验

B. 我喜欢分析情况，权衡所有可能的选择

C. 我对寻找解决问题的可行方案感兴趣

D. 我感到，我在促进良好的工作关系

E. 我能对决策有强烈的影响

F. 我能够有机会遇到那些有新意的人们

G. 我能使人们在某项必要的行动上达成一致意见

H. 我感到我的身上有一种能使我全身心地投入工作的气质

I. 我很高兴能找到一块可以发挥我想象力的天地

（6）如果突然给我一件困难的工作，而且时间有限，人员不熟：

A. 我宁愿先自己拟定出一个解脱困境的方案，再试着向团队解释

B. 我比较愿意与那些表现出积极态度的人一起工作

C. 我喜欢在我的能力范围之内，对于工作的某个主题进行研究

D. 我会设想通过用人所长的方法来减轻工作负担

E. 我天生的紧迫感，将有助于我们不会落在计划后面

F. 我认为我能保持头脑冷静，富有条理地思考问题

G. 尽管困难重重，我也能保证目标始终如一

H. 如果集体工作没有进展，我会采取积极措施去予以推动

I. 我愿意展开广泛的讨论，意在激发新思想，推动工作

（7）对于那些在团队工作中或与周围人共事时所遇到的问题：

A. 我很容易对那些阻碍前进的人表现出不耐烦

B. 别人可能批评我太重分析而缺少直觉

C. 我期望事无巨细，都能够被仔细检查无误，但这也不总是能够受到欢迎

D. 除非我能积极参与、并去激发他人，我常常容易产生厌烦感

E. 如果目标不明确，让我起步是很困难的

F. 我感觉我正在浪费时间，最好我自己一个人来解决这个问题

G. 对于我遇到的复杂问题，我有时不善于加以解释和澄清

H. 对于那些我不能做的事，我有意识地求助于他人

I. 在难以被对付或者强势的人面前，我感觉我很难表达我的个人观点

请根据你的实际打分情况，将每道题每个选项的分数填入表5-2"贝尔宾团队角色自我测评"中。计算每一角色的总分，得分最高的角色就是你最适合的角色。

表 5-2　贝尔宾团队角色自我测评

序号	执行者	协调者	鞭策者	智多星	外交家	审议员	凝聚者	完成者	专家
1	G	E	C	D	A	I	H	F	B
2	A	B	F	H	D	E	G	I	C
3	I	B	D	E	G	H	F	C	A
4	D	I	B	E	H	C	A	F	G
5	C	G	E	I	F	B	D	H	A
6	G	D	H	A	I	F	B	E	C
7	E	H	A	G	D	B	I	C	F
总计									

3. 创业团队画布

志同道合的人在一起才能形成向心力，大家才能"劲往一处使"，促进创业事业的蓬勃发展。创业团队画布由子谦国际创业教育学院于 2017 年提出，这是一个用于生成创业团队的基本工具，其主要由五个要素组成，如图 5-5 所示。通过创业团队画布，大学生创业者可以对整个创业项目和团队分工交流等有大致的了解，由此，可以挑选创业伙伴，例如，携程团队当初在选择

微课启学：创业团队管理

创业伙伴的时候，季琦等人就是出于需要选择一个对酒店、旅游行业熟悉的人而寻找到范敏作为合作伙伴。另外，创业团队无论是在建立还是在发展的过程中，都能使用创业团队画布对新加入的成员带来的资源和其分工与目标等都有清楚的认识，并对创业的发展有较为深入的思考，形成一个较为稳定的创业团队。

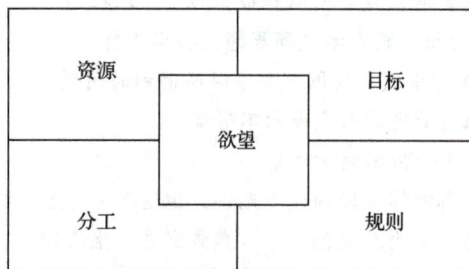

图 5-5 创业团队画布

（1）欲望（Desire）。为什么要做这件正在做的事情？该要素是创业团队画布中的核心要素。

（2）资源（Means）。整个创业团队拥有哪些资源，如人际关系、能力等。

（3）目标（Goals）。团队的共同目标、想要实现的个人目标，以及新成员的加入后的市场拓展目标、产品价值拓展目标等。

（4）分工（Roles）。团队成员在团队中分别扮演着什么角色，各自承担着什么工作。

（5）规则（Rules）。团队的共同规则，一般与团队开展的活动有关。如团队成员如何沟通、制定决策、执行与评估执行效果等。

课堂活动

绘制创业团队画布

创业团队画布是建立创业团队的重要工具。现在请全班同学组成 4 到 6 人的小组，完成以下活动。

（1）各位组员根据自身想法与现实条件，分别将有关信息填入图 5-6 中，绘制出一幅创业团队画布。

（2）各小组分别展示自己的创业团队画布，并参考其他小组的成果对本小组的画布进行完善。

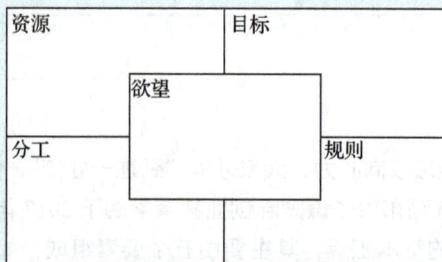

图 5-6 创业团队画布

案例阅读　　　早期创业团队的建立

　　早在 21 世纪初，国家就在加强高校毕业生的就业服务与指导工作，鼓励和支持高校毕业生自主创业。多年来，陆续有许多大学生走上了创业之路，其中团队创业的形式非常常见。对于大学生创业者而言，早期创业团队的建立，需要坚持"三个一"原则，即一个核心，团队只能由一个人拍板决定；一个共同愿景，所有人都有一致的且都认同的公司愿景；一个产品，创业初期不宜生产太多产品，将一个产品做精即可。如下为一个"90 后"大学生成功创业的经历。

　　2009 年，雷浪生就读于某职业技术学院的游戏专业，大学期间，他对手机软件产生了很大的兴趣，常利用课余时间临摹手机桌面，或上网浏览最新的技术动态。得益于方便快捷的互联网，他在网上认识了后来创业团队的成员。

　　大二时，雷浪声决定毕业后做 UI 设计，2011 年暑假，他与当初结识的志同道合的网友去深圳组建了一个 6 人团队，从事手机软件开发。创业初期，他们的活动范围几乎不超过 500 米，还经常连续加班。在众人的努力下，暑假未完，该创业团队的第一款产品"刷机精灵"第一版正式上线测试。不久，他们就获得了百万级的天使投资基金。

　　2011 年 8 月中旬，雷浪声及团队注册了深圳瓶子科技有限公司，同年底，他们接受了1800 万元的股权投资。2012 年，百度等互联网巨头开始涉足刷机行业，但雷浪声团队凭借着产品的快速更迭，依然在市场中占有一定优势，获得了国内互联网巨头的关注与青睐。该年 8 月，腾讯以 6000 万元的价格全资收购了雷浪声的公司，雷浪声创业团队的每个成员都获得了丰厚的回报。

　　刚毕业就成为"千万富翁"，雷浪声对创业感慨颇多，他表示，创业不是靠单打独斗，而是需要团队的高效分工协作，每个人都能够独当一面。雷浪声等人成功的创业经历，在很大程度上吻合了"三个一"原则。从一个青涩学子成为一个创业者，往往需要付出很大的努力才能成就辉煌，大学生创业者要在创业的路上永远秉持着努力、学习、不惧失败的精神，用心去积累、去沉淀，以获得更多的成长，实现自己的人生价值。

任务三　创业的环境

　　随着我国经济的发展，社会主义市场经济制度进一步完善，创新创业逐渐成为时代的重要命题。创业是发展社会经济、推广新产品新技术的重要方式，创业是时代的潮流。认识当前的创业环境，有利于大学生认识创业，增加创业成功的把握。

一、创业的支持政策

　　2021 年，国务院办公厅发布《国务院办公厅关于进一步支持大学生创新创业的指导意见》（以下简称《意见》）。《意见》是近年来最主要的支持大学生创新创业的政策文件，从提升大学生创新创业能力、优化大学生创新创业环境、加强大学生创新创业服务平台建设、推动落实大学生创新创业财税扶持政策等方面提出指导意见，各地政府根据《意见》制定具体的大学生创新创业优惠政策并落实相关措施。

1. 提升大学生创新创业能力

（1）将创新创业教育贯穿人才培养全过程。深化高校创新创业教育改革，健全课堂教学、自主学习、结合实践、指导帮扶、文化引领融为一体的高校创新创业教育体系，增强大学生的创新精神、创业意识和创新创业能力。建立以创新创业为导向的新型人才培养模式，健全校校、校企、校地、校所协同的创新创业人才培养机制，打造一批创新创业教育特色示范课程。

（2）提升教师创新创业教育教学能力。强化高校教师创新创业教育教学能力和素养培训，改革教学方法和考核方式，推动教师把国际前沿学术发展、最新研究成果和实践经验融入课堂教学。完善高校双创指导教师到行业企业挂职锻炼的保障激励政策。实施高校双创校外导师专项人才计划，探索实施驻校企业家制度，吸引更多各行各业优秀人才担任双创导师。支持建设一批双创导师培训基地，定期开展培训。

（3）加强大学生创新创业培训。打造一批高校创新创业培训活动品牌，创新培训模式，面向大学生开展高质量、有针对性的创新创业培训，提升大学生创新创业能力。组织双创导师深入校园举办创业大讲堂，进行创业政策解读、经验分享、实践指导等。支持各类创新创业大赛对大学生创业者给予倾斜。

2. 优化大学生创新创业环境

（1）降低大学生创新创业门槛。持续提升企业开办服务能力，为大学生创业提供高效便捷的登记服务。推动众创空间、孵化器、加速器、产业园全链条发展，鼓励各类孵化器面向大学生创新创业团队开放一定比例的免费孵化空间，并将开放情况纳入国家级科技企业孵化器考核评价，降低大学生创新创业团队入驻条件。政府投资开发的孵化器等创业载体应安排 30% 左右的场地，免费提供给高校毕业生。有条件的地方可对高校毕业生到孵化器创业给予租金补贴。

（2）便利化服务大学生创新创业。完善科技创新资源开放共享平台，强化对大学生的技术创新服务。各地区、各高校和科研院所的实验室以及科研仪器、设施等科技创新资源可以面向大学生开放共享，提供低价、优质的专业服务，支持大学生创新创业。支持行业企业面向大学生发布企业需求清单，引导大学生精准创新创业。鼓励国有大中型企业面向高校和大学生发布技术创新需求，开展"揭榜挂帅"。

（3）落实大学生创新创业保障政策。落实大学生创业帮扶政策，加大对创业失败大学生的扶持力度，按规定提供就业服务、就业援助和社会救助。加强政府支持引导，发挥市场主渠道作用，鼓励有条件的地方探索建立大学生创业风险救助机制，可采取创业风险补贴、商业险保费补助等方式予以支持，积极研究更加精准、有效的帮扶措施，及时总结经验、适时推广。毕业后创业的大学生可按规定缴纳"五险一金"，减少大学生创业的后顾之忧。

3. 加强大学生创新创业服务平台建设

（1）建强高校创新创业实践平台。充分发挥大学科技园、大学生创业园、大学生创客空间等校内创新创业实践平台作用，面向在校大学生免费开放，开展专业化孵化服务。结合学校学科专业特色优势，联合有关行业企业建设一批校外大学生双创实践教学基地，深入实施大学生创新创业训练计划。

（2）提升大众创业万众创新示范基地带动作用。加强双创示范基地建设，深入实施创业就业"校企行"专项行动，推动企业示范基地和高校示范基地结对共建、建立稳定合作关系。指导高校示范基地所在城市主动规划和布局高校周边产业，积极承接大学生创新成果和人才等要素，打造"城校共生"的创新创业生态。推动中央企业、科研院所和相关公共服务机构利用自身技术、人才、场地、资本等优势，为大学生建设集研发、孵化、投资等于一体的创业创新培育中心、互联网双创平台、孵化器和科技产业园区。

4. 推动落实大学生创新创业财税扶持政策

（1）继续加大对高校创新创业教育的支持力度。在现有基础上，加大教育部中央彩票公益金大学生创新创业教育发展资金支持力度。加大中央高校教育教学改革专项资金支持力度，将创新创业教育和大学生创新创业情况作为资金分配重要因素。

（2）落实落细减税降费政策。高校毕业生在毕业年度内从事个体经营，符合规定条件的，在3年内按一定限额依次扣减其当年实际应缴纳的增值税、城市维护建设税、教育费附加、地方教育附加和个人所得税；对月销售额15万元以下的小规模纳税人免征增值税，对小微企业和个体工商户按规定减免所得税。对创业投资企业、天使投资人投资于未上市的中小高新技术企业及种子期、初创期科技型企业的投资额，按规定抵扣所得税应纳税所得额。对国家级、省级科技企业孵化器和大学科技园以及国家备案众创空间按规定免征增值税、房产税、城镇土地使用税。做好纳税服务，建立对接机制，强化精准支持。

5. 加强对大学生创新创业的金融政策支持

（1）落实普惠金融政策。鼓励金融机构按照市场化、商业可持续原则对大学生创业项目提供金融服务，解决大学生创业融资难题。落实创业担保贷款政策及贴息政策，将高校毕业生个人最高贷款额度提高至20万元，对10万元以下贷款、获得设区的市级以上荣誉的高校毕业生创业者免除反担保要求；对高校毕业生设立的符合条件的小微企业，最高贷款额度提高至300万元；降低贷款利率，简化贷款申报审核流程，提高贷款便利性，支持符合条件的高校毕业生创业就业。鼓励和引导金融机构加快产品和服务创新，为符合条件的大学生创业项目提供金融服务。

（2）引导社会资本支持大学生创新创业。充分发挥社会资本作用，以市场化机制促进社会资源与大学生创新创业需求更好对接，引导创新创业平台投资基金和社会资本参与大学生创业项目早期投资与投智，助力大学生创新创业项目健康成长。加快发展天使投资，培育一批天使投资人和创业投资机构。发挥财政政策作用，落实税收政策，支持天使投资、创业投资发展，推动大学生创新创业。

6. 促进大学生创新创业成果转化

（1）完善成果转化机制。研究设立大学生创新创业成果转化服务机构，建立相关成果与行业产业对接长效机制，促进大学生创新创业成果在有关行业企业推广应用。做好大学生创新项目的知识产权确权、保护等工作，强化激励导向，加快落实以增加知识价值为导向的分配政策，落实成果转化奖励和收益分配办法。加强面向大学生的科技成果转化培训课程建设。

（2）强化成果转化服务。推动地方、企业和大学生创新创业团队加强合作对接，拓宽成果转化渠道，为创新成果转化和创业项目落地提供帮助。鼓励国有大中型企业和产教融合型企业利用孵化器、产业园等平台，支持高校科技成果转化，促进高校科技成果和大学生创新创业项目落地发展。汇集政府、企业、高校及社会资源，加强对中国国际"互联网＋"大学生创新创业大赛中涌现的优秀创新创业项目的后续跟踪支持，落实科技成果转化相关税收优惠政策，推动一批大赛优秀项目落地，支持获奖项目成果转化，形成大学生创新创业示范效应。

7. 办好中国国际"互联网＋"大学生创新创业大赛

（1）完善大赛可持续发展机制。鼓励省级人民政府积极承办大赛，压实主办职责，进一步加强组织领导和综合协调，落实配套支持政策和条件保障。坚持政府引导、公益支持，支持行业企业深化赛事合作，拓宽办赛资金筹措渠道，适当增加大赛冠名赞助经费额度。充分利用市场化方式，研究推动中央企业、社会资本发起成立中国国际"互联网＋"大学生创新创业大赛项目专项发展基金。

（2）打造创新创业大赛品牌。强化大赛创新创业教育实践平台作用，鼓励各学段学生积极参赛。坚持以赛促教、以赛促学、以赛促创，丰富竞赛形式和内容。建立健全中国国际"互联网＋"大学生创新创业大赛与各级各类创新创业比赛联动机制，推进大赛国际化进程，搭建全球性创新创业竞赛平台，深化创新创业教育国际交流合作。

8. 加强大学生创新创业信息服务

（1）建立大学生创新创业信息服务平台。汇集创新创业帮扶政策、产业激励政策和全国创新创业教育优质资源，加强信息资源整合，做好国家和地方的政策发布、解读等工作。及时收集国家、区域、行业需求，为大学生精准推送行业和市场动向等信息。加强对创新创业大学生和项目的跟踪、服务，畅通供需对接渠道，支持各地积极举办大学生创新创业项目需求与投融资对接会。

（2）加强宣传引导。大力宣传加强高校创新创业教育、促进大学生创新创业的必要性、重要性。及时总结推广各地区、各高校的好经验好做法，选树大学生创新创业成功典型，丰富宣传形式，培育创客文化，营造敢为人先、宽容失败的环境，形成支持大学生创新创业的社会氛围。做好政策宣传宣讲，推动大学生用足用好税费减免、企业登记等支持政策。

拓展阅读

其他创业扶持政策

除了《意见》之外，其他文件中也有关于大学生创新创业政策的表述，如《教育部关于做好2023届全国普通高校毕业生就业创业工作的通知》（教学〔2022〕5号）也提出，"支持自主创业和灵活就业。各地各高校要积极鼓励和支持高校毕业生自主创业，在资金、场地等方面向毕业生创业者倾斜，为高校毕业生创新创业孵化、成果转化等提供服务。推动中国国际"互联网＋"大学生创新创业大赛等大学生创业项目转化落地。"

课堂活动

创业政策收集与分享

除了中央政府外，各省市乃至各大高校和创业孵化机构都出台了大学生创业的优惠和扶持政策。请同学们通过当地政府机构官网、社区工作人员、学校就业指导机构等渠道，收集最新的大学生创业政策。

同学们在收集到创业政策后，可以与其他同学交流分享，整理出一个完整的"创业政策清单"，填写至表5-3中。

表 5-3 创业政策清单

执行单位	有效时限	需满足条件	具体内容

值得注意的是，如果政策发生变化，也要及时更新政策清单，使其与实际一致。

二、创业孵化器

在创新创业成为我国新常态经济"新引擎"的背景下，创业孵化器作为离创业者非常近的平台，在促进"大众创业、万众创新"、催生创业者、孵化创业项目、促进创业团队有效运行、为创业者降低成本、带动就业和地区经济发展等方面发挥着重要作用。目前，国家各级政府为鼓励大学生创新创业，不断出台扶持政策和措施，为创业学生提供孵化器服务。

1. 孵化器简介

孵化器原指人工孵化禽蛋的设备，后引入经济领域，成为一种新型的社会经济组织。其职能是通过提供研发、生产、经营的场地，通信、网络与办公等方面的共享设施，系统的培训与咨询，政策、融资、法律和市场推广等方面的支持，降低创业企业的创业风险和创业成本，提高企业的成活率。孵化器的要素有：共享空间、共享服务、孵化企业、孵化器管理人员、扶持企业的优惠政策。企业孵化器为创业者提供良好的创业环境和条件，帮助创业者把发明和成果尽快形成商品投入市场，为其提供综合服务，帮助新兴的小企业迅速成长并形成规模，为社会培养成功的企业和企业家。

创业孵化器主要分为托管型和策划型两种。托管型孵化器面向的人群为初次创业者或高科技及互联网创业者。其提供的典型服务一般包括：免费或付费的办公场地、定期的创业培训、项目路演培训、投资人对接等。托管型孵化器为创业者提供企业生存的基础设施，使创业者可以全身心投入产品的设计和研发中。例如，目前很多大学为支持大学生创业，都建立了大学生创业园，园区以极低的价格将工位租给大学生创业者。大学生创业园是典型的有政府支持的托管型孵化器。此外，还有很多企业家、投资人为了支持创业、孵化优质的高科技及互联网项目，成立了私营的托管型孵化器。例如，李开复博士创办的创新工场、联想旗下的联想之星孵化基地、车库咖啡等。此外，很多国外的孵化器机构也在积极进入中国市场。托管型孵化器为有想法的年轻人提供了良好的创业平台，创始企业进入后可以借助平台的资源快速度过"婴儿期"，有机会获得投资并发展壮大。

策划型孵化器一般依托于大型的咨询策划公司，面向人群为有一定经济基础的多次创业者或者传统中小微企业家。入驻策划型孵化器的企业可以分为两类：一类是在初创阶段找不到合适的商业模式而需要进行资源对接的企业；另一类是由于社会、经济环境的变化而遇到瓶颈需要转型的企业。这些企业家往往"身怀绝技"，在某一领域内拥有一定的人际关系、技术等资源，但是由于行业的局限或者未能及时顺应时代的潮流而陷入困境。策划型孵化器依据其多年的企业服务经验，为企业提供一对一的咨询服务，通过自有基金直接投资或者对接外部投资机构投资。同时，策划型孵化器以企业联盟的形式搭建企业资源平台，共享孵化器的资本、咨询和人际关系等资源。由于策划型孵化器对管理团队的业务素质要求较高，目前国内的策划型孵化器数量不多，但是其孵化的项目质量高，具有较高的投资价值。

在国外，策划型孵化器已经有比较长的历史，孵化模式成熟，获得了众多创业者的垂青。大名鼎鼎的 YC（Y Combinator）孵化器平均每分钟就会收到一封创业者加入孵化器的申请书。知名的 Dropbox、Airbnb、Heroku 等公司便是孵化器的杰作。孵化器像一所新的学校，在这里，创业者可以获得创业导师、投资人、各领域专家的亲身指导，降低创业的风险。

2. 河北省孵化器现状

创业孵化器的作用历来被各级政府重视，根据河北省政府办公厅印发的《河北省科技创新"十四五"规划》，就提出了"支持高校发挥大学科技园作用，结合所在地区发展定位和产业布局，把大学科技园打造成服务区域创新发展的成果转化'主阵地'、创新创业'孵化园'和高新产业'策源地'""支持中央驻冀科研院所在高新区、科技园区建设中试研发基地、科技产业基地、企业孵化器等创新载体，提升成果转化效率，形成科技成果转化高地"。截至 2023 年年底，河北省共有孵化器 331 家，众创空间 688 家。河北省双创载体地图显示了全河北省各地区孵化载体数量与级别，如图 5-7 所示。

地区	孵化器数量	众创空间数量	总数量
保定市	65	150	215
石家庄市	46	106	152
邢台市	18	99	117
廊坊市	49	62	111
邯郸市	47	58	105
唐山市	30	55	85
沧州市	20	58	78
衡水市	20	32	52
张家口市	16	33	49
秦皇岛市	15	18	33
承德市	5	17	22

图 5-7　河北省各地区孵化载体数量与级别

▶

课堂活动

盘点附近的孵化机构

现在，很多学校都建立了孵化机构，校外也有很多孵化机构，请同学们通过实地走访或网络查询，搜集学校及附近孵化机构的信息。完成后将孵化器信息汇总为"孵化机构清单"，填写表5-4。

表 5-4　孵化机构清单

名称	地址	入驻条件	能够提供的服务

三、创新创业大赛

《国务院关于进一步做好新形势下就业创业工作的意见》（国发〔2015〕23号）是国务院关于大学生创新创业工作的指导性文件，该文件明确指出"支持举办创业训练营、创业创新大赛、创新成果和创业项目展示推介等活动，搭建创业者交流平台"。

各类创新创业大赛架起了教育端与产业端深度融合的桥梁枢纽，通过大赛，一批优秀的创业项目脱颖而出。通过参加创新创业大赛，大学生创业者可以向众多投资人阐述自己的创业计划，以此走上创业的"快车道"。

1. 中国国际"互联网 +"大学生创新创业大赛

中国国际"互联网 +"大学生创新创业大赛是我国深化创新创业教育改革的重要载体和关键平台，已成长为覆盖全国所有高校、面向全体大学生、影响最大的高校"双创"盛会。大赛主要由教育部与政府、各高校共同主办，旨在深化高等教育综合改革，激发大学生的创造力，培养造就"大众创业、万众创新"的主力军；推动赛事成果转化，促进"互联网 +"新业态的形成，服务经济提质增效升级；以创新引领创业、创业带动就业，推动高校毕业生更高质量地实现创业与就业。该大赛首次举办于2015年，至2023年已成功举办了9届。图5-8所示为第九届中国国际"互联网 +"大学生创新创业大赛官方宣传界面。

图 5-8 第九届中国国际"互联网 +"大学生创新创业大赛官方宣传界面

大赛包括 1 个主体赛事、1 个"青年红色筑梦之旅"活动和若干同期活动。

（1）1 个主体赛事。主体赛事包括高教主赛道、"青年红色筑梦之旅"赛道、职教赛道、萌芽赛道和产业命题赛道。

① 高教主赛道。高教主赛道的组别分为本科生组（创意组、初创组、成长组）和研究生组（创意组、初创组、成长组）共 6 个组别，参赛类别包括新工科类、新医科类、新农科类、新文科类。

② "青年红色筑梦之旅"赛道。参加"青年红色筑梦之旅"活动的项目，符合大赛参赛要求的，可自主选择参加"青年红色筑梦之旅"赛道。"青年红色筑梦之旅"赛道分为公益组、创意组、创业组。

③ 职教赛道。职教赛道组别有创意组、创业组，参赛类别包括创新类（以技术、工艺或商业模式创新为核心优势）、商业类（以商业运营潜力或实效为核心优势）、工匠类（以体现敬业、精益、专注、创新为内涵的工匠精神为核心优势）。

④ 萌芽赛道。萌芽赛道主要面向普通高级中学在校学生，以推动形成各学段有机衔接的创新创业教育链条，发现和培养基础学科和创新创业后备人才。

⑤ 产业命题赛道。产业命题赛道针对企业开放创新需求，面向产业代表性企业、行业龙头企业、专精特新企业等征集命题。企业命题聚焦国家"十四五"规划战略性新兴产业方向，倡导新技术、新产品、新业态、新模式。围绕新工科、新医科、新农科、新文科对应的产业和行业领域，基于企业发展真实需求。

（2）1 个"青年红色筑梦之旅"活动。第九届中国国际"互联网 +"大学生创新创业大赛继续在更大范围、更高层次、更有温度、更深程度上开展"青年红色筑梦之旅"活动。活动以"强国有我新征程 乘风破浪向未来"为主题，紧扣学习贯彻习近平新时代中国特色社会主义思想主题教育，不断拓展"青年红色筑梦之旅"活动的时代内涵，引导广大青年学生"上山下乡出海"，乘风破浪向未来。通过扎实开展"青年红色筑梦之旅"活动，推动习近平新时代中国特色社会主义思想入眼入耳入脑入心，使广大青年学生深刻理解"两个确立"、坚决做到"两个维护"，坚定不移听党话、跟党走，厚植家国情怀，成为社会主义合格建设者和可靠接班人，为全面建设社会主义现代化国家贡献青春力量。

（3）同期活动。在第九届中国国际"互联网 +"大学生创新创业大赛进行的同时，还会举行世界大学生创新创业联盟成立仪式、世界大学生创新创业指数发布会、大赛优秀项目资源对接会等系列活动。

案例阅读

中国国际大学生创新大赛冠军项目
——跨物种肿瘤基因治疗

2023 年 12 月 6 日，中国国际大学生创新大赛（2023）冠军争夺赛在天津大学举行，来自国内外高校的 6 支参赛团队逐梦青春、同台竞技。经过路演、嘉宾点评、评委打分等环节，最终北京大学的"跨物种肿瘤基因治疗"项目勇夺桂冠。

"跨物种肿瘤基因治疗"项目源于北京大学团队，由前沿交叉学科研究院齐烨博士后（参赛时为在读博士生）领衔。他们引领了世界首个源头创新发现，即通过植物蛋白修复肿瘤细胞中特异存在的异常 miRNA，实现广谱抗癌效果。该项目通过大数据挖掘，在国际上首次揭示了几乎所有肿瘤中都存在的 miRNA 结构缺陷。在此基础上，他们借鉴跨物种和进化的思想，成功发现了首个可用于修复这些缺陷的植物免疫蛋白。这一创新性的治疗方法不仅为肿瘤治疗提供了新的途径，也为全球的科研和医疗领域带来了革命性的突破。

项目前期成果在 *Cell*、*Nature*、*Trends in Cell Biology* 等国际顶级期刊发表，并受到了科技部颠覆性技术创新项目的资助。项目首创基于 miRNA 编辑的跨物种肿瘤基因治疗，克服传统疗法高毒性、耐药性、低应答等难题，为复发难治、无药可治的临床需求提供全新方案，形成对现有疗法的替代，市场价值极高。

2. "挑战杯"全国大学生课外学术科技作品竞赛

"挑战杯"全国大学生课外学术科技作品竞赛相较"挑战杯"中国大学生创业计划竞赛影响力更大，该赛事的参赛作品主要是学术论文、科技发明制作、社会调查报告等，比较重视学术科技发明创作带来的实际意义与特点，考查学生的科技创新能力、对社会问题的关注及其分析解决问题能力，目前已成为吸引广大高校学生共同参与的科技盛会。

从最初的 19 所高校发起，发展到 1000 多所高校参与，从 300 多人的小擂台发展到 200 多万大学生的竞技场，"挑战杯"全国大学生课外学术科技作品竞赛在广大青年学生中的影响力和号召力显著增强，已成为促进优秀青年人才脱颖而出的创新摇篮，成为引导高校学生推动现代化建设的重要渠道，成为展示全体中华学子创新风采的亮丽舞台。成果展示、技术转让、科技创业，让该竞赛从象牙塔走向社会，推动了高校科技成果向现实生产力的转化，为经济社会发展做出了积极贡献。同时，该竞赛也已成为深化高校素质教育的实践课堂，其已经形成了国家、省、高校三级赛制，广大高校以该赛为龙头，不断丰富活动内容，拓展工作载体，把创新教育纳入教育规划，使该竞赛成为大学生参与科技创新活动的重要平台。大学生可登录"挑战杯"全国大学生课外学术科技作品竞赛官网了解详情。

3. "挑战杯"中国大学生创业计划竞赛

"挑战杯"中国大学生创业计划竞赛相比"挑战杯"全国大学生课外学术科技作品竞赛开展较晚，它借助风险投资运作模式，要求参赛者组成学科交叉、优势互补的竞赛团队，就一项具有市场前景的技术产品或服务，以获得风险资本的投资为目的，完成一份完整的创业计划书。

"挑战杯"中国大学生创业计划竞赛被誉为中国大学生创业创新类比赛的"奥林匹克"盛会，是目前国内大学生创业创新类非常热门、广受关注的竞赛。1999 年，由清华大学承办首届"挑战杯"中国大学生创业计划竞赛,孕育了"视美乐""易得方舟"等一批高科技公司。2000年,由上海交通大学承办第二届"挑战杯"中国大学生创业计划竞赛。此后每两年举办一届,该比赛是具有导向性、示范性和权威代表性的全国创业竞赛活动。

至2023年,第十三届"挑战杯"中国大学生创业大赛已顺利落下帷幕(该届主办单位新增人力资源和社会保障部)。大赛规模从120余所学校近400件作品发展到全国2700余所学校近20万件作品,大赛始终致力于引导学生了解国情社情、提升学生社会化能力、服务学生就业创业。大赛以培养创新意识、启迪创意思维、提升创造能力、造就创业人才为竞赛宗旨,采取学校、省(区、市)和全国三级赛制,分初赛、复赛、决赛三个赛段进行。根据参赛对象,分普通高校、职业院校两类,设"五大赛道"。以第十三届"挑战杯"中国大学生创业竞赛为例,分别为科技创新和未来产业、乡村振兴和农业农村现代化、社会治理和公共服务、生态环保和可持续发展、文化创意和区域合作五个组别。大赛在培养复合型、创新型人才,促进高校产学研结合,推动国内风险投资体系建立方面发挥了重要作用。大学生可搜索"挑战杯"中国大学生创业计划竞赛了解详情。

课堂活动

了解创新创业大赛

创新创业大赛是一个很好的自我展示机会,有志于创业的大学生可以积极参加创新创业大赛。请同学们通过网络访问各项创新创业大赛的官方网站,了解各个创新创业大赛的举办时间、参赛条件、报名方式、活动流程等,整理信息并填入表5-5中。

表5-5 创新创业大赛

大赛名称	举办时间	参赛条件	报名方式	活动流程

课后实践——组建创业团队

随着乡村振兴政策的发展,近年来,农村电商的发展如火如荼,越来越多的人将目光投向广大乡村,希望通过农村电商实现创业梦想。假设你是一个电子商务公司的中层管理人员,有5年的电商运营经验,最近决定辞职创业,并选择了农村电商领域。请同学们基于该背景组建一支创业团队,开展该创业项目。

全班同学独立完成本项实践，在实践中结成团队。

1. 自我评价

创业者在组建创业团队前，应该对自己有着清晰的认识。请你根据自己的实际情况，梳理自己作为创业者的优劣势。

我的优势：_____

_____

我的劣势：_____

_____

2. 勾画创业团队图景

创业团队画布可以帮助创业者在组建创业团队之前理清思路。请你根据你的实际情况以及本组商业模式，绘制创业团队画布（见图 5-9）。

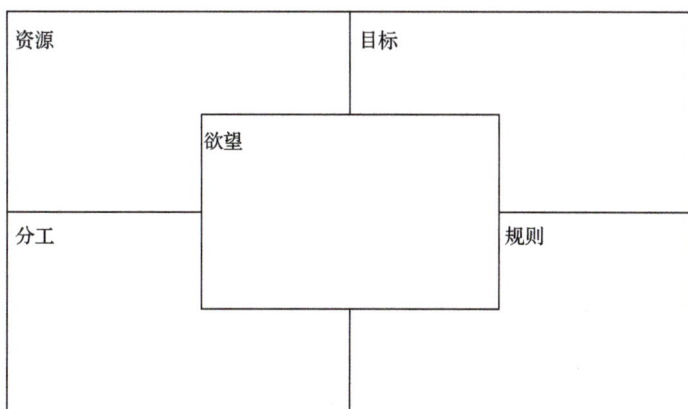

图 5-9　创业团队画布

3. 选择合伙人

合伙人是与创业者共同从事创新创业活动并共担风险的人，是创业团队里重要的一环，请完成创新创业合伙人选择计划（见表 5-6）。

表 5-6　创新创业合伙人选择计划

分析项目	分析结论
我是否需要合伙人	我的创新创业项目规模： 我的创新创业项目对资源的需求情况： 我的风险承担能力：

分析项目	分析结论
我需要的合伙人类型	是否需要技术： 是否需要市场： 是否需要资金： 是否需要人际关系资源： 是否需要其他资源：
我要怎样找到合伙人	是否可以依靠个人关系网寻找： 是否可以在客户、同行中寻找： 是否可以公开召集： 是否可以委托猎头或他人寻找：

4. 组建核心团队

核心团队是开展创业活动的支柱，组建核心团队是创业者组建创业团队的重要一步。请根据贝尔宾团队角色测评结果，在班级内寻找合适的同学，说服他们加入你的核心团队，并将信息填入表 5-7 中。

表 5-7　核心团队信息

姓名	角色类型	个人优势	计划分工

5. 寻找创业支持政策

根据本组的商业模式，收集查找相关的创业支持政策，并分析该政策对创业活动的推动。

创业政策：＿＿＿＿＿＿＿＿＿＿＿＿＿＿＿＿＿＿＿＿＿＿＿＿＿＿＿＿＿＿＿＿
＿＿＿＿＿＿＿＿＿＿＿＿＿＿＿＿＿＿＿＿＿＿＿＿＿＿＿＿＿＿＿＿＿＿＿＿＿＿
＿＿＿＿＿＿＿＿＿＿＿＿＿＿＿＿＿＿＿＿＿＿＿＿＿＿＿＿＿＿＿＿＿＿＿＿＿＿

能为创业带来的帮助：＿＿＿＿＿＿＿＿＿＿＿＿＿＿＿＿＿＿＿＿＿＿＿＿＿＿＿
＿＿＿＿＿＿＿＿＿＿＿＿＿＿＿＿＿＿＿＿＿＿＿＿＿＿＿＿＿＿＿＿＿＿＿＿＿＿
＿＿＿＿＿＿＿＿＿＿＿＿＿＿＿＿＿＿＿＿＿＿＿＿＿＿＿＿＿＿＿＿＿＿＿＿＿＿

创业政策：＿＿＿＿＿＿＿＿＿＿＿＿＿＿＿＿＿＿＿＿＿＿＿＿＿＿＿＿＿＿＿＿
＿＿＿＿＿＿＿＿＿＿＿＿＿＿＿＿＿＿＿＿＿＿＿＿＿＿＿＿＿＿＿＿＿＿＿＿＿＿
＿＿＿＿＿＿＿＿＿＿＿＿＿＿＿＿＿＿＿＿＿＿＿＿＿＿＿＿＿＿＿＿＿＿＿＿＿＿

能为创业带来的帮助：＿＿＿＿＿＿＿＿＿＿＿＿＿＿＿＿＿＿＿＿＿＿＿＿＿＿＿
＿＿＿＿＿＿＿＿＿＿＿＿＿＿＿＿＿＿＿＿＿＿＿＿＿＿＿＿＿＿＿＿＿＿＿＿＿＿
＿＿＿＿＿＿＿＿＿＿＿＿＿＿＿＿＿＿＿＿＿＿＿＿＿＿＿＿＿＿＿＿＿＿＿＿＿＿

创业政策：＿＿＿＿＿＿＿＿＿＿＿＿＿＿＿＿＿＿＿＿＿＿＿＿＿＿＿＿＿＿＿＿
＿＿＿＿＿＿＿＿＿＿＿＿＿＿＿＿＿＿＿＿＿＿＿＿＿＿＿＿＿＿＿＿＿＿＿＿＿＿
＿＿＿＿＿＿＿＿＿＿＿＿＿＿＿＿＿＿＿＿＿＿＿＿＿＿＿＿＿＿＿＿＿＿＿＿＿＿

能为创业带来的帮助：＿＿＿＿＿＿＿＿＿＿＿＿＿＿＿＿＿＿＿＿＿＿＿＿＿＿＿
＿＿＿＿＿＿＿＿＿＿＿＿＿＿＿＿＿＿＿＿＿＿＿＿＿＿＿＿＿＿＿＿＿＿＿＿＿＿
＿＿＿＿＿＿＿＿＿＿＿＿＿＿＿＿＿＿＿＿＿＿＿＿＿＿＿＿＿＿＿＿＿＿＿＿＿＿

6. 入驻孵化机构

调查附近的孵化机构，为本团队选择最适合的孵化机构。

我选择的孵化机构是：_____

_____

_____

该机构能够提供的服务有：_____

_____

_____

选择该孵化机构的原因是：_____

_____

_____

项目六　设计商业模式

学习目标

1. 认识商业模式的内涵和构成要素。
2. 了解典型商业模式以及互联网商业模式等经典商业模式。
3. 掌握商业模式的设计方法，能够按照商业模式的设计流程完成商业模式画布及商业模式验证。
4. 将创新思维运用于商业模式的设计，具备较强的分析洞察能力，从其他成功的商业模式中汲取经验教训，同时锻炼自己的设计思维与实践能力，开发更具可行性的商业模式。

任务一　认识商业模式

著名经济学家郎咸平曾说："商业模式是关系到企业生死存亡、兴衰成败的大事。企业要想获得成功，就必须从制定成功的商业模式开始，成熟的企业是这样，新的企业是这样，发展期的企业更是如此，商业模式是企业竞争制胜的关键，是商业的本质！"

商业模式是创业者和风险投资者非常关注的概念，一般来说，只要存在经济交易，就存在商业模式，每个正常运行的企业背后，都有其商业模式作为支撑，其代表的实则是"公司以什么样的方式赚钱？"这一根本问题。

一、商业模式的内涵

商业模式是一个比较新的概念，虽然它第一次出现于20世纪50年代，但直到20世纪90年代才开始被广泛使用和传播。尽管商业模式在国内外得到了学术界和企业界的高度重视，但目前各方对商业模式的含义和本质尚未达成共识。莫里斯等人通过对30多个商业模式定义的关键词进行内容分析，指出商业模式的定义可分为三类，即经济类、运营类、战略类。

综合各类关于商业模式的定义，本书认为商业模式是企业在一定的动态环境中，为实现企业价值最大化，将能使企业运行的内外各要素整合起来，形成一个完整、高效率、具有独特核心竞争力的运行系统，并通过最优实现形式满足消费者需求、实现消费者价值，同时使系统达成持续盈利目标的整体解决方案，它包含特定企业的一系列管理理念、方式和方法。商业模式是企业赖以生存的灵魂，识别、分析、评价企业的商业模式，可以较为系统、严格、全面地对一个企业的运营健康状况和盈利能力进行整体性的考察。

商业模式是一个企业创造价值的核心逻辑，描述了企业创造价值、传递价值、获得价值的基本原理。这里所谓价值的内涵不仅是创造的利润，还包括为消费者、员工、合作伙伴、股东提供的价值，以及在此基础上形成的企业竞争力与持续发展力。

（1）创造价值。创造价值是企业提供的产品或服务为特定消费群体带来的核心价值。例如，制造业企业为消费者提供产品，该产品消费者无法自产或自产成本过高，这样就为消费者创造了价值。如果不能为消费者创造价值，消费者就不会产生购买行为，商业模式也就无从谈起。

（2）传递价值。传递价值是企业通过各种渠道使目标消费群体了解产品或服务的价值，例如积累口碑、投放广告等。只有向消费者传递价值，企业的产品或服务才能吸引目标消费群体的注意，被消费者广泛认知，从而打开市场。

（3）获得价值。获得价值是指尽可能地从为消费者创造的价值中获取最大的回报，其中最直接的就是卖出产品，赚取售价与成本的差额。要获得价值，企业要么向消费者提供独家的产品，要么向消费者提供具有差异化优势的产品，如比同类产品价格更低、质量更优、售后服务更好、更易用、更耐久等。

总之，商业模式是连接消费者价值与企业价值的桥梁，商业模式为企业的各种利益相关者（如供应商、消费者、其他合作伙伴、企业内的员工等）提供了一个使各方交易活动相互连接的纽带。一种成功的商业模式最终能够创造得到资本和产品市场认同的独特企业价值。企业必须选择一种适合自己的、有效的商业模式，将各种有形和无形的资源整合到其中，并且随着客观情况的变化不断对其加以创新，这样才能获得持续的竞争优势。

案例阅读　　　"饿了么"的商业模式

早期的外卖服务是店外订餐，餐厅通过为消费者提供电话订餐服务满足消费者的即时用餐需求。但时常有消费者因为订餐电话没人接而烦恼。随着互联网的发展，许多行业因互联网的便利性产生了许多创业机会，餐饮行业也不例外。

"饿了么"的诞生就源于电话订餐的不方便。最初，张旭豪等上海交通大学的在校大学生团队为了方便，建立了一个线上点餐平台，并于 2008 年成立"饿了么"公司，为消费者提供线上点餐和外送服务。"饿了么"的外卖模式主要由线上平台、终端消费者、商家和骑手组成，后三者为线下组成部分，通过"饿了么"线上平台构建商业闭环。终端消费者通过"饿了么"选择商家、骑手达成快速配送；商家通过"饿了么"获得终端消费者流量支撑，以及足够多的骑手保障高效配送；骑手通过"饿了么"获得订单配送以确保短时间内赚更多的钱。

"饿了么"主要通过加盟餐厅的后台管理系统和前台网站页面的年服务费、交易额提成、竞价排名费获利。"饿了么"与许多传统餐饮企业一起为客户提供优质服务，为更多的商家与消费者提供方便，同时通过招聘骑手拉动更多就业，实现多方共赢。得益于其商业模式设计目标清晰，操作流程简单，"饿了么"成功引领了餐厅外卖业务电子商务化、信息化的浪潮，并发展为餐饮外卖的头部企业。

二、商业模式的构成要素

由于实用性强且操作便捷，亚历山大·奥斯特瓦德与伊夫·皮尼厄共同提出的商业模式理论受到创业实践者的推崇。他们认为，商业模式包含九大要素：客户细分、价值主张、渠道通路、客户关系、收入来源、核心资源、关键业务、重要伙伴、成本结构。这九个要素相互作用、相互关联，它们之间的关系如图 6-1 所示。值得注意的是，商业模式并不仅仅是这九个要素的简单组合，因为要素之间存在必然的内在联系，一种成功的商业模式应能将这些要素有机地联系在一起，从而阐明某个企业或某项活动的内在商业逻辑。

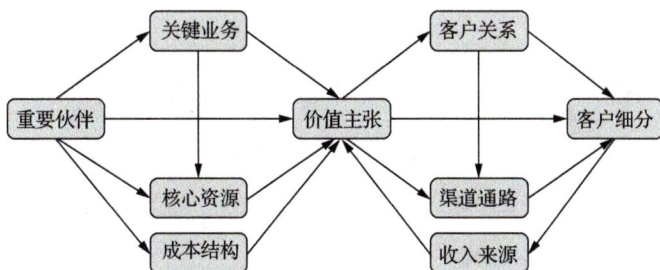

图 6-1 商业模式各要素的关系

1. 客户细分

客户细分要素描绘了一个企业想要获得的和期望服务的不同目标群体。目标群体即企业瞄准的使用服务或购买产品的客户群体。这些群体具有某些共性，从而使企业能够针对这些共性创造价值。定义客户群体的过程也称为市场细分。商业模式设计从"为谁做"开始，先要明确企业正在为谁创造价值，谁是企业最重要的客户。

2. 价值主张

价值主张要素描述的是企业通过其产品和服务为某一客户群体提供的独特价值。价值主张是客户选择一家企业的产品和服务而放弃另一家的原因，它能够解决客户的问题或满足其需求。每个价值主张是一个产品和服务的组合，这一组合迎合了某一客户群体的需求。从这个意义上说，价值主张是一个企业为客户提供的利益的集合或组合。客户在购买产品与服务的时候依赖其思维判断。客户生活在社会中，其思维判断不仅取决于其本身意愿，还受所处环境与社会关系的影响。有时客户会明确表达其需求，有时客户需求是只可意会、不可言传的。因此在构建价值主张时，创业者可以从客户"五色思维"的角度分析其需求特性，特别是其内心深处的需求特性，进而提供满足客户需求的产品或服务价值，如表 6-1 所示。

表 6-1 从客户"五色思维"推出价值

思维	需求特性	产品或服务的价值
生命思维	健康	有利于人的身心健康发展
	尝试	满足客户从未感受和体验过的全新需求
	可持续	能源资源节约与环境友好
	低风险	帮助客户抑制风险也可以创造客户价值
批评思维	真实	依据事实进行判断与决策
	改变	不断改善产品和服务性能
	颠覆	对旧有模式的根本改变
设计思维	新颖	形式活泼而有活力
	简单	外观与形式简单明快
	设计	产品因优秀的设计脱颖而出

续表

思维	需求特性	产品或服务的价值
经济思维	便利性	使用更方便，也可以创造可观的价值
	实用性	操作更简单
	回报	能够帮助客户获得更高回报
	价格	以更低的价格满足客户需求
	成本低	帮助客户削减成本是创造价值的重要方法
	可达性	使客户容易掌握、理解并以此实现目标
美学思维	感人	能够让客户产生感动与共鸣
	定制化	以满足客户个体与细分群体的特定需求
	品牌	客户通过使用和展示某一特定品牌而展示身份
	自然	产品或服务自然，让客户感到舒适

任何成功的商业模式都是基于伟大价值主张的嵌入，可以说，价值主张是商业模式设计最难、最核心的一个要素，亚历山大·奥斯特瓦德在商业模式设计的基础上，提出了价值主张设计与价值主张画布。价值主张设计主要是理解与分析客户，判断自己如何为其创造价值。通过寻找客户所需的价值主张，以及始终保持客户主张与产品价值主张的一致性，大学生创业者可以找到客户主张与产品价值的平衡点，促使企业寻找一种双赢的商业模式。而当客户价值与产品价值相匹配时，就可构成产品的闭环，创造经济价值。

价值主张画布是价值主张设计的重要工具，其是以结构化的方式描述开发产品（服务）时特定的价值主张，即"使用 ×× （产品或服务）帮助 ×× （客户群）完成 ×× （工作），通过解决 ×× （痛点），为客户带来 ×× （益处）。"价值主张画布如图 6-2 所示。

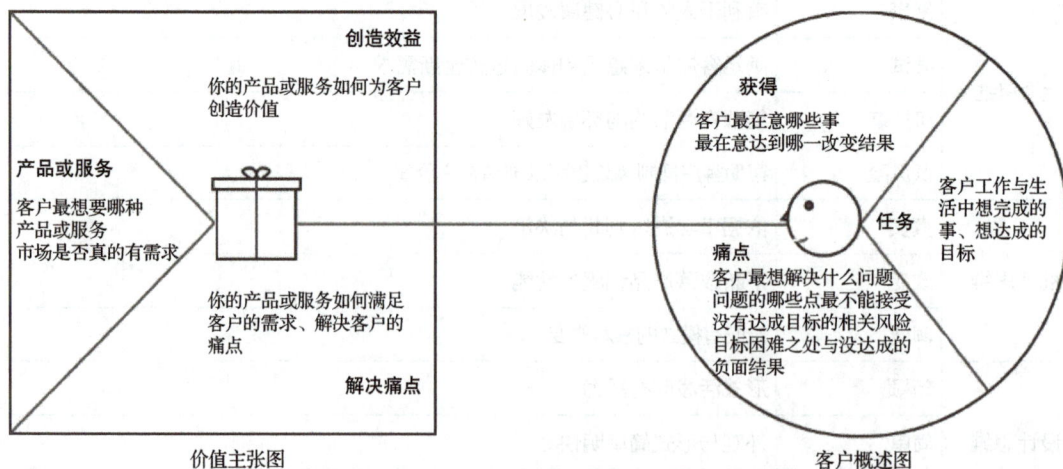

图 6-2　价值主张画布

价值主张画布专注于了解客户真正需求，并设计与之真正对应的解决方案。一个契合的价值主张画布还可能需要经过反复设计和修正，需要大学生创业者在整个商业模式的设计过程中对其持续保持关注。需要注意的是，根据价值主张设计，大学生创业者也可以通过对创业项目问题、痛点等的归纳总结，进行精益画布的呈现，具体内容本书项目四已经介绍。

案例阅读 | **纸尿布的"价值主张"**

第二次世界大战之后，日本的尼西奇公司把纸尿布推广到美国市场。原本尼西奇公司以为美国的年轻妈妈不习惯做家务活，讲究生活品质，希望拥有更多的闲暇时间，决定以此打动她们。所以一开始，广告用语强调使用纸尿布更方便，可以省掉洗尿布的麻烦，结果该公司的纸尿布却无人问津。经过调查，原因很快弄清楚了。年轻的妈妈们说，如果我用了方便的纸尿布，邻居和家人就会小看我，认为我是一个懒人，因为我偷懒，才让孩子用纸尿布。经过研究后，尼西奇公司终于弄清楚了：母爱是天性，关爱孩子是乐趣，顾客认为纸尿布有价值的地方并不是方便，而是它可以保护婴儿的皮肤。于是，尼西奇重新调整了价值主张，这次强调"关爱"：公司提高了纸尿布的吸水性，用以保护婴幼儿的皮肤。最终尼西奇公司的纸尿布赢得了市场青睐，一度占据美国纸尿布市场 70% 的份额。

---

3. 渠道通路

要将一种价值主张推向市场，找到正确的渠道组合并以客户喜欢的方式与客户建立联系至关重要。渠道通路要素描述的是企业如何与其客户群体进行沟通并建立联系，进而向对方传递自身的价值主张。

与客户的交流、分销和销售渠道构成了企业的客户交互体系。每条渠道可划分为五个相互独立的阶段。每条渠道都覆盖其中几个或全部阶段。渠道可以划分为直接渠道和间接渠道，或者自有渠道和合作方渠道，如表 6-2 所示。

表 6-2 渠道通路

渠道类型			渠道阶段				
			知名度	评价	购买	传递	售后
自有渠道	直接渠道	销售人员	我们如何扩大公司产品和服务的知名度	我们如何帮助客户评价我们的价值主张	客户如何能够购买到我们的某项产品和服务	我们如何向客户传递我们的价值主张	我们如何向客户提供售后支持渠道
		网络销售					
		自有商铺					
合作方渠道	间接渠道	合作方					
		商铺					
		批发商					

20 世纪 90 年代以前，创业者获得客户的唯一渠道是实体店铺，需要客户到实体店铺接触销售人员。但 20 世纪 90 年代中期开始，由于虚拟渠道的出现，如网络、移动电话、云端等，创业者更多需要考虑的是如何销售和运输产品。在考虑渠道通路时，创业者不妨思考以下问题，并通过这些问题整理自己的思路。

（1）客户希望以何种渠道与我们建立联系？

（2）我们现在如何建立这种联系？

（3）我们的渠道是如何构成的？

（4）哪个渠道最管用？哪个渠道最节约成本？

（5）我们如何将这些渠道与客户整合在一起？

4. 客户关系

客户关系要素描述的是一个企业针对某个客户群体建立的客户关系类型。良好的客户关系是企业立足的根本。企业在其商业模式中必须明确如何建立诚信的客户关系。对于创业者而言，客户关系的确定不妨建立在对以下问题的考虑之上：每个客户群体期待与企业建立并保持何种类型的关系？企业已经建立了哪些类型的关系？这些关系类型的成本如何？这些客户关系类型与企业商业模式中的其他要素是如何整合的？

5. 收入来源

收入来源要素代表企业从每个客户群体中获取的现金收益（须从收益中扣除成本得到利润）。如果说客户是一个商业模式的心脏，收入来源则是该商业模式的动脉。一个企业需要自问，每个客户群体真正愿意买单的原因究竟是什么。成功地回答这一问题可以使企业在每个客户群体中获得一定收入来源。通常企业有以下几种收入来源。

（1）资产销售收入。资产销售即企业出售实物产品的所有权。例如，淘宝网、京东平台通过网站销售电器、服装、床上用品等商品，汽车 4S 店销售汽车给客户。

（2）使用费。这一收入来源因客户使用某种具体服务而产生。使用该服务越多，消费者支付的费用越多。例如，电信运营商会根据通话时长向客户收费；宾馆根据房间的使用天数向客户收费；快递公司根据包裹的质量和运送距离向客户收费。

（3）会员费。这种收入来源是企业通过向客户销售某项服务持续的使用权限实现的。例如，办理健身房会员后，客户可以免费使用该健身房的健身器材和健身场地。

（4）租赁费。这种收入来源是指企业将某一特定资产在某段时期专门供给某个客户使用并收取一定费用。对于出租者而言，这种做法提供的是经常性收入。对于租赁者而言，其只需承担一个限定期内的费用而无须承担所有权耗费的成本。例如，某租车公司为客户提供以小时计算的租车服务，这种服务使许多人决定租车而不再买车。

（5）许可使用费。这种收入来源产生于企业向客户出售某种受保护的知识产权使用权。许可使用费使资源持有者无须生产产品或进行任何商业化操作，仅凭对资源的所有权就可以获得收益。例如，在科技产业中，专利持有者将专利使用权提供给其他企业使用，就可以收取专利使用费。

（6）经纪人佣金。这种收入来源产生于企业向双方或多方提供的中介服务。房产中介或房产经纪人会因每次成功地促成了交易而获得佣金。

（7）广告费。这种收入来源产生于企业为某种产品、服务或品牌做广告。传统的传媒业和活动策划的收入很大程度上依赖广告收入。近些年其他产业包括软件业和服务业，也开始更多地依赖广告收入。

6. 核心资源

核心资源也称关键资源，该要素描述的是保证一种商业模式顺利运行所需的最重要的资产。核心资源决定了企业能够做什么，不能做什么。

每一种商业模式都需要一些核心资源。这些资源使企业得以创造并提供价值主张，获得市场，保持与某个客户群体的客户关系并获得收益。不同类型的商业模式需要不同的核心资源。例如，芯片制造商需要资本密集型生产设备，而芯片设计商则更聚焦于人力资源。

核心资源包括实物资源、金融资源、知识性资源及人力资源。核心资源可以是自有的，也可以通过租赁获得，或者从重要伙伴处获得。在确定核心资源时，创业者需要考虑企业的价值主张、企业的分销渠道、客户关系的维系及收入来源各需要哪些核心资源。

7. 关键业务

关键业务要素描述的是为保障商业模式正常运行所需做的重要事情。每种商业模式都包含一系列关键业务。这些业务是一个企业成功运营必须采取的重要行动。与核心资源一样，关键业务是企业为创造和提供价值主张、获得市场、维系客户关系及获得收益所必需的。并且，与核心资源一样，关键业务也因不同的商业模式类型而有差异。例如，对于软件供应商而言，其关键业务是软件开发；对于计算机中央处理器生产商而言，其关键业务还包含供应链管理。

对于关键业务的确定，创业者应考虑企业的价值主张、企业的分销渠道、客户关系的维系及收入来源各需要哪些关键业务。

8. 重要伙伴

重要伙伴要素描述的是保证一种商业模式顺利运行所需的供应商和合作伙伴网络，重要伙伴在许多商业模式中逐渐承担起基石的作用。一个企业需要构建伙伴关系，但不是所有伙伴都属于重要伙伴。创业者需要思考：谁是企业的关键合作伙伴，谁是企业的关键供应商，企业从合作伙伴处获得了哪些核心资源，企业的合作伙伴参与了哪些关键业务……创业者可以通过这些问题确定重要伙伴。重要伙伴意味着企业可以通过建立联盟优化自身的商业模式，以降低风险或者获得资源。

重要伙伴可以分为四种不同的类型：一是非竞争者之间的战略联盟；二是竞争者之间的战略联盟；三是为新业务建立的合资公司；四是为保证可靠的供应建立的供应商和采购商的关系。

9. 成本结构

成本结构要素描述的是运营一种商业模式所发生的重要成本的总和。创造和传递价值、维护客户关系及创造收益都会产生成本。在确定了核心资源、关键业务及重要伙伴的情况下，成本核算会变得相对容易。

不同企业的成本结构是有所差别的，有的企业以低成本为导向，有的则倾向于价值创造。创业者需要将预估成本与同类企业发布的报告进行对比，以确定合理的成本结构。在商业模式的设计中，创业者通常希望以较低的成本实现创业，并持续实现盈利，这样才能获取更多收益。所以有些商业模式相对于其他商业模式而言更加成本导向化。例如，廉价航空就是以低成本为核心的商业模式。

成本结构设计需考虑的问题包括：商业模式中最重要的固有成本是什么，最贵的核心资源是什么，最贵的关键业务是什么等。创业者可以通过对这类问题的思考，基本确定一种商业模式良好运行所需的所有成本。

拓展阅读

成本结构的分类

诚然，成本最小化是每一个商业模式的诉求，但低成本结构在某些商业模式中会显得尤为重要。因此，可以将商业模式的成本结构宽泛地分为两个类型——成本导向型以及价值导向型。

（1）成本导向型。成本导向型的商业模式聚焦于将成本最小化。这种方式的目标在于创造并维持极精简的成本结构，采取的是低价的价值主张、自动化生产最大化以及广泛的业务外包。例如，廉价航空（如西南航空、易捷航空）、经济型酒店（如宜家连锁酒店、7天连锁酒店）都是成本导向型商业模式的典型代表。

（2）价值导向型。有些企业在商业模式设计中，不关注成本，而更多地关注价值创造。通常更高端的价值主张以及高度的个性化服务是价值导向型成本结构商业模式的特点。例如，海底捞倡导为客户提供极致服务，豪华酒店奢华的设施及专属的服务，都属于此范畴。

这两种类型分别代表了商业模式中两种不同的模式，即成本最小化、价值最大化，这也是企业的终极目标，许多现有商业模式的成本结构介于这两种极端类型之间。

课堂活动

商业模式分析

在过往的生活中，大学生其实已经接触了许多的商业模式，不管是路边的小商店，还是市中心的商业广场，还是线上的网店，都有着鲜明的商业模式。下面，请同学们选择一个生活中常见的商业模式，分析其九个因素。

我选择的商业模式：_____

客户细分：_____

价值主张：_____

渠道通路：_____

客户关系：_____

收入来源：_____

核心资源：_____

关键业务：_____

重要伙伴：_____

成本结构：_____

🗒️ 任务二 | 经典商业模式

人类的商业史已经有数千年，在如此漫长的时间中，涌现出了一批又一批成功企业，人们对它们的商业模式进行分析研究，总结出了很多经典的商业模式。随着互联网的兴起和普及，传统的商业格局发生了变化，一批新的商业模式迅速成长起来并取得了令人瞩目的成绩。了解这些经典的商业模式，有利于大学生创业者参考设计自己的商业模式。

一、典型的商业模式

在人类漫长的商业史中，出现过很多典型的商业模式，这是大学生设计商业模式的基础。

1. 店铺模式

店铺模式是最古老也是最基本的商业模式，它是指在具有潜在消费者群体的地方开设店铺并展示产品或服务。店铺是这一模式的核心，商家通过店铺接近消费者群体，能够在固定的地点以固定的方式为消费者提供各种服务。同时，店铺也是展示产品、储存货物、提供服务的空间。店铺模式赚取的主要是产品购入与卖出之间的差价，后来开始依靠广告收入、服务收入等盈利。

经过长期的发展，店铺模式得以"进化"为连锁店模式。连锁店是指众多小规模的、分散的、经营同类产品和服务的同一品牌的零售店，这些店铺采用同样的装修风格、提供同样的产品和服务。通过连锁店，商家能够大大扩大市场范围，也能因规模效应获得更大的利润。

2. "饵与钩"模式

"饵与钩"模式也称"剃刀与刀片"模式，或搭售模式。在这种模式中，基本产品（饵）的售价很低，但与之相关的消耗品或服务（钩）的价格却十分昂贵。其核心是通过廉价（甚至亏本）的基本产品获取消费者，然后通过后续的消耗品或服务实现盈利。例如，著名的剃须刀品牌吉列，就曾经通过免费送剃须刀获取大量消费者，占据了拥有绝对优势的市场份额，随后通过卖刀片赚取持续的利润。今天，我们身边仍然有很多采用"饵与钩"模式的产品，例如手机（饵）和通话时长（钩）、打印机（饵）和耗材（钩）等。

3. "硬件 + 软件"模式

"硬件 + 软件"模式是随着个人计算机普及而出现的一种商业模式，是指将硬件制造和软件开发有机结合，通过提供高质量的软件增加消费者对硬件使用的黏性，同时软件也成为本企业产品的技术壁垒，消费者在更换硬件时会因对软件的依赖而继续使用该系列产品。例如，某公司研制了一款电子阅读器，该电子阅读器仅支持该公司开发的电子书软件，而该电子书软件的价格是每月 10元。这样商家每售出一台电子阅读器，就获得了每月 10 元的稳定收入。

4. 订阅模式

订阅模式是指商家通过消费者周期性地订货或办理会员进行收费的商业模式。这样的商业模式能使商家与消费者建立长期、稳定的联系，有助于商家获得稳定的营业收入。订阅模式在传统商业中通常适用于报纸、期刊、鲜奶等产品，现在被广泛应用于网站会员、App 会员等场景。

一些商家对订阅模式进行了改良，通过"充值送赠品""预充享折扣"等方式，鼓励消费者一次性订购长期服务，这样可以获得更多的现金流。

商业模式探究

　　在我们的日常生活中，能够接触到诸多商家。这些商家规模不一，业务各异，其商业模式也不同，请同学们讨论，身边还有哪些常见的商业模式。

　　示例：流动小吃车在一天内不同的时段到数个人流密集的场所，贴近客流，将小吃售卖于路人，以此获利。

_____

_____

_____

_____

二、互联网商业模式

　　互联网的兴起和普及催生出了一大批新兴的商业模式，这些新的商业模式有效利用了互联网的优势，对于大学生创业者具有重要的参考价值。互联网时代的商业模式普遍具有用户规模大、业务扩张快等特点，身处互联网时代，创业者应该拥抱时代，认识互联网商业模式。

1. 电子商务模式

　　电子商务模式是指利用信息技术使整个商务活动实现电子化，消费者可线上选购商品并付款，商品则通过快递送到消费者指定收货地点的商业模式。消费者足不出户就可以充分了解和对比感兴趣的商品，包括商品的外观、规格、参数、功能及价格等，现实生活中买不到或很难买到的商品，在 B2C（企业对个人电子商务）电子商务平台中都可以找到并能获得更多的选择。

　　对于商家而言，在市场上，其通过互联网能够突破时间与空间的限制，为全国甚至世界范围内的消费者提供服务，大大扩展了市场范围和销售渠道；在成本上，其能够减少批发商、零售商等传统供应链中的中间商，直面消费者，从而降低销售成本；在发展上，其可以通过增加商品种类及网店页面扩大店铺的经营规模，相比传统商业模式减少了人力资源和装修成本。

　　电子商务的盈利模式多样，包括商品销售收入、出租虚拟店铺收入、网络广告收益、会员费、交易佣金等。

案例阅读　　　　　　　　　　**拼多多的商业模式**

　　21 世纪以来，随着科学技术的发展和移动互联网的普及，网络购物模式逐渐兴起并成为人们主要的购物形式之一。至 2015 年，我国电商行业基本被阿里巴巴和京东两大巨头占领，淘宝、天猫和京东商城成为广为人知的网络购物平台。在电商行业市场基本已成定局，创业者在该领域没有太多机会的前提下，拼多多却于当年 9 月成立，并在之后的时间里急速发展，成功挤入电商领域几乎饱和的市场，升至行业头部，成为国内首家同时在纽约和上海敲钟上市的企业。

实际上，任何创新企业的崛起，都与商业模式有关。商业模式本质上就是企业挣钱的方式，而商业模式越容易被知晓、复制，新创企业面临的竞争就越大，企业就越难成功。而拼多多的成功，就在于其商业模式的创新之处。

拼多多成立并发展于电商领域大倡"消费升级"的 2015 年、2016 年。彼时，京东、天猫等对尾部小商家的扶持有限，许多中小型商家便在这种升级中被不断排挤出来。与此同时，智能手机开始向三、四线城市普及，这些被裹挟进入移动互联网的大量下沉用户作为一种新兴、未被开发的流量并未被天猫和京东等发掘利用。黄铮便看准了这一部分人群，抓住了两大市场红利：一是来源于供给端的广大的农村市场、我国的制造市场；二是来自消费侧的移动互联网用户。由此搭建了一个沟通这类商家（包括工厂和农民）与消费者的平台，为中小型商家和这些下沉用户搭建桥梁，事实上，拼多多的成功也证明了低端消费市场非常大。

拼多多初期的商家多为自产自销的小厂商或与厂商合作的低端卖家，所售商品多为非品牌货，相比市面上的品牌商品价格本就较低，且中间流通环节少，因此，成本更加低廉，这为商家让利奠定了基础。拼多多的用户定位于"价格敏感型客户"，也就是三、四线城市及以下的用户群体，这类用户消费能力较低，可支配收入低，追求性价比。双方在供需上具有一致性，这时非常重要的就是如何实现人与货的联结。拼多多早期是采取微信红利低成本来获取大量用户，并利用团购拼单，如助力免单、红包小程序、砍价免费拿等活动吸引用户的关注和兴趣。有数据显示，拼多多的玩法甚至挖掘出一大批不使用淘宝但使用微信的消费空白用户加入了消费者人群，很快便建立了一定的用户基础。

与京东等不同，拼多多基于团购模式整合了产品的供给与经销渠道，能够做到短时间内获取大量订单，用大需求撬动生产商，减少中间环节成本，且团购模式可以使集中起来的用户在同一时间内有对同一产品的共同需求，从而使商家得到足够的需求信息，因此，能尽量避免厂家因不知道生产什么商品、生产多少等因素导致的生产成本上升，在一定时间段内合理规划生产，而成本的降低也扩大了商家的让利空间，有助于其进一步吸收和巩固消费者，形成一个正循环。这使得拼多多能够持续巩固用户和商家，证明了其低价优惠销售商品、社交分享、满足用户求廉心理、帮助商家建立品牌的价值主张的可行性。

拼多多的关键业务也主要在团购业务上，其包括：用户侧，用户参与拼团，成功则用户获得商品，失败则可以退款；商品侧，商家交押金上线商品，还可报名参加平台活动，进行商品销售。拼多多的成本结构较简单，主要是销售营销费用、平台运营和研发费用。收入模式则主要是商户服务费和交易佣金（交易额的 0.6%）。最大合作伙伴则是腾讯微信，其为拼多多积累原始用户提供了许多帮助。

拼多多还以品牌和技术搭建自己的核心资源，例如，拼多多通过"分享式宣传"和高强度的赞助提升自己的影响力，并成为农业上行的渠道之一，帮扶建档立卡扶贫家庭，创造了许多的助农订单，在电商扶贫方面打造出独有的品牌。同时，拼多多还基于平台海量数据挖掘与分析，开发完成假货识别算法，研发构建一系列模型，以评估和发现假货，进而采取限制措施。此外，拼多多还采用了"分布式 AI"的算法模式，通过该技术实现公有数据对所有用户开放，算法变得开源，可供所有用户监督。这就相当于每个个体用户拥有了专属的智能代理。拼多多拥有许多技术人才，为自己的发展提供技术支持。

随着拼多多的发展，其用户群体中一、二线城市用户占比也在逐步上升，因为这类人群多数并不会将对高品质的追求覆盖到所有方面，例如，有些追求高品质生活的人仍会在拼多多购买高性价比的日用化商品等。与此同时，拼多多也开始谋求品牌合作，以尽量避免其在电商市场上的售假售劣问题。现如今，拼多多作为一个基于强社交关系的团购低价和分享导向型模式的新型 C2B（个人对企业电子商务）电商平台正被越来越多的消费者所接受，拼多多的成功，是低端消费市场的成功，也是其商业模式的成功。创业者要善于发现机会，创新商业模式，这样，即便是竞争激烈的市场，也能抓取到发展的生机。

2. "免费+广告费"模式

互联网时代，用户本身也具有价值。一些网站和软件商家采用"免费+广告费"的商业模式，即将自己的网站或软件免费开放给用户使用，吸引巨大的用户流量，然后在网站或软件界面中植入广告，以收取广告费。由于这些网站和软件商家自身具有巨大的流量，因此广告商通常乐意投放广告，这样商家就通过广告费实现了盈利。在这种模式下，用户无须付费，商家获得了盈利，广告获得了曝光，可以说是"三赢"。

3. "位置+生活服务"模式

借助基于位置信息与行为偏好的大数据分析技术，很多软件商家实现了"位置+生活服务"的商业模式。用户一旦打开软件并登录，软件就会自动进行定位，并将位置信息上传至数据库，检索附近的服务。同时，软件会读取用户手机的机器识别码，与信息仓库中的用户数据进行匹配，找出有关的数据。经过大数据分析，软件能得到该用户的行为偏好信息，将用户的行为偏好信息与附近的服务信息进行比对，筛选出适合该用户的服务，并进行精准推荐。

例如，用户想要寻找美食，但是对当地的情况不了解，就会使用美食推荐软件，上面会显示附近的餐饮商家、人均消费水平和评价等信息，用户就可以挑选自己中意的餐厅，在软件上直接预订座位，然后过去用餐即可。类似的还有提供打车服务、住宿服务、导航服务的软件等。

"位置+生活服务"模式能够为用户推荐附近适合的服务提供商，为用户提供方便，能够有效促成用户与商家的交易，而服务提供商能够从交易中抽取一定的佣金，实现盈利。

4. 社交电商模式

所谓社交电商模式，是指利用时下流行的微信、微博等社交媒体与用户进行社交互动以促进商品销售的商业模式。社交属性使这类商业模式具有较强的用户黏性，创业者可以通过依附平台广泛的用户基础，获得流量红利。目前，随着智能手机等移动终端的普及，在巨大的移动社交流量红利下，社交电商已进入飞速发展阶段，不少商家纷纷发力社交电商。主流的社交电商模式包括拼团社交电商模式、会员制社交电商模式、社区团购社交电商模式和内容社交电商模式。

（1）拼团社交电商模式。拼团社交电商模式是指两人及以上的用户以社交分享的方式进行组团，组团成功后可以享受更大优惠的商业模式。商家通过低价提升用户的参与积极性，使用户主动分享商品，提高商品的曝光率和销量。

（2）会员制社交电商模式。会员制社交电商模式是指商家将用户发展为会员，会员拥有代理商品并发展新会员权利的商业模式。这种商业模式相当于商家将用户发展为自己的销售员，以销售利润刺激其不断通过社交关系发展新会员。

（3）社区团购社交电商模式。社区团购社交电商主要经营生鲜、居民日用品等，其模式通常是以杂货店店主、快递点店主等为"团长"，负责社群运营、订单收集、商品推广及货物分发等工作，社区居民加入社群后通过微信小程序或 App 下单，社区团购平台将商品统一配送至"团长"处，社区居民上门自取或由"团长"配送。

（4）内容社交电商模式。内容社交电商兼具内容电商和社交电商的特点，即商家通过社交渠道将内容呈现给用户，吸引用户购买。同时，商家鼓励用户创作内容，如使用体验、购物心得等，并发布到社交媒体中，使商品信息得到二次传播。

5. 新零售模式

对于新零售模式，目前常见的解释是，商家依托互联网，通过运用大数据、人工智能等先进技术，对商品的生产、流通与销售过程进行升级改造，进而重塑业态结构与生态圈，并对线上服务、线下体验及现代物流进行深度融合的商业模式。

在传统零售模式下，消费者与商家之间没有更多的双向沟通，消费者也无法享受更多高质量、个性化的服务，消费者即买即走，无法创造附加价值。而新零售模式真正实现了以消费者为中心的经营理念。消费者—零售商—品牌商—生产与研发的顺序结构，形成了数据化、个性化、定制化的生产链。同时，供应链方面也进行了变革，减少了中间层级结构，增加了多级仓库，在提供高效服务的同时节省了成本。

案例阅读 | **盒马鲜生——自营生鲜类商超**

盒马鲜生是阿里巴巴重构线下超市的新零售业态，支持门店附近 5 千米范围内 1 小时达。区别于传统零售，盒马鲜生基于大数据，运用移动互联、智能物联网、自动化等技术及先进设备，实现了人、货、场三者之间的最优化匹配。从供应链、仓储到配送，盒马鲜生都有自己的完整物流体系，是线上线下融合的深度体现。

盒马鲜生以实体店为核心，采用"线上电商 + 线下门店"的经营模式，线上业务以盒马 App 为端口，主要提供餐饮外卖和生鲜配送服务，基于门店发货，并通过电子价签等新技术，保证线上与线下同品同价，通过门店自动化物流设备保证门店分拣效率，最终实现用户通过 App 下单后快速送达。

在线下，盒马鲜生在超市内引入餐饮区，一方面方便用户就餐，延长用户在店内的停留时间，增强用户黏性。另一方面餐饮的高毛利率也可改善盒马鲜生零售的盈利结构。此外，盒马鲜生还为生鲜产品配备了海鲜代加工服务，用户可以在店内享用最新鲜的美食，提升销售转化率。

支付方式上，盒马鲜生只接受支付宝付款。用户到店消费时，盒马鲜生员工会指导用户安装盒马 App，注册成为盒马鲜生会员，并通过盒马 App 或支付宝完成付款。这种付款方式可使盒马鲜生掌握线下消费数据、通过线下向线上引流，并通过这些数据指导生产、改进销售。

在采购端，盒马鲜生以全球直采模式打造最优供应链体系，主打原产地直采和本地直采结合的方式，借助阿里巴巴集团的全球购资源，与本地企业合作，打造全球性农产品基地，实现到产地进行品控质检、采购批发，甚至部分实现与天猫统一采购等，确保供应的商品新鲜。这种直采模式省去了中间各级经销商，不仅降低了成本、减少了商品损耗，也保证了原料的质量。

在仓储配送方面，盒马鲜生采用了仓店一体化的模式。仓店一体化是指前置仓与商超的一体化，也就是说，仓库是门店，门店也是仓库，创新性地将门店超市区域与仓库相结合以降低整体配送成本。在该模式下，以店为仓，拣货员直接在门店货架上拣货，然后交给配送员，实现产品即时配送。

独特的商业模式使盒马鲜生成为新零售的代表。2022 年，针对没有盒马鲜生门店的区域和城市，盒马鲜生上线了"云超送全国"，主要为全国消费者提供盒马鲜生独有的优质商品，未来，盒马鲜生或将成为覆盖全国的新一代电商平台。

目前，线上线下双渠道销售已成为零售企业的必然选择，盒马鲜生新零售商业模式的成功，无疑为互联网时代的商超发展树立了一个典范。创业者若想创业，可以多了解互联网商业模式，从中获取具有时代特色的创业灵感。

6. 众筹模式

众筹模式是当前比较流行的互联网商业模式，这对于资金有限的创业者非常实用。创业者需要先在众筹平台上发布自己的产品（此时产品仅存在于图纸上或仅有样品），并设置标价（此价格通常低于零售价格）、众筹额度和约定交付日期。众筹网站上的消费者如果想要购买该产品，就会付款，当金额达到众筹额度后，产品便众筹成功。之后，创业者就可以使用众筹到的款项，生产众筹数量的产品，然后在交付期内将产品通过快递发往消费者指定的位置。如果未达到众筹额度，则众筹失败，款项返还消费者。

在众筹模式下，创业者相当于先确定了市场，再用消费者预付的款项进行生产，产量则等同于预售销量。这样避免了产品滞销、启动资金缺乏等一系列问题，而消费者则以低于零售价的价格买到了产品。众筹有四种常见模式，上述关于产品的众筹，本质上属于回报众筹，即投资者对项目或公司进行投资，获得产品或服务。其他三种众筹模式则包括：债券众筹，投资者对项目或公司进行投资，获取一定比例的债权，未来获取利息收益并收回本金；股权众筹，投资者对项目或公司进行投资，获取一定比例的股权；捐赠众筹，投资者对项目或公司进行无偿捐赠，不计回报，主要用于公益事业领域。在互联网新经济时代，创业者可以充分利用这种新潮的模式，获得来自大众、专业人士的投融资，以更好地创造新价值。

课堂活动

淘宝商业模式探究

在当今社会，淘宝可谓是一大现象级网购零售平台，作为最早崛起的 C2C（个人对个人电子商务）平台之一，它极大地拉近了消费者与商家之间的消费距离，改变了人们的消费习惯与生活方式。淘宝的兴盛很大程度上得益于其创新、独特的商业模式。请同学们综合网络搜索与自己对淘宝的了解，分析并总结淘宝的商业模式，并将自己的结论用商业模式画布的形式呈现出来。

任务三 | 商业模式设计

在市场中，已经存在很多成熟且稳定的商业模式，但一则市场中的大企业有先发优势，仅仅复制其商业模式难以与之竞争；二则商业模式需要一些条件支撑，照搬他人商业模式难免"水土不服"，难以为继。因此，大学生创业者需要根据自身条件和对市场的认识，设计出具有比较优势的商业模式，才有可能创业成功。

微课启学：商业模式设计

一、商业模式的设计流程

企业所处环境不同，拥有的资源和能力不同，适合的商业模式也不同。创业者应根据自己的实际条件和对准备创业行业的了解，对自己的商业模式进行设计。

1. 建立商业模式设计团队

在设计商业模式时，创业者应避免闭门造车，要集思广益，参考不同人群的意见。因此，创业者需建立一个商业模式设计团队。

商业模式设计团队应该包括三类人，一是创业者等创业团队成员，这部分人是创业的主力军，对自身条件和拥有的资源最为了解，能做好商业模式设计的决策工作；二是行业专家或经验丰富的从业者，这类人对行业更加了解，能提供很多重要信息；三是意向客户，这类人能对商业模式做出直觉的判断，为商业模式设计提供重要参考意见。

2. 分析内外部环境

商业模式的实施受限于各种内外部环境，因此认识内外部环境是设计商业模式的基础。其中，内部环境是指创业团队拥有的技能、知识、资源等，外部环境则指政策、市场、社会等。在进行内外部环境分析时，创业者可以采用 SWOT 分析法。

SWOT 由四个英文单词的首字母组成，分别为优势（Strengths）、劣势（Weaknesses）、机会（Opportunities）和威胁（Threats），这种分析方法是概括自身的优劣势以及面临的机会和威胁，对各项内容、资源进行有机结合，如表 6-3 所示。

表 6-3 SWOT 分析法

内外部环境		内部环境	
		优势 （S）	劣势 （W）
外部环境	机会 （O）	SO 战略 依靠内部优势，利用外部机会	WO 战略 利用外部机会，改进内部劣势
	威胁 （T）	ST 战略 依靠内部优势，回避外部威胁	WT 战略 克服内部劣势，回避外部威胁

（1）优势（S）。自身具备和擅长的、能够提高竞争力的因素。例如专项技术或技能、广大的消费人群、宝贵的有形资产或无形资产等。

（2）劣势（W）。本身缺少或是未做好的事情。例如资金不足、市场调查欠缺、商业经验不足等。

（3）机会（O）。外部环境中对创业活动产生有利影响的因素。例如政府政策的支持、进入市场的壁垒降低、市场需求增加等。

（4）威胁（T）。外部环境中对创业活动产生不利影响的因素。例如市场竞争激烈、市场狭小、推广成本高等。

课堂活动

SWOT 分析

假设你想要在学校附近开设一家小餐馆，请你使用 SWOT 分析法，针对这一创业想法，进行内外部环境分析。

优势：_____

_____

劣势：_____

_____

机会：_____

_____

威胁：_____

_____

3. 发散创意

商业模式涵盖企业运营的整个过程，创业者可以根据商业模式九大要素对商业模式进行大胆创意和假设，还可根据企业自身优势选择商业模式的设计起点和中间路径，以某一要素为起点，构建企业价值链。例如，企业有客户资源，就可以将客户细分作为设计起点构建企业的价值链；企业有多种接触消费者的渠道，则可以以渠道通路作为设计起点。若以价值主张为设计起点，可以体现价值主张的低成本、高品质、购买便捷、响应快、服务好、功能强大等，由此也可搭建多种不同的商业模式。

4. 聚焦一种商业模式

创意发散阶段会激发创业者大量的想法、创意，但企业最终只需要一种最合适的商业模式，为此团队成员需要择优选取。这种商业模式应符合以下原则。

（1）客户需求原则。商业模式理应满足客户需求，团队成员可通过客户验证选择客户最能接受的商业模式。

（2）核心竞争力原则。利用 SWOT 分析法分析商业模式的竞争力，即别人能否复制自己的商业模式。

（3）价值最大化原则。商业模式设计是为了最大限度地发挥企业价值，因此团队成员可以借助商业模式画布工具，对利润和成本进行简单的评估。

（4）可复制性原则。商业模式的逻辑应清晰，即自己的商业模式能够复制。

二、商业模式画布

在设计商业模式时，设计团队往往会遇到各种问题，难以有效开展讨论和设计。对此，创业者可以借助一些商业模式设计工具，如商业模式画布。

微课启学：商业模式画布

1. 商业模式画布的组成

亚历山大·奥斯特瓦德与伊夫·皮尼厄在商业模式九大要素的基础上，提出了实用型商业模式的设计方法——商业模式画布，这个画布被各行业的企业与创业者广泛应用。

商业模式画布是商业模式要素的可视化呈现，有助于创业者催生创意、减少猜测并合理解决问题。通过商业模式画布，创业者能看出商业模式各要素之间的作用与关系，以完善创业模式的搭建。透过商业模式画布，创业者应该充分认识和发挥自身商业模式的作用，以促进企业更好发展。商业模式画布如图 6-3 所示。

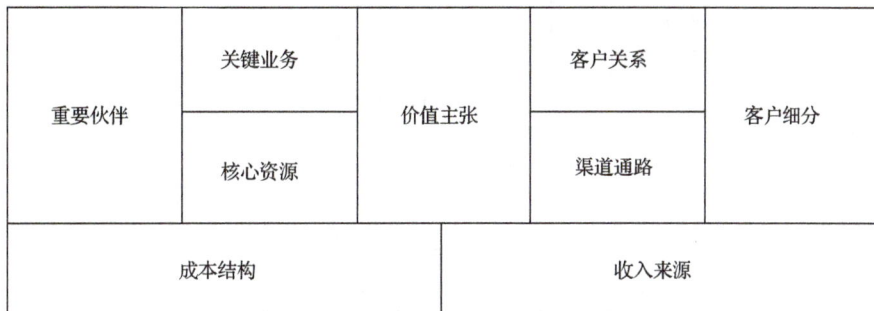

图 6-3　商业模式画布

商业模式画布由九个方格组成，每个方格都有多个可能和替代方案，创业者需要找到其中的最优方案。创业者可以将画布打印出来或在白板上画出，和设计团队成员一起使用便利贴或马克笔共同描绘和讨论。

案例阅读　　　　　　**小红书商业模式画布解析**

小红书是当前非常热门的网络社区之一，同时也是一个跨境电商、分享平台以及口碑库，在小红书，每个用户都可以分享生活内容和消费笔记，传递自己的生活方式。

小红书最初创立于 2013 年，其创始人毛文超将其定位于一个 UGC（由全用户贡献内容）的产品信息分享平台，由用户上传专业的内容，提供产品的真实背书。早期小红书的内容主要是产品攻略，后来团队认识到这种静态信息流难以使产品与用户之间产生即时、黏性、双向的互动机制，于是便开始转型社区，让用户可以"逛""刷"，后来又开始融合电商，上线跨境购买板块"福利社"，方便用户在产生购买需求时直接购买。同时，小红书也通过在社区加入第三方商家，增加广告起量，以及在购买笔记中插入购买链接为自有商城引流，实现社区电商的高效转化。在 2017 年 5 月时，小红书的用户就已经突破了 5000 万人，每天新增约 20 万用户，电商销售额接近百亿元，成长为全球最大的社区电商平台。2019 年，小红书在著名商业杂志《快公司》(*Fast Company*) 杂志发布的"2019 中国最佳创新公司 10 强"榜单中，超越了许多互联网科技公司，排名第三。作为一个以女性消费者为主的平台，小红书能迅速爆红并维持良好的发展，与其商业模式的成功密不可分。用商业画布解析小红书的商业模式如图 6-4 所示。

重要伙伴	关键业务	价值主张	客户关系	客户细分
品牌合作 美妆"达人" 潜在商户	内容运营 广告合作 招商维护 自有商城	帮助消费者快速筛选好货，让年轻人通过小红书，发现美好、真实、多元的生活方式，找到自己想要的生活	提供内容 社区互动 引入商家、"达人"	职场女性 学生群体 美妆"达人" "海淘"一族
	核心资源		渠道通路	
	平台用户 美妆达人 内容价值 品牌/信用背书		App	

成本结构	收入来源
平台优化与人员成本 合作费用 广告支出	广告 电商 品牌入驻

图6-4　小红书商业模式画布

2. 商业模式画布的制作步骤

商业模式画布的制作流程分为以下五个步骤。

（1）描绘消费者细分市场。开始设计商业模式时，先让参与者描绘企业服务的消费者细分市场。参与者根据消费者细分群体的不同，将不同颜色的便利贴贴在画板上，每组消费者代表一个特定群体，并描述其特定需求。

（2）描述对价值主张的理解。让参与者描述对每个消费者细分群体所提供价值主张的理解，参与者应使用相同颜色的便利贴，代表每个价值主张和对应的消费者细分群体。如果一个价值主张涉及两个差异较大的消费者细分群体，那么应当分别使用这两个消费者细分群体对应颜色的便利贴。

（3）使用便利贴完成各模块任务。参与者使用便利贴将该企业商业模式中所有剩余的模块标识出来。相关的消费者细分群体使用同一颜色的便利贴。

（4）评估商业模式的优劣势。映射出整个商业模式后，开始评估该商业模式的优劣势。将绿色（代表优势）和红色（代表劣势）的便利贴粘在商业模式中运行良好的模块和有问题的模块旁边。

（5）对现有商业模式进行改进。参与者可以在步骤（1）～（4）产生的画布中对现有商业模式进行改进，也可以另外设计一种全新的商业模式。在理想情况下，参与者可以使用一个或几个商业模式画布改进现有商业模式。

三、商业模式验证

在设计好商业模式后，该商业模式是否可行，大学生创业者还需获得与之相关的各利益方的反馈，验证其是否合理、可行，这也就算是商业模式验证。商业模式验证的步骤如下所示。

（1）寻找客户，验证产品价值、客户关系、渠道以及定价等是否能满足客户需求。

（2）寻找财务人员，测算每种方式的利润，是否属于低成本。

（3）寻找投资商，评估商业模式的创新性和核心竞争力，即是否自己可以复制自己而别人无法复制。

（4）寻找股东，验证现有资源是否能支撑相关商业模式。

（5）寻找合作伙伴，验证商业模式与合作伙伴战略、资源的匹配度。

（6）找到政策制定者，验证商业模式的可持续性。

该验证步骤可以一直进行下去，直到选出商业价值最大、最具有可行性和核心竞争力的商业模式。

课后实践——商业模式设计

在项目四的课后实践"产品开发"中，同学们分组设计了产品。假如现在该产品已经进入批量生产环节，请围绕该产品设计一套合理的商业模式。

全班同学分为若干小组，每组 6 ～ 8 人，以小组为单位完成本项实践。

1. 分析内外部环境

认识内外部环境是设计商业模式的基础，请各小组根据本组同学实际情况以及产品信息，使用 SWOT 分析法对此次创业的内外部环境进行分析，填在图 6-5 中。

优势	劣势
机会	威胁

图 6-5　内外部环境分析

2. 价值主张设计

价值主张是商业模式的重要一环，各小组依据产品信息，进行价值主张设计。

（1）从客户"五色思维"导出价值主张。

各小组从客户"五色思维"导出价值主张，填入表 6-4 中。

表 6-4　从客户"五色思维"导出价值主张

思维	需求特性	产品或服务的价值
生命思维		
批评思维		
设计思维		

续表

思维	需求特性	产品或服务的价值
经济思维		
美学思维		

（2）绘制价值主张画布。

根据价值主张设计，绘制价值主张画布（见图6-6）。

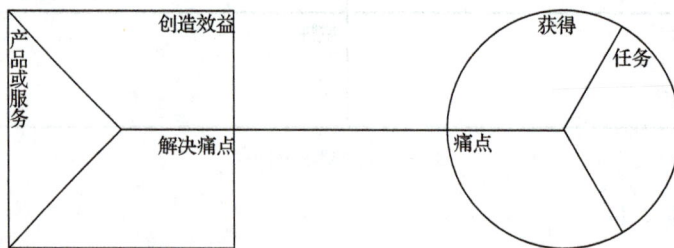

图6-6 价值主张画布

3. 发散创意

各小组成员根据前面内外部环境分析和价值主张分析的成果，进行头脑风暴，发散创意，构思商业模式中的其他要素，将所得列在下方空白处。要求数量越多越好。

客户细分：_____

_____

渠道通路：_____

_____

客户关系：_____

_____

收入来源：_____

_____

核心资源：_____

_____

关键业务：_____

_____

重要伙伴：_____

_____

成本结构：_____

_____

4. 商业模式聚焦

各小组成员根据商业模式聚焦的原则，从众多创意中聚焦商业模式的要素，并填入图 6-7 的商业模式画布中。

重要伙伴	关键业务	价值主张	客户关系	客户细分
	核心资源		渠道通路	
成本结构		收入来源		

图 6-7　商业模式画布

5. 商业模式验证

在确定了商业模式后，就可以进行商业模式验证。请各小组制订商业模式验证计划，填在下方。

_____
_____
_____
_____
_____
_____

07

项目七　制订创业计划

学习目标

1. 掌握市场调查的基本方法，熟悉创业资源整合的策略，了解企业经营相关法律，做好创业前期准备。
2. 认识创业计划书，掌握创业计划书的基本结构和写作步骤，能够独立完成创业计划书的撰写。
3. 熟悉企业注册的流程，能够合理选择企业的组织形式和地址，顺利开办一家新企业。
4. 具备较强的规划能力和规划意识，能够在正式开始创业之前做好规划，培养认真负责的做事态度和综合权衡的决策能力。

任务一　创业前期准备

《尚书·说命中》："惟事事，乃其有备，有备无患。"细致而周密的准备能够帮助大学生创业者在创业路上少走"弯路"，少碰"钉子"。因此，大学生在正式开始创业之前，应该提前做好市场调查，整合创业资源，并且了解企业经营相关法律，在此基础上，才能实现顺利的创业。

一、调查创业项目市场

创业实践活动究竟如何开展？对于这一问题，很多大学生创业者可能都会感到束手无策。实际上，创业实践活动开始的第一步，就是调查。通过市场调查，大学生创业者才能了解市场的实际情况，评估创业项目是否具有可行性，并形成清晰的创业思路，继而才能顺利开展后续的创业计划。

市场调查是指运用科学的方法，系统、准确、及时地搜集、记录、整理有关市场的信息，分析市场情况，了解市场的现状及其发展趋势，为后续营销决策提供客观的、正确的资料的调查活动。简单来讲，市场调查就是为了解和分析市场情况而做的考察。对于大学生创业者而言，市场调查是为创业项目的开展和推进提供依据，获取所需资料，因此凡是引起市场变化的因素都可作为市场调查的对象，如消费者、竞争对手、产品、市场等。

创业者开展市场调查的目的是获得真实、详细的市场相关信息，从而为自己的创业决策提供数据参考。但由于创业内容不同，市场调查的目的、范围、内容和要求不同，所以市场调查程序也不尽相同。但一般来说，市场调查可分为图 7-1 所示的五个步骤。

确定市场调查问题　01　　设计市场调查方案　02　　实施市场调查方案　03　　分析和整理调查资料　04　　提出调查结论　05

图 7-1　市场调查的步骤

1. 确定市场调查问题

确定市场调查问题是整个市场调查工作的起点和前提，主要用于提出创业者希望通过市场调查解决的问题。只有对市场调查的问题有明确的界定，才能明确市场调查需要获取哪些信息，从而确定大致的调查范围，保证市场调查项目有效实施，并提高市场调查的效率。

例如，某创业者想要开发一款按摩工具，可以提出下列问题："这款按摩工具在市场上的需求状况如何？""市场上有哪些潜在的竞争对手？""与其他竞争对手相比，我们有哪些优势和劣势？"

总体来说，创业者在进行市场调查时，其调查问题主要是围绕市场、消费者、产品和竞争对手所设计的，如图 7-2 所示。需要注意的是，创业者提出的调查问题，一是要切实可行，即能在自己现有的资源条件下，通过具体的调查方法获得调查结果；二是可以在短期内完成调查，如果调查的时间过长，调查的结果可能会失去意义。

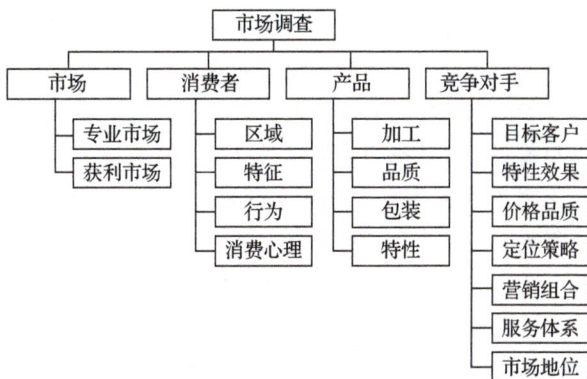

图 7-2 市场调查问题的主要方向

2. 设计市场调查方案

市场调查的问题明确后，就需要针对调查问题设计调查的具体方案。调查方案是实施市场调查的蓝图，它应当包含调查过程的详细信息，如确定资料来源、抽样设计、选择调查的方法、设计问卷等。为了确保调查活动的顺利开展以及调查结果的准确性，创业者应该制定详细的市场调查方法，明确调查的问题、内容和方式等，并通过多种适合自己的渠道来搜索需要了解的信息，再选择合适的方法对调查数据做最后的汇总和分析。

案例阅读 | **某电器产品的市场调查方案**

1．调查背景

现今，家电产品同质化程度较高，不同品牌的家电产品之间的差异性较小。为了深入了解××地区消费者对××家用电器品牌所生产的变频空调的真实需求和选择倾向，特开展此次市场调查活动。

2．调查目的

本次市场调查计划将在特定的超市、卖场中对消费者进行调查、询问和观察，以实现以下目标。

（1）了解消费者能接受什么价位的变频空调。

（2）了解消费者在购买变频空调时是否看重品牌，比较看重哪些品牌。

（3）了解消费者看重变频空调的哪些功能。

（4）了解消费者购买变频空调的地点。

3．调查内容

（1）消费者：①消费者对变频空调的消费形态（消费观念、消费习惯等）；②消费者对变频空调品牌的看法（是否看重品牌、喜欢哪些品牌等）；③消费者对变频空调功能的要求。

（2）市场：①××地区的行业市场状况；②××地区消费者的购买力。

（3）企业：①××品牌变频空调的产品特征；②××品牌变频空调的促销活动；③××品牌变频空调的售后服务。

4．调查方法

调查对象：网络上潜在的消费者；超市、卖场中的消费者与商家等。

（1）以问卷调查法为主。在网上对消费者发布问卷；在特定的超市、卖场等对消费者与商家进行现场询问。原因：①问卷调查法对调查时间、调查人员的要求相对较低；②调查问卷形式比较简单，方便操作和落实；③调查问卷的结果比较容易统计；④问卷调查法成本低。此次针对消费者的调查决定采用配额抽样的方法进行样本的设计，共调查消费者1000位，其中高收入人群占比35%，中等收入人群占比50%，低收入人群占比15%。

（2）以询问、观察、网络搜索等方式为辅。在特定的超市、卖场等对消费者与商家进行询问、采访及观察；通过互联网搜索关于变频空调的相关资料。

5．调查实施、流程与日程安排

第一阶段：初步市场调查1天。

第二阶段：制订计划1天；审定计划半天；确定修正计划半天。

第三阶段：问卷设计半天；问卷修改确认半天。

第四阶段：实施计划2天。

第五阶段：研究分析2天。

调查实施自问卷确认后的第二天正式开始执行。

课堂活动

设计市场调查方案

假设现在有一家公司想要在你的学校内部开设一家超市，并预先要进行一次实地市场调查，其调查内容为学生喜欢买哪些商品、一般花费多少钱、常用的支付方式是什么、平常的购物渠道有哪些等。请为此次市场调查设计调查内容与调查方法。

调查内容：_____

_____

_____

调查方法：_____

_____

_____

3. 实施市场调查方案

完成调查方案的设计后，需要按照调查方案实施调查，即组织调查人员将调查方案付诸实施，向调查对象收集市场信息、采集市场数据。调查结果的准确与否，很大程度上取决于这一阶段的工作质量。

4. 分析和整理调查资料

在实施市场调查方案后，调查人员所获得的信息往往是分散、零星的，此时还需要对其进行整理分析，例如剔除不实、错误的信息，将资料分类归档，并将有关数据制成统计图、表，以供分析使用。该阶段要求调查人员具有较高的专业能力，能够使用科学方法对所收集到的资料进行归纳分析，去伪存真，从众多市场表象中找到本质。

5. 提出调查结论

提出调查结论是市场调查的最后一个步骤，在该阶段，调查人员要根据整理分析的调查结果，撰写结构严谨、条理清晰、有说服力的市场调查报告，提出最终的结论和措施。

需要注意，在实际的调查中，调查对象基于各种原因，可能会隐瞒和掩盖一些真相。为了准确筛选消费者所提供的信息，避免得出不准确的结论，调查人员在进行调查时可以采取一定的方法。

（1）对比消费者的回答和行为。在市场调查时，调查人员不仅要得到消费者的回答，还要观察消费者的行为，如果消费者的行为与回答一致，则消费者的回答具有较高的参考价值，反之，则以消费者的行为为准。

（2）分析消费者痛点。有心理学家表明，消费者的痛点、抱怨往往能够反映其真实的想法，当调查人员直接询问消费者关于某产品或服务的看法时，他们可能无法真实表达，但若询问其对产品或服务的不满之处，其回答往往就代表他们的真实想法。

（3）代入消费者的角色。为了深入了解消费者，调查人员也可以将自己代入消费者的角色，在消费者所处的场景和情景中分析消费者，挖掘消费者的真实诉求。

案例阅读　　　"说谎"的市场调查对象

一家罐装咖啡品牌的目标人群定位为普通劳工，比如出租车司机、卡车司机、普通业务员等。当时，该咖啡品牌方在选择咖啡口味时，遇到一个难题，不知道目标消费人群更喜欢微苦的咖啡，还是微甜的咖啡。调查人员决定选择目标消费人群进行试饮，他们首先选择了在办公室工作的普通业务员，把微苦、微甜两种咖啡放在同样的包装里，请他们试饮，结果大部分人都表示喜欢微苦的咖啡。接着，调查人员又在出租车站点处、工厂等地区放置了两种口味的咖啡，邀请目标消费者试饮，结果发现微甜口味的咖啡被拿走得更多。

同样的消费人群，为何在不同的地方做出了不同的选择呢？

原来，在办公室等场景试饮的消费者，害怕承认自己喜欢微甜咖啡后，会被别人嘲笑不会品味正宗咖啡，因而隐瞒了自己的真实意愿。

被调查人员"说谎"的现象是调查人员难以控制的，因此调查人员必须使用一些有效的手段对被调查人员真实意愿进行甄别，才能得出相对正确的调查结论。

拓展阅读

市场调查的方法

采取科学、合理的市场调查方法有助于创业者全面、真实地了解各种数据和信息。一般来说，市场调查的方法主要包括资料分析法、实地考察法及试销或试营法等。

资料分析法是通过收集一些现有的市场、行业和产品的相关资料，对其进行分析并得出结论的方法。在采用资料分析法时，为了保证分析结果科学有效，创业者必须保证资料的及时、完整、正确和公正，否则分析得出的结论将不具有参考意义。

实地考察法是通过客观的态度和科学的方法，在确定的某个范围内进行实地考察并搜集大量资料的方法。采用实地考察法分析得出的结论一般较为详细、可靠，可以弥补资料分析法的部分不足。

当创业者想要了解某个产品真实的销售数据时，可以通过试销或试营法来了解消费者的反映和市场需求情况。一般来说，若某个产品在被调查时有半数以上的被调查者表示不看好，那么创业者可能需要再综合其他因素对产品进行改良，如果有超过大半的被调查者认为没有市场，那么创业者就需要慎重考虑，改革创新，或直接放弃；如果超过大半的被调查者表示看好，则可能表明该产品很有市场发展前景。

二、整合创业资源

在创业活动中，大学生创业者往往需要不断地投入设备、原材料、人力、资金等各种资源，才能得到对应的产出。从这个角度看，创业的过程就是创业者尽力获取资源并对资源进行合理配置的过程，没有创业资源，创业者就无法创造价值，开展创业活动。因此，在正式创业之前，创业者有必要整合手中的一切资源。

微课启学：资源与资源观

1. 创业资源的含义与内容

创业资源基础理论的主要代表人物巴尼认为，创业资源是指企业在创业的整个过程中先后投入和使用的各种有形和无形的资源总和，是创业过程中投入和运用的各种生产要素和支撑条件的总和。在实际的创业活动中，创业资源所表现出的种类是十分丰富多元的。创业过程中涉及的政策、资金、场地、设备、专业人员、销售人员、客户等，都属于创业资源。

创业资源在企业间是不可流动且难以复制的，特别是稀缺的、有价值的、不可替代或难以模仿的资源，不仅组合后可变成产品或服务，产生的新价值，还可以为企业获得竞争优势。

按照资源性质的不同，创业资源可以分为人力资源、社会资源、财务资源、物质资源、政策资源、技术资源以及组织资源。

（1）人力资源。人力资源是指企业所拥有的用以制造产品和提供服务的人力。人力资源是企业的关键资源，是获取、利用和转化其他资源的基础。人具有主观能动性，创业者、创业团队拥有的技能、知识、洞察力、视野、期望等都会深刻而持续地影响企业的运营和发展。人力资源又分为两个方面，一是高素质人才的获取和培养，二是高数量的、合格的产业工人的培养和获取。二者都对企业的发展至关重要。

（2）社会资源。社会资源主要是指由人际和社会关系网络而形成的关系资源。社会资源不会直接作用于产品的开发、生产、运输和销售这一整套流程，却能够帮助企业获取、利用其他资源，间接作用于企业的方方面面。同时，丰富的社会资源还能够使企业获得或抢先获得一些其他组织难以获得和接触到的资源，如一些隐秘的商业信息、市场变化的征兆等。

（3）财务资源。财务资源是指企业所拥有的所有以货币形式存在的资源，包括现金存款以及可以变现的债券、股票、基金、期货等。财务资源是衡量企业价值的标准，扩大财务资源是企业经营的主要目标。同时，财务资源尤其是流动性资源还能够灵活地转化为其他资源，在企业的经营活动中发挥重要作用。

（4）物质资源。物质资源是指企业所拥有的各种有形资源，包括厂房铺面、机器设备、原材料等，还包括地皮、矿山、林地等自然资源。

（5）政策资源。政策资源是指会对企业的生产、运营和发展产生影响的国家、地区、行业的相关政策，如一些市场准入政策、创业税收支持政策、创业融资支持政策、创业指导培训、回乡创业优惠政策、人才帮扶政策等。

（6）技术资源。技术资源是指企业在产品生产加工、储存、运输的过程中特有的关键技术和工艺流程等，广义的技术资源还包括应用这些技术的专业设备。技术资源是企业的核心资源，它决定着创业企业资本规模、市场竞争力及盈利能力的大小。缺乏技术的企业最终只能沦为代工厂，无法成为贯通产业链的行业巨头。

（7）组织资源。组织资源是指企业的组织结构、制度建设及企业的规范管理、市场营销策划等。其他资源的运用与发挥需要依靠组织资源。

不同的创业资源有着不同的作用，创业者仅靠单个资源可能难以创造新的价值，因此需要对创业资源进行开发和调整，通过合理的组合搭配将不同的创业资源整合在一起，使其互相作用，更好地服务于创业活动。

案例阅读 | **政府的技术援助**

大学生张文在寒假回家时，发现家乡正在热火朝天地建设特色农业基地，发展现代农业。张文当时正在为找工作发愁，一见这样的情况，当即被打动，萌生了创业的想法。

张文立即去附近基地走访调查，发现当地不少种植户种植了柑橘，发展得都不错。当地政府也在土地租赁、贷款等方面提供了优惠政策，这使张文创业的积极性大增。在与父亲商议后，张文毕业便回到家乡，与家人流转了100多亩山地。然而在种植什么果树上，二人却产生了分歧。

张文想种植柚子，而他的父亲却提出，家乡并没有种植柚子的传统，没有相关的技术积累，而且柚子从种植到挂果周期太长，风险太大，还是和其他农户一样，种植柑橘为好。

张文却坚持认为，附近盛产柑橘，市场已经饱和。父子俩相持不下。村民委员会主任老李听说了这样的情况，找到张文，告诉他，省里鼓励发展特色种植，在省农科院专门组织开办了农业技术培训班，免费向种植户开放。于是，张文搁置了与父亲的争议，到省城参加了半个月的集中培训。省农科院的刘技术员对张文这个大学生种植户很上心，悉心教授他利用嫁接缩短柚子产出周期的技术，并在培训结束后专程跟随张文到他流转的土地上考察，进行现场指导。

见张文掌握了关键技术，父亲也服了软。很快，张文种上了柚子树。在整个种植过程中，张文都与刘技术员保持着联系，同时，省农科院也组织了专家团队到村里进行考察和指导。2021年，张文的柚子树开始挂果，看着硕果累累的果树，张文感叹："省里的技术支持真是乡村种植户的及时雨啊！"

课堂活动

盘点身边可用的创业资源

请同学们想一想，自己身边有哪些可用的创业资源，请尽可能多地将其按照分类依次列在下方。

示例：我掌握网络技术，能够自己设计网页。（技术资源）

人力资源：_____

社会资源：_____

财务资源：_____

物质资源：_____

政策资源：_____

技术资源：_____

组织资源：_____

2. 创造性拼凑整合策略

创造性拼凑是由国外学者发现的一种通常出现在初创企业中的现象，即创业者在面对资源困境时，选择忽视正常情况下被普遍接受的关于物资投入、惯例、定义、标准的限制，仅仅利用手头已有的资源，创造出独特的价值。而这些资源对其他人来说也许是无用的甚至废弃的。创造性拼凑就是在资源束缚下，创业者为了解决新问题、抓住新机会，整合可以轻易获得的资源，提供独特的服务和价值的行为。

创造性拼凑整合策略的使用需要同时满足多个关键要素，分别是可以轻易获得的资源、整合资源用于新目的以及将就使用。

（1）可以轻易获得的资源。创业者能够充分使用可以轻易获得的资源，包括企业内部资源和外部获取的资源。虽然有些资源对他人来说或许是无用的、没有价值的，但是创业者可以通过自己独特的技巧、经验，将这些资源创造性地整合在一起，积极主动地突破资源传统利用方式的束缚，使其发挥新的效用。

（2）整合资源用于新目的。对于这些"零碎资源"，创业者可能不确定其用途，但是在面对新问题时，创业者通过敏捷的思维和洞察力察觉到这些"零碎资源"的潜力，突发奇想地将其用在新的系统中，是一种基于新目的的创造性整合。

（3）将就使用。创新性拼凑是在时间紧迫和资源不足的情况下的权宜之计，其拼凑使用的多是废旧材料或其他系统的材料，因此其在耐用度、性能和系统匹配度上往往会有一些不足，需要创业者经常关注，并对其进行维护或更换。

案例阅读

将废弃煤矿变为发电站

恩达的农场有一个废弃的煤矿，煤矿穿过农场形成了巨大的污水坑，并且产生了大量沼气。沼气是一种温室气体，对人体有害，因此煤矿遭到弃用。恩达的农场也被沼气破坏了，无法进行耕种。

失去了农场收入的恩达没有放弃，与合伙人一起挖了一个直通矿井的洞，这样沼气就能从洞里涌出。然后他们又从本地工厂购买了一台二手柴油发电机。发电机经过简单改造，能够燃烧沼气。发电机被架在洞口利用沼气发电，大部分电力通过翻新的变压器卖给本地电网。考虑到发电机在使用过程中会产生大量的热，他们便利用发电机的冷却系统加热水温，建造了一个温室，用于无土栽培番茄。

恩达没有蓄电设备，于是在非用电高峰期时，他用生产出的电力点亮特制的灯泡，用于加速番茄生长。考虑到温室里有种植番茄的水、免费的热能，恩达决定养殖罗非鱼。他用种植番茄的水养鱼，并将鱼的排泄物作为番茄的肥料。最后，倘若还有多余的沼气，他就卖给一家天然气企业。

面对危险的废弃煤矿，恩达运用了高超的创造性拼凑技巧，依托废弃煤矿建立了发电站，又借用发电站的温度建设了温室，用以无土栽培番茄，继而又利用番茄的副产物养殖了罗非鱼。通过创造性拼凑，恩达用很少的投入收获了多种产品，成功变废为宝。

拓展阅读

全面拼凑和选择性拼凑

创造性拼凑可分为全面拼凑和选择性拼凑。全面拼凑是指创业者在物质资源、人力资源、技术资源、制度规范和市场等诸多方面长期使用拼凑的方法，在企业现金流步入稳定后依然没有停止拼凑的行为，久而久之企业容易被大众认定为标准低、质量次的"拼凑型企业"。选择性拼凑是指创业者在拼凑行为上有一定的选择性。在应用领域，他们往往只选择在一到两个领域内拼凑。在应用时间上，他们只在早期创业资源紧缺的情况下采用拼凑，随着企业的发展逐渐减少拼凑，甚至到最后完全放弃拼凑，推动企业逐步走向正规化。

3. "步步为营"整合策略

"步步为营"（Bootstrapping）一词英文的本意为"靴子的鞋带"，后来逐渐演化出"自给自足"的意思。在创业资源整合中，步步为营主要是指在缺乏资源的情况下，创业者分多个阶段投入资源并且在每个阶段或决策点投入最少的资源。

在创业初期，项目需要不断地投入资源而并不会产生利润，因此创业者往往会经历一段"只见支出不见收入"的时期，而步步为营整合策略就是为了应对这种情况而产生的。步步为营整合策略要求创业者在需要投入资源的时间点投入尽量少的资源，其本质是通过尽量降低开销来尽快实现收支平衡。

步步为营整合策略看上去很美好，但实际应用的"度"不好把握，如果一次投入的资本过少，就可能导致经营出现问题，如果投入过多则失去了步步为营的意义。在运用步步为营整合策略时，创业者应该遵循以下准则。

（1）有原则的节俭。节俭是步步为营整合策略的主要体现，创业者会设法降低资源的使用量并谋求降低公司的运营成本。常见的策略有外包，即将企业的非核心业务（如储存、运输等）委托给其他专业公司完成，这样就可以减少固定成本的投资，同时降低运营成本。特别需要注意的是，步步为营整合策略中的节俭是有原则的节俭，而非一味降低成本，更不是以次充好、粗制滥造。

（2）自力更生。步步为营整合策略还表现为企业不过多依靠外部资源的支持，这样可以降低经营风险，保存对企业业务的控制权。

三、了解企业经营相关法律

国家为使所有公民和企业能在公平、和谐的环境中竞争和发展，制定了各类法律法规。它们是规范公民和企业经济行为的准则，具有权威性、强制性、公平性。依法办事是公民和企业的责任，了解企业经营的相关法律，大学生创业者才能在企业经营过程中守法经营。

1. 企业法

企业法，是指调整企业在设立、组织形式、管理和运行过程中发生的经济关系的法律规范的总称。我国现行的企业法包括《中华人民共和国公司法》《中华人民共和国个人独资企业法》《中华人民共和国合伙企业法》《促进个体工商户发展条例》《中华人民共和国中外合资经营企业法》《中华人民共和国乡镇企业法》等。

2. 《中华人民共和国民法典》

《中华人民共和国民法典》（简称《民法典》）是我国第一部以法典命名的法律，在法律体系中居于基础性地位，也是市场经济的基本法。《民法典》共 7 编、1260 条，其中与企业经营息息相关的事项包括个体工商户、农村承包经营户、法人、营利法人、企业法人、民事责任、诉讼时效、不动产登记、所有权；合同的订立、履行、保全、变更和转让，权利义务的终止，违约责任等；买卖合同、赠与合同、借款合同、租赁合同、融资租赁合同、运输合同、技术合同、建设工程合同、委托合同等。

3. 《中华人民共和国劳动法》与《中华人民共和国劳动合同法》

《中华人民共和国劳动法》（简称《劳动法》）与《中华人民共和国劳动合同法》（简称《劳动合同法》）是与企业用工息息相关的两部法律。

《劳动法》基本内容包括促进就业、劳动合同和集体合同、工作时间和休息休假时间、工资、职业安全卫生、女职工和未成年工的特殊保护、职业培训、社会保险和福利、劳动争议、监督检查等。

《劳动合同法》是为了完善劳动合同制度，明确劳动合同双方当事人的权利和义务，保护劳动者的合法权益，以及构建与发展和谐、稳定的劳动关系。用人单位必须与劳动者签订劳动合同。有关劳动合同的订立、履行、变更、解除和终止等，在该法规中都有律可依，按律执行即可。

4. 知识产权法

知识产权是人们对自己通过智力活动创造的成果所依法享有的权利。知识产权包括专利、商标、著作权等，是企业和个人的重要资产。知识产权可通过许可证经营或出售，带来经营收入。实际上，几乎所有的企业（包括新企业）都拥有一些对其成功起关键作用的知识、信息和创意。传统观念将物质资产如土地、房屋和设备等视为企业最重要的资产，而现在知识资产已逐渐成为企业中最具价值的资产。对于大学生创业者来说，为了有效保护自己的知识产权，也为了避免无意中侵犯他人的知识产权，了解相关法律非常重要。

（1）专利与《中华人民共和国专利法》（简称《专利法》）。专利是指政府机构根据申请颁发的文件，它被用来记述一项发明，并且创造一种法律状况。在这种情况下，专利发明通常只有经过专利权所有人的许可才可以被利用。专利制度主要是为了解决发明创造的权利归属与发明创造的利用问题。《专利法》可以有效地保护专利拥有者的合法权益。

（2）商标与《中华人民共和国商标法》（简称《商标法》）。商标，是指在商品或者服务项目上所使用的，由文字、图形、字母、数字、三维标志和颜色组合，以及上述要素的组合构成的显著标志。它用以识别不同经营者所生产、制造、加工、拣选、经销的商品或者提供的服务。商标是企业的一种无形资产，具有很高的价值。这种价值体现在独特性和所产生的经济利益上。保护和提高商标的价值，可以为企业带来巨大的收益。《商标法》规定了商标的申请、审查和核准以及注册商标专用权的保护等事项。

商标的基本知识

拓展阅读

商标包括注册商标和未注册商标，目前，我国只对人用药品和烟草制品实行强制注册，其他品类商标为自愿注册。通常所说的商标均指注册商标，注册商标包括商品商标、服务商标、集体商标、证明商标等。注册商标的有效期为 10 年，可以申请续展，每次续展注册的有效期也为 10 年。

（3）著作权与《中华人民共和国著作权法》（简称《著作权法》）。著作权也称版权，是指作者对其创作的文学艺术和科学作品依法享有的权利。著作权包括发表权、署名权、修改权、保护作品完整权、复制权、发行权、出租权、展览权、表演权、放映权、广播权、信息网络传播权、摄制权、改编权、翻译权、汇编权以及应当由著作权人享有的其他权利。对著作权的保护是对作者原始工作的保护，著作权的保护期限根据作品种类不同而不同，例如文字作品的保护期限为作者有生之年加上去世后 50 年。此外，我国还制定了《计算机软件保护条例》，该条例的保护对象为计算机软件，指计算机程序及其有关文档。

5. 其他法律

除了以上提到的法律，其他企业经营可能涉及的法律法规包括《中华人民共和国会计法》《中华人民共和国企业所得税法》《中华人民共和国产品质量法》《中华人民共和国消费者权益保护法》《中华人民共和国反不正当竞争法》《中华人民共和国保险法》《中华人民共和国环境保护法》等。

课堂活动

企业面临的法律问题

企业在经营过程中，会面临很多的法律问题。请同学们小组讨论，集思广益，想一想企业会面临哪些法律问题，将其填在表7-1中。

表7-1 与企业经营相关的法律问题

面临的问题	问题的原因	涉及的法律法规
合同欺诈	合同一方当事人故意告知对方虚假情况，或者故意隐瞒真实情况，诱使对方当事人作出错误意思表示	《民法典》第三编"合同"

任务二 ｜ 设计创业计划书

创业是一项长期的、持续的行动。大学生在创业的过程中，将会面临千头万绪的工作，如果没有事先做好规划和准备，势必会影响整个创业行动的开展。为了避免损失，使创业活动尽快走上正轨，大学生创业者应当提前做好创业计划，最好是编制详细的创业计划书，来全面分析自己的创业现状，向自己、向团队、向合作伙伴、向投资人展示自己创业的决心、能力、计划与目标，从而获得相关人员的支持。

一、何为创业计划书

创业计划书又称商业计划书。创业学专家杰克·卡普兰和安东尼·沃伦在《创业学》一书中提出，创业计划书是一个沟通工具，它可以告诉其他人企业想要完成的目标是什么，企业实现目标的过程和方法是怎样的，同时也是衡量实际和预期收益差距的基础，并建议所有的创业者都应该编写《创业计划书》。

创业计划书是创业者计划创立的业务的书面摘要，是对创业项目有关的所有事项进行全方位安排的一份书面文摘，它主要描述与拟创办企业相关的内、外部环境条件和要素特点，为业务的发展提供指示图和衡量业务进展情况的标准，是创业企业市场营销、财务、生产、人力资源等职能计划的综合体现。

在创业计划书中，创业者可以梳理自己的人员、资金、物质等资源情况，拟定商业计划、经营思想、经营战略，也可以对商业前景进行展望。总而言之，一份完整的创业计划书主要需解决"我们现在在哪里""我们将去哪里""我们如何到达那里"等问题。

创业计划是创业的行动向导和路线图，建立在创业者对整个创业项目的系统考虑之上。当大学生创业者选定了创业目标与项目，并在资金、市场等诸多方面已经做好准备之后，就需要撰写一份详细的创业计划书，其不仅能帮助大学生创业者清楚并坚定自己的创业目标、创业内容，还可作为说服他人合资、入股的工具。

二、创业计划书的基本结构

创业计划书是非常严肃的书面材料，有着严格的语言规范、完整的内容和合理的结构，对较少接触这类材料的大学生创业者而言，编制创业计划书有一定难度，因此大学生创业者首先要了解创业计划书的基本结构。一份完整的创业计划书通常包括封面、目录、计划摘要、正文和附录等主要板块，各板块又包含不同的内容。

1. 封面

封面是创业计划书的第一页，也是合伙人、投资人等最先看到的页面。一般来说，创业计划书的封面设计要给人以美感，好的封面会使阅读者对其产生良好的第一印象。同时，封面中也要对创业计划书的基本信息进行展示，包括项目名称、团队、主要联系方式等，如果创业者已经成立新创企业或已经研发出主要产品，也可以将企业 Logo 和主要产品在封面中展示出来。

2. 目录

当创业计划书的篇幅较长、内容较多时，就需要在正文之前展示创业计划书的目录。这样一方面可以方便阅读者快速定位和翻阅自己想了解的内容，另一方面也可以系统地展示整个创业计划书的内容和结构。

3. 计划摘要

计划摘要也叫执行概要、前言等，往往写在正文之前。计划摘要是创业计划书内容的精华和灵魂，往往在撰写创业计划书的最后阶段才完成，但却是投资人最先看到的。计划摘要涵盖创业计划的要点，要求一目了然，以便投资人能在最短的时间内评审计划并做出判断。

4. 正文

正文是创业计划书的主体部分，也是具体描述创业规划的部分，创业计划书中关于企业、产品、市场、竞争、财务、风险等的描述，都是在正文中体现的，因此正文部分也是创业者花费精力最多的部分。

5. 附录

如果创业者在撰写创业计划书的过程中做过相关调查，收集了相关数据，进行了评估等，并在创业计划书中引用了相关内容，就可以将这些信息作为附录放置在创业计划书的最后，作为创业计划书中相关结论的数据凭证，方便阅读者查看。

案例阅读　　　　　**胡钟亮团队的创业计划书**

2018 年，在国家"双创"的感召及高校营造的浓厚的创新创业氛围下，南宁职业技术学院艺术工程学院的胡钟亮、唐晓辉、胡桩、陈亦静、刘畅、李东蔚、黄云鹏、黄淑雯等人在师生共同参与的情况下，组成一个团队，以"爽神汤·三姐家乡油茶品牌策划"项目报名参与了"互联网＋"大学生创新创业比赛的文化创意服务主题，最终成功入围省级决赛，获得"就业型创业组"金奖，唐晓辉老师获评优秀创新创业导师荣誉。该项目团队的创业计划书先通过封面和目录介绍项目和团队基本信息以及该计划书的结构，其内容如下。

一、项目简介

品牌名称：爽神汤·三姐家乡油茶。

本项目计划是打造一款有民族文化、故事情怀的健康速食产品。"爽神汤·三姐家乡油茶"这款民族特色健康食品品牌名称应运而生，品牌调性定位为"爽神健胃·三餐好绝配"，是希望以品牌的健康理念和内涵的文化引起消费者的共鸣，并结合绿色、养生、多变的快速食品发展趋势，打造出新的快速食品消费市场。

项目现状：（包括获得的成就、项目目前所处阶段以及项目占股情况等）

1．产品创新研发基础

打油茶是侗族特有的一种饮食习惯。"油茶"文化普及广西各地，如今喝油茶已成为人们饮食休闲的一件趣事。（略）

2．产品口味特色（略）

3．产品功效分析（略）

二、团队简介

本团队是由老师带领学生组建的一个销售性质的创业团队。团队主要以营销、设计、销售三部分组成。

胡钟亮：创始人，总经理，毕业于广告设计专业，负责营销策略及整体工作。（略）

三、市场分析

1．目标消费人群

18～80周岁的成年人，消费人群范围广、基数大。

（1）痛点。当代工作生活节奏快，消费者没时间在家自己打油茶，也无便捷的油茶自助，想喝却喝不到。

（2）切入点。为缓解当代人工作生活的压力、思乡情结和对健康养生产品的渴求，"爽神汤·三姐家乡油茶"不仅扮演了妈妈、姐姐的角色，有"在家真好"的感觉，还是一剂调节工作压力和身体亚健康状态的安慰剂，产品包装形象把传奇色彩、方言魅力趣味性与现代人的生活习惯相结合。

2．市场现状（略）

3．产品市场分析（略）

四、竞品分析

竞品主要有"瑶之味恭城油茶""瑶乡情浓缩油茶""侗茶香三江油茶"等。（下附表格，就三种产品的产品定位、宣传、外观设计、价格、客户群等进行区分，内容略）

1．SWOT分析

S优势：油茶历史悠久，是中国非物质文化遗产，内涵丰富。（略）

W劣势：就全国大多数地区的人而言还没有吃过油茶，推广仍需要过程。（略）

O机会：油茶能够搭配任何一种旺旺食品食用，具有很大的可塑性和拓展空间。（略）

T 威胁：就产品而言，如果不能快速地占领市场，容易出现其他品牌的仿制品。（略）

2．市场区隔与定位（略）

3．STP 分析（略）

五、营销策略

1．产品推广策略（略）

2．产品形象包装定位（略）

3．产品形象包装背景故事：《歌仙刘三姐的故事》

4．包装设计文案策划：方言魅力＋暖心段子

刘三姐形象，电影《刘三姐》的故事情节——对歌情景绘制角色，文案与现代生活的网络词、热搜对白呼应，玩出穿越感，发挥方言的魅力，产生趣味性，让产品包装形象过目不忘，独具特色。

品牌主广告语：爽神健胃·三餐好绝配。

客户篇。连就连，我俩结交定百年！……（略）

5．产品包装形态描述

纸质碗盒包装、充气包装等便捷包装，打造油茶速食、快餐文化特色，即冲即喝！

产品品牌 Logo:（附图）。（略）

产品包装视觉表现方案一（附图）。（略）

6．营销策略与计划（略）

六、预算与效果评估

产品半年品牌形象推广预算、媒体选择及档期（附表），以及风险分析。（略）

七、创业愿景描述

（其内容包括首轮融资目标以及首轮资金一年投向）

后附创业项目提案 PPT 展示。（略）

三、撰写创业计划书的计划摘要

创业计划书的计划摘要也叫执行概要或前言，是为了吸引战略合伙人与风险投资人的注意而将创业计划书的核心提炼出来制作而成的，它是整个创业计划书的精华和亮点，涵盖了创业计划书的所有要点。

大部分专家建议，如果撰写创业计划书的目的是筹集资金，则大学生创业者最好在计划摘要中明确拟定筹集的资金数额以及性质，为引入股权投资，甚至可以明确投资者不同投资额下所占企业的股权比例，这样会更吸引投资者的关注，也更容易获得投资。

计划摘要的内容通常需回答下列问题。

（1）企业所处的行业、企业经营的性质和范围。

（2）企业的主要产品。

（3）企业的市场在哪里、谁是企业的消费者、他们有哪些需求。

（4）企业的合伙人、投资人是谁。

（5）企业的竞争对手是谁、竞争对手对企业的发展有何影响。

（6）如何投资、投资数量和方式。

（7）投资回报及安全保障。

计划摘要如同推销产品的广告，其主要目的是引起读者兴趣。因此，大学生创业者要反复推敲，力求精益求精、形式完美、语句清晰流畅而富有感染力，以期引起读者阅读创业计划书全文的兴趣，其中特别要详细说明的是企业自身的独特优势及企业获取成功的市场因素。

需要注意的是，计划摘要中的内容不能完全照搬他人优秀案例，因为没有一个模板适用于所有创业企业。对于创业企业而言，需要考虑哪些要点是最重要的，哪些是无关紧要的，哪些需要强调，哪些可以一笔带过，这些需要大学生创业者根据企业实际情况进行判断。

案例阅读　　　　　　**一页纸的计划摘要**

大四学生张明计划和志同道合的同学们一起创业，于是便与同学们一起报名参加了某创业比赛，在大赛上，张明展示了和同学们共同研发的室内绿化项目，引起了风险投资者的兴趣，尤其是张明的那份一页纸的计划摘要。张明的计划摘要内容如下。

（1）项目简介。本公司着力打造"人与自然"和谐共处的居住理念。随着社会经济的发展，人们的居住条件得到了改善，但其生存环境却在不断地恶化，尤其是装修污染问题日益严重。目前，新装修的房屋中绝大部分的室内环境都达不到国家环保的标准，而由于室内空气污染引起的支气管炎、肺癌、呼吸道疾病以及白血病患者的数量也在不断增加。因此，如何通过室内绿化设计达到美化环境、消除污染将成为人们装修时最关注的问题。

（2）项目进展。项目初始投资100万元。经过3年的发展，公司营业收入及利润将每年递增，到第5年，营业收入将达到460万元，税后利润达到120万元。

（3）竞争优势。绿色环保产业是国家重点扶持和重点发展的产业。目前，市场上还没有将室内绿化设计与植物的特效功能（如清除有害气体等）联系在一起的公司，该领域属于市场空白阶段。另外，各地政府对该产业有相关补贴政策。

（4）产品介绍。通过室内绿化项目，消费者可以在健康与舒适的环境中生活。同时消费者还能减少因室内空气污染而引发的疾病。

（5）团队介绍。创业团队由一群充满激情与创新精神的大学生组成，该团队拥有园林植物与观赏园艺专业的研究生，技术经济及管理专业的研究生，以及植物相关专业的本科生。其中，团队创始人还取得了室内绿化装饰师证书。

通过这份计划摘要，张明不但让投资者明白了该项目的商业价值，而且还清楚地介绍了所提供的产品，以及该产品是如何解决消费者的问题的。比赛之后，张明的项目引来了一些有兴趣的投资者和企业的关注，张明非常高兴，这让他离创业成功又近了一步。

课堂活动

撰写计划摘要

前面的案例阅读《胡钟亮团队的创业计划书》是一份较为详尽的创业计划书，下面请同学们根据其内容，为其撰写一份计划摘要，要求字数在 500 字以内，要包含该创业计划书的重点内容。在撰写计划摘要之前，可以通过梳理创业计划书的撰写逻辑来理清思路。如表 7-2 所示。

表 7-2　创业计划书的撰写逻辑

发现的问题	你的答案
针对消费者的问题，采用什么技术（服务）来解决？	
如何把技术（服务）转化为商品？	
把技术（服务）销售给哪类消费者？	
本创业项目的技术（服务）有哪些优势？	
哪些成员（团队）来实施本创业项目？	
投资者为什么要投资本创业项目？	
本创业项目如何盈利？	

四、撰写创业计划书的正文

组织和编写创业计划书的过程其实也是创业者审视、分析自身及产品的好机会。若创业者对自己的创业项目拥有足够成熟的计划和想法，那么在撰写创业计划书的正文时也能更加得心应手。图 7-3 所示则为常见的创业计划书正文的编写结构。

1. 企业描述

创业计划书的正文部分从企业描述开始。该部分能体现大学生创业者是否善于把抽象的创意转换成具体的企业。企业描述应包括企业简介、企业历史、使命陈述、产品或服务、企业现状、启动资金、法律性质和所有权、选址等内容。

2. 产品或服务

本部分用简洁的方式描述企业的产品或服务，主要介绍技术或产品的功能、应用领域、市场前景等，说明产品如何向消费者提供价值或所提供的服务方式有哪些，产品填补了哪些急需补充的市场空白，还可以放入产品或服务的照片。

创业计划书中的产品或服务必须具有创新性，要能清楚地解释产品或服务能实现的功能，从而使读者能够认清它的功能或价值。

产品或服务的描述可从产业分析、产品或服

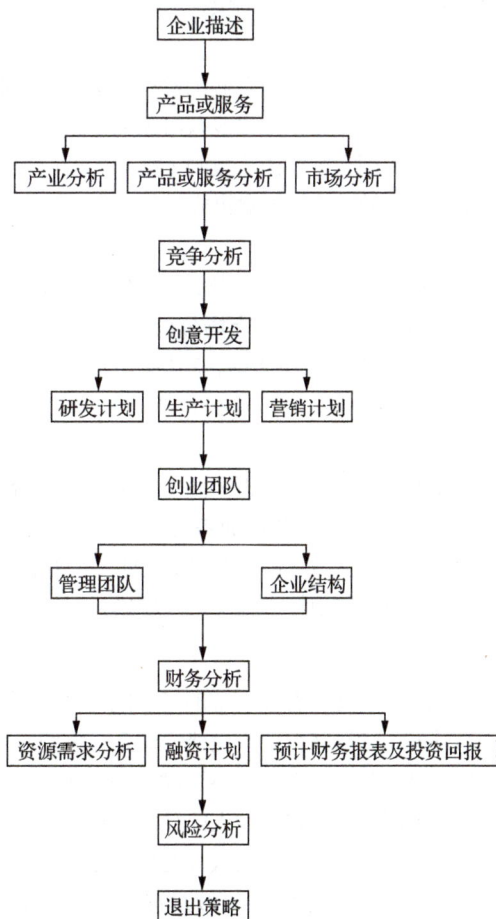

图 7-3　创业计划书正文的编写结构

务分析和市场分析三个角度展开。

（1）产业分析。

产业由生产相似产品或提供相似服务的一群企业组成。产业分析是企业对特定行业的市场结构和市场行为进行调查与分析，为企业制订科学有效的战略规划提供依据的活动。在创业计划书中，大学生创业者要对拟进入产业的市场全貌及关键性的影响因素进行分析。

产业分析涉及该产业现状、产业发展趋势、产业特征、产业市场上的所有经济主体（竞争者、消费者、供应商、销售渠道）概况等。

（2）产品或服务分析。

本部分应该对企业的产品或服务做出详细描述，包括产品或服务的介绍、市场定位、可行性分析结果、市场进入壁垒等内容。

产品或服务的介绍包括产品或服务的名称、性质、市场竞争力，以及产品或服务的研发过程、品牌、专利、市场前景等。如果产品已经投产，最好附上样品介绍及图片；如果产品还在设计之中，就要提供相应的设计方案并证明自己的生产能力。

产品或服务的市场定位是指根据同类产品或服务的竞争状况，确定自己在市场中的位置。

创业构想研讨阶段进行的可行性分析结果可以在这部分进行汇总报告，市场调查分析的内容、消费者购买意愿的分析结果等可以在这部分进行陈述，让读者了解产品或服务的创意及产品或服务定位策略的形成过程。

如果产品、服务或商业创意有可能获得专利，也应该在这里展示出来，并提出专利申请，以获得临时的专利保护；如果没有可获专利之处，应该解释将要采取何种构建市场进入壁垒的措施，以避免自己的创意被模仿、复制；如果短期内无法构建进入壁垒，也要在此处做出合理解释，坦言企业可能面临的风险及应对措施。

（3）市场分析。

市场分析的重点在于描述企业的目标市场及其消费者和竞争者，以及如何展开竞争和获取潜在的市场份额等信息。市场分析有助于确定企业的业务性质，其对于销售额的预测直接影响着企业的生产规模、营销计划、雇员状况及所需资金的数量，一个好的市场分析能够证明公司对目标市场的把握情况。市场分析包括目标市场选择、竞争对手分析、购买者行为分析和销售额预测等信息。

企业在进行市场分析之后，要选择一个合适的细分市场作为目标市场（特定消费者群体构成的子市场）。如果大学生创业者对于目标市场事先没有规划，那么从专业素质或个人爱好上来选择市场都较为合适。进入前，大学生创业者需对目标市场的规模、影响目标市场发展的趋势等进行评估，以确保拟进入的目标市场有足够规模和足够增长空间支持企业目标的实现。

3. 竞争分析

竞争分析是对企业面临的竞争的详细分析，有助于企业了解主要竞争对手所处的位置，把握在一个或多个领域获得竞争优势的机会。需要注意的是，千万别轻言"市场空白""蓝海市场"或"行业培育期"等，一般情况下这样的语言可能意味着以下几层含义：对市场调查不够充分，对行业分类不够准确，或许这是他人已经尝试过而且放弃了的、无法实现的创意等。

大学生创业者要在对公司竞争对手进行确认的基础上，分析竞争对手的目标，如竞争对手在市场里寻找什么、竞争对手行为的驱动力是什么等。此外，大学生创业者还必须考虑竞争对手在利润目标以外的目标，以及竞争对手的目标组合，并注意竞争对手在不同市场细分区域的目标，确定竞争对手的战略，了解竞争对手的优势和弱势以及其反应模式，最后确定公司的竞争战略。

例如，2011 年唯品会网站创建之初提出的市场定位"专注于品牌折扣的女性网站"，就是针对竞争者淘宝等电商平台的市场空隙提出的核心竞争力，这使其在众多的购物网站中占据一席之地。

4. 创意开发

再好的创意，只有得到有效开发，才能够为消费者创造价值，为创业者带来收益。创意开发部分至少包括企业的研发计划、生产计划和营销计划三部分内容。

（1）研发计划。

大多数产品或服务遵循从产品理念、产品成型、初步生产向全面生产发展的逻辑路径，创业计划书中应解释推动产品或服务从一个阶段过渡到另一个阶段需要遵循的过程。如果企业处于非常早期的阶段而且对产品或服务只有一个想法，则应当仔细解释产品的原型将如何制造；如果产品或服务已跨过了原型阶段，就需要对其可用性测试进行描述；如果产品或服务已经存在，那么最好能够提供产品或服务的图片，还要将企业目前距产品或服务批量生产和销售的时间予以说明。

（2）生产计划。

对于制造企业来说，还需要编制生产计划。生产计划是关于企业生产运作系统总体方面的计划，是企业在计划期应达到的产品品种、质量、产量和产值等生产任务的计划和对产品生产进度的安排，一般根据营销计划中预计的销量安排，同时考虑期初和期末的存货状况。生产计划制订完成后，往往还需要根据生产计划来安排物料的采购计划，同时估算产品或服务的生产成本，以及生产和采购过程中可能发生的现金支出，为后期编制现金预算服务。企业还可以根据总体战略，以及对消费者需求的预测和技术发展状况，将对未来的产品与服务规划做出安排，在此部分向读者进行展示。

（3）营销计划。

营销计划的重点在于介绍有助于企业销售产品或服务的典型营销职能。撰写这一部分的最好方法就是清楚地说明总体的营销策略，包括定位策略、与竞争者差异等信息，然后通过定价策略、销售过程和促销组合、渠道策略说明如何支持总体营销策略的开展。

① 总体的营销策略。总体的营销策略是指为销售企业的产品或服务所采用的总体方法，它能为营销的相关活动奠定基础。每一个企业在制订营销计划、开展销售活动时都会受到资源的限制，所以，有一个总体的营销指导思想和操作方法，会使企业在使用资源上更有目的性和连贯性。该部分要对企业的定位策略、与竞争者差异予以说明，对比企业与竞争对手的处境，突出企业提供的产品或服务的特性。一般来说，列举两三个差异即可，关键是所列举的差异要突出、易记且易识别。

② 定价策略。这里需要对企业产品或服务的定价方法及其原因进行解释。企业可以采用竞争定价法、心理定价法、差别定价法、成本加成定价法等不同的定价方法，它们分别适用于不同的产品或服务，以及不同的市场竞争状况。大学生创业者可以查询相关资料了解不同定价方法的适用范围，然后进行合理选择。

③ 销售过程和促销组合。销售过程是企业识别潜在消费者和完成销售所经历的过程，企业的销售过程尽管不尽相同，但一般来说会包含以下步骤：寻找销售机会、接触消费者、实现销售机会、进行销售演示、与消费者进行沟通、完成销售、管理客户关系。促销组合是企业所采用的用来支持

销售和提升总体品牌形象的具体策略。企业可以采用的促销方式有广告、公共关系和其他促销活动等。公共关系不仅可以促进产品销售，还可以增加企业的信誉度，为很多初创企业所青睐，新闻发布、媒体报道、博客发布、微信推广等是常用的建立公共关系的方式和渠道。企业还可以通过提供免费样品、试用体验等促销方式来开展销售活动。

④ 渠道策略。渠道策略包含企业的产品或服务从生产企业到消费者手中所经历的所有活动。企业在创业计划书中必须清楚地展示由谁来负责销售以及采用的具体渠道，如采用直接销售方式，还是通过分销商、批发商销售；是通过同行联合，还是使用其他渠道等。如果企业计划采用自己的销售团队，还需说明如何训练销售团队、销售人员的工作安排以及薪金待遇等。对于初始销售人员的数量，以及随企业发展销售人员数量的变化等进行说明，可以体现大学生创业者对于营销计划的全面考虑。一般来说，通过咨询行业专家、研究行业杂志和行业报告等可以帮助企业确定需要的销售人员数量。

5. 创业团队

读者往往会在查看了执行概要后直接阅读创业团队部分来评估创业者的实力，而且最终能在竞争激烈的市场中胜出，往往也是依靠好的团队而不是好的创意或市场计划。因此，这部分的描述在创业计划书中具有举足轻重的地位，大学生创业者一定要认真对待。这部分内容包括管理团队和企业结构两部分。

（1）管理团队。

新创企业的管理团队一般由创业者或创业者和几个关键的管理人员组成，计划书中最好能用一种让人容易形成具体形象的方式将其表现出来。这部分内容包括管理团队的人事安排、股权及其分配等。

① 人事安排。从企业的创始人开始，简要介绍管理团队每个成员的履历，包括姓名、岗位头衔、岗位职务和责任、以前的工作和相关经历、以前的业绩、教育背景等。履历的描述应尽可能简洁，并说明人事安排的理由，以及其将为新企业做的独特贡献。如果创业团队曾经在一起工作过，则更会受到投资者的青睐。

人事安排之后，大学生创业者还要对企业存在的岗位空缺进行辨识，通过"技能概貌和管理团队分析表"可以有效地发现岗位空缺，将现有人员填入表中对应位置，空缺处即岗位空缺，需要在未来进行补充，如表7-3所示。

表 7-3　技能概貌和管理团队分析表

项目	行政领导	采购主管	运营主管	销售主管	人力资源主管	管理信息主管	会计主管	财务主管

② 股权及其分配。企业的股权结构及其分配计划也是必要的内容之一，通过列表的方式展开会给人以清晰、简洁的印象。表7-4是一种常见的描述股权结构及其分配的表格。

表 7-4 股权结构及其分配表

姓名	岗位	投资额	股权分配
合计			

需要注意的是，在设计股权结构时，应考虑到企业未来发展对人才的需求，留出一定比例的股权给将要引进的关键人才。

（2）企业结构。

企业结构部分主要是说明企业当前是如何组织的，以及企业不断发展时将会如何组织。企业结构是涉及企业内部相互作用和影响的细节问题，也是大学生创业者必须认真对待以使企业平稳运行的关键问题。组织结构图是对企业内部权利、义务进行分配的常用工具，常见的有中央集权制、分权制、直线式以及矩阵式的组织结构图。图 7-4 所示为矩阵式（左）和中央集权制（右）企业组织结构示例。

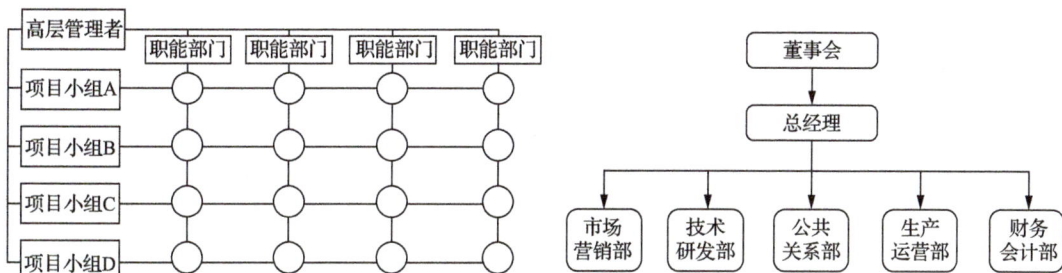

图 7-4 企业组织结构示例

6. 财务分析

创业计划书的财务分析包括资源需求分析、融资计划、预计财务报表及投资回报等内容。

（1）资源需求分析。

创业需要投入人、财、物等方面的不同资源。其中人的资源主要体现在创业团队中。财力资源主要指现金资源。物质资源一般表现为企业资产。物质资源按照表现形式可分为有形资产和无形资产，按照流动性可以分为流动资产和非流动资产。流动资产是在 1 年或者 1 年以上的一个营业周期中可以变现的资产，如原材料、库存商品等；流动资产以外的有形资产或无形资产均属于非流动资产，如机器设备、商标权、专利权等。购置物质资源需要支付资金，因此本质上，在物质资源上的投入也会影响企业的融资计划。

创业者在做创业计划书中的资源需求分析时，通过编制固定资产表可以对非流动资产支出进行预估，再结合对企业日常运营所需的流动资金的需求判断，可以计算现阶段创业所需的资金数额；

如果企业需要购买专利或商标等无形资产，也要在这里估计出需要的资金支出。

（2）融资计划。

根据上面资源需求的分析，结合管理团队的构成及分工，企业能够计算出总的资金需求，这时大学生创业者需要编制资金明细表，以对资金的来源和运用情况进行系统分析。资金明细表的格式如表 7-5 所示。

表 7-5　资金明细表

资金运用	资金来源
开办费用： 　　注册登记费 　　工资 　　办公用品 　　差旅费 　　租金 　　…… 　　小计 流动资产： 　　原材料 　　库存商品 　　…… 　　小计 非流动资产： 　　固定资产 　　　　机器设备 　　　　房屋建筑物 　　无形资产 　　…… 　　小计	负债： 　　短期借款 　　长期借款 　　小计 所有者权益： 　　管理团队投资 　　风险投资 　　天使投资 　　小计
合计	合计 需要的融资额

注：表中的短、长期借款是指基本洽谈完成后可以取得的借款；资金运用合计减去资金来源合计的差额为"需要的融资额"，是需要创业团队继续争取的外部融资额。

（3）预计财务报表及投资回报。

一般来说，创业计划书中的财务报表和投资回报部分，是投资人、合伙人等最关注的部分之一，因为无论什么项目，最终能否获得投资与该项目能否实现盈利有着直接的关系。预计财务报表包括预计利润表、预计资产负债表和预计现金流量表等内容，计算并提供有关的投资回报指标可以增强创业计划书对投资者的吸引力，帮助企业更容易地获得资金。

① 基本假设。由于创业计划书中所编制的是预计报表，而非企业真实的财务状况，因此，大学生创业者需要在编制预计报表之前给出编制报表的基本假设，如对未来经济形势的判断，对销售变化趋势的分析，预计销售量、单价、销售成本的估算方法，假定的企业信用政策、利润分配方案，固定资产折旧计提和无形资产摊销的方法，存货发出计价方法等。

② 预计利润表。利润表是反映企业一定时期经营成果的报表，其编制依据是"收入－费用＝利润"。预计利润表中的收入来源于营销策略中对销售收入的估计；费用则是指企业生产经营过程中的各项损耗，例如营业成本、财务费用、销售费用、管理费用等。营业成本来源于生产计划中对于

成本的估算，以及假设的存货发出计价方法；财务费用来源于融资计划中负债资金的筹集金额及其利息；销售费用来源于营销策划中对于营销费用的估算；管理费用来源于费用预算。表 7-6 所示为预计利润表（简表）。

表 7-6　预计利润表（简表）

编制单位：＿＿＿＿＿＿＿＿＿　　　　编制时间：＿＿＿＿＿＿＿＿＿　　　　单位：万元

项目	本期金额	上期金额
一、营业收入		
减：营业成本		
税金及附加		
销售费用		
管理费用		
财务费用		
资产减值损失		
加：公允价值变动收益		
投资收益		
二、营业利润		
加：营业外收入		
减：营业外支出		
三、利润总额		
减：所得税费用		
四、净利润		

在企业实现盈亏平衡之前，预计利润表应该按月进行编制；实现盈亏平衡之后的利润表前两年可以按季度编制，两年后可以按年度编制。一般来说，大学生创业者需要编制未来 3 ～ 5 年的预计利润表（见表 7-7）。

表 7-7　未来 3 ～ 5 年的预计利润表

项目	基期	1	2	3	4	5
营业收入（元）						
营业利润（元）						
营业利润率						
净利润（元）						

③ 预计资产负债表。资产负债表是反映企业某一特定时期内财务状况的静态会计报表，能够表现企业所拥有或控制的经济资源的数额及构成情况、企业所负担的债务数额及构成情况、企业的所有者在企业享有的经济利益数额及构成情况，以及企业的营运状况和企业需要外部融资的数额等，对于预估企业所需资金有很大的参考价值。资产负债表的制作依据是"资产＝负债＋所有者权益（股东权益）"，反映了企业资产有多少，在企业资产中，流动资产、非流动资产各有多少，在流

动资产中，货币资金、应收账款、存货有多少等；企业的负债有多少，其中流动负债、长期负债等分别有多少；企业所有者权益有多少，在所有者权益中，实收资本、资本公积、盈余公积、未分配利润有多少等。

针对新创企业而言，创业计划书中资产负债表的数字基本来源于对经营状况的分析和预测，其简表的格式如表 7-8 所示。

表 7-8　预计资产负债表（简表）

编制单位：_____　　　　编制时间：_____　　　　单位：万元

资产	期末余额	期初余额	负债和所有者权益	期末余额	期初余额
流动资产：			**流动负债：**		
货币资金			短期借款		
交易性金融资产			应付账款		
应收票据			应付票据		
应收账款			应付职工薪酬		
其他应收款			应交税费		
存货			其他应付款		
合同资产			**流动负债合计**		
持有待售资产			**非流动负债：**		
其他流动资产			长期借款		
流动资产合计			应付债券		
非流动资产：			租赁负债		
在建工程			长期应付款		
长期应收款			其他非流动负债		
使用权资产			**非流动负债合计**		
投资性房地产			**所有者权益：**		
长期待摊费用			实收资本（股本）		
无形资产			资本公积		
开发支出			盈余公积		
其他非流动资产			未分配利润		
非流动资产合计			**所有者权益合计**		
资产总计			**负债及所有者权益总计**		

④ 预计现金流量表。企业不一定会因为亏损而破产，却极有可能因现金断流而倒闭。编制预计现金流量表能够帮助创业者更好地控制现金流量。现金流量表是反映企业一定期间现金及其等价物增减变动情况的报表，营业收入是现金流的重要来源。与前两项财务报表一样，由于新创企业大多无既往销售业绩可供参照，大学生创业者可以结合前两项报表的数据预测和估算现金流量数据，编制现金流量表。预计现金流量表（简表）如表 7-9 所示。

表7-9 预计现金流量表（简表）

企业名称：   单位：元

项目	第一年	第二年	第三年
一、经营活动产生的现金流量			
净利润			
加：折扣和摊销			
财务费用			
存货减少			
经营性应收项目减少			
经营性应付项目增加			
经营活动产生的现金流量			
二、投资活动产生的现金流量			
购建固定资产、无形资产和其他资产支付的现金			
投资支付资产			
支付其他与投资活动有关的现金			
投资活动产生的现金流量净额			
三、筹资活动产生的现金流量			
吸收投资收到的现金			
取得借款收到的现金			
收到其他与筹资活动有关的现金			
筹资活动现金流入小计			
偿还债务支付的现金			
分配股利、利润或偿还利息支付的现金			
支付其他与筹资活动有关的现金			
筹资活动现金流出小计			
筹资活动产生的现金流量净额			
四、现金及现金等价物净增加额			
加：期初现金及现金等价物金额			
五、期末现金及现金等价物金额			

⑤ 投资回报指标。一般来说，创业计划书的财务分析部分，还要提供投资回报的相关资料，如企业的盈亏平衡点、投资回收期、投资报酬率、销售利润率、销售净利率、净现值等指标；作为对于借出资金安全性的判断依据，投资者还希望看到企业资产负债状况的资料，所以，资产负债率等指标也可以一起提供。对以上指标计算的讲解超出了本书范畴，读者可以参考会计学和财务管理等相关教材自行学习。

7. 风险分析

前面的部分再出色，若没有风险分析，创业计划书也不完美。因为创业本身就带有一定的冒险性，创业过程中的风险也通常会让人始料不及。风险分析不仅能减轻投资者的疑虑，让他们对企业有全方位的了解，同时更能体现管理团队对市场的洞察力和解决问题的能力。

8. 退出策略

任何新企业发展到一定阶段，会面临创业者与投资人的退出问题。这一部分需要描述创业者将如何被取代，以及投资者的退出策略，即他们如何收获资助新企业所带来的利益。例如，出售股份、与其他企业合并、首次公开募股（Initial Public Offerings，IPO），或者其他重新募集资金的事件，使其所有者和投资人有机会将先前的投资转化为现金收益。

需要强调的是，虽然形成创业计划书的文件是明确的，但是，随着大学生创业者掌握了更多关于所从事产业的情况，从潜在消费者处获得了更多反馈，或者外部环境条件发生改变，创业计划书也要随之进行调整。一般来说，在企业的商业模式和目标市场完全明确之前，多数创业计划书会被反复修改数次。

五、创业计划书的检查与评估

在编写完成创业计划书后，大学生创业者应该及时对其进行检查。同时，随着大学生创业者掌握了更多关于所从事产业的情况，从潜在消费者处获得了更多反馈，或者外部环境条件发生改变，其创业计划书也要随之进行评估和修正。

1. 创业计划书的检查

创业计划书应该规范而严谨，所以在撰写完成后，大学生创业者还要对创业计划书的文本、内容等进行检查，以保证创业计划书正确、美观。

（1）文本检查。针对文本，要查看文字描述、语言措辞、数据运算等是否准确，表格图形、资料引用、版式、数据处理等是否存在不合理之处。

（2）内容检查。针对内容，需要从投资人的角度对整个创业计划书进行审视，对创业计划书所反映的内容的完整性、科学性和合理性等进行检查，主要检查内容包括创业计划书是否能体现出创业者有管理公司的经验，是否能够打消投资人对产品（服务）的顾虑，是否能体现出创业者已经进行过完整的市场分析，是否能准确地传达项目意图，并能被投资人所领会，是否能体现出初创企业偿还负债的能力等。

（3）其他检查。创业计划书篇幅检查：简要的创业计划书一般为 4 ～ 10 页，全面翔实的创业计划书一般控制在 40 页以内，创业者根据创业项目的实际情况检查篇幅，避免过于精简或过于冗长。装帧效果检查：呈递给投资人的创业计划书应该装帧精美，封面要简洁有新意，封面的纸质要坚硬耐磨。装订及附录检查：装订要精致，要按照资料的顺序进行排列，并提供目录和页码，最后还要附上创业计划书中支撑材料的复印件。

2. 创业计划书的评估

实践是检验真理的唯一标准，在创业计划的实施过程中，大学生创业者必须用一套客观的方法或措施去检测创业活动的进程及其效果，也就是评估创业计划的实施情况。通常，大学生创业者可以选择以下方法。

（1）对比反思法。对比反思法即对行业内其他企业或其他行业的优秀创业企业进行分析，再对自己的创业计划进行反思，看是否有其他企业的优秀之处或是否出现与其他企业类似的问题，再根据自身企业的经营和发展，寻找能够改善的地方。

使用对比反思法时，大学生创业者一定要注意选择"对标"的企业，要么是行业内的优秀企业，要么是和本企业有较高相似度的企业，这样的企业才有参考价值。

（2）交流反馈法。交流反馈法是指与其他与创业活动有密切关系的人交流，听取他们对于创业活动的看法。例如，听取员工对于企业的意见和建议；听取合伙人、高管对于企业战略、发展方向的探讨和期望；听取供应商、经销商等外部合作者对于企业的看法等。

3. 创业计划书的修正

如果在对创业计划书的评估中，发现企业经营生产已经偏离创业计划，或者由于内外部环境的改变，原有的创业计划已经不适合继续执行，大学生创业者就需要修正自己的创业计划。实际上，由于环境的变化，绝大多数创业计划都在中途调整过。创业计划的修正通常包括以下内容。

（1）扩大或缩小生产规模。在创业计划中，大学生创业者虽然做好了生产计划，但是具体的生产规模还需要根据市场情况来定，当大学生创业者对市场有积极的判断，认为市场扩大、利润增加，就可以扩大生产规模，反之则要缩小生产规模。

（2）更新产品或服务。企业在经营过程中，要时刻根据市场反馈和竞争者动向更新产品或服务。例如，企业本来打算在一年后再对产品进行迭代，推出新品，但竞争对手决定推出一款新产品，这一新产品一旦大量上市，就将严重冲击本企业产品的市场。此时，企业就应提前发布新产品。如果市场上出现了新技术、新工艺，或是有企业发布了颠覆性的新产品，那么企业还可能需要将现有的产品更新计划作废，推出全新的产品。

（3）重新定位目标消费者。每一款产品、每一个品牌都有自己的目标消费者，他们是该产品（品牌）销售额的主要贡献者。在企业经营中，大学生创业者如果发现市场反响不如预期，或是有新的消费群体对产品（品牌）表现出了喜爱，就应该考虑重新定位目标消费者，将产品的包装、营销等都根据新目标消费者进行设计，以取得更好的市场业绩。

（4）变更主要业务或停止创业。如果企业的经营发展与创业计划相差甚远，那么创业计划也就无法为大学生创业者提供指导和帮助。此时，大学生创业者只能选择放弃该创业计划，变更企业的主要业务或停止创业，出售或注销企业。

任务三 企业注册登记

创业项目要运转并获得收益，就需要参与到社会经济活动中，而这就需要创业者首先建立一个企业。所有创业者都要按照国家法律规定开办和经营企业，并承担相关的法律责任。建立企业，是创业从计划落到实践的重要一步，也是决定创业成败的关键一步。

一、选择企业组织形式

企业一般是指以盈利为目的，以实现投资人、客户、员工、社会大众的利益最大化为使命，运用土地、劳动力、资本、技术和企业家才能等各种生产要素，向市场提供商品或服务，实行自主经营、自负盈亏、独立核算的法人或其他社会经济组织。企业具有不同的组织形式，各具优势与劣势，常见的企业组织形式包括公司和非公司企业两类。

1. 公司

公司是依照《中华人民共和国公司法》（以下简称《公司法》）在中国境内设立的以盈利为目的

的企业法人，是适应市场经济社会化大生产的需要而形成的一种企业组织形式，即公司是一类特殊的企业。公司又包括有限责任公司和股份有限公司。

（1）有限责任公司。

根据《公司法》的规定，公司是指依法在中国境内设立的有限责任公司和股份有限公司。公司制企业也称公司，是按照法律规定由法定人数以上的投资者或股东出资建立、自主经营、自负盈亏、具有法人资格的经济组织。公司是企业法人，有独立的法人财产，享有法人财产权，以其全部财产对公司的债务承担责任。

有限责任公司是指按照法律规定登记注册，由50个以下的股东出资设立，每个股东以其所认缴的出资额为限对公司承担有限责任，公司以其全部资产对其债务承担责任的经济组织。有限责任公司是我国主要的公司形式之一，其设立程序相对比较简单，内部机构设置十分灵活，公司资产负债表也无须公开，但由于有限责任公司不能公开上市发行股票，因此公司吸收资金的能力及经营规模都不如股份有限公司。相对来说，有限责任公司这种公司形式更适合中小型非股份制公司，也是创业公司的主要类型。

（2）股份有限公司。

股份有限公司是指公司资本为股份所组成的公司，公司全部资本分为等额的股份，股东以其所认缴的股份为限对公司承担责任，公司以其全部财产对公司的债务承担责任。股份有限公司通过向社会公众广泛发行股票来筹集资本，因此股东具有广泛性，股份的转让和交易也具有公开性、自由性。此外，股份有限公司的经营状况必须向社会公开，使社会公众了解公司的经营状况。

2. 非公司企业

设立非公司的企业形式包括个体工商户、个人独资企业、合伙企业。这些非公司企业都不具备法人资格，不能独立享有民事权利和承担民事责任。

（1）个体工商户。

个体工商户是指在法律允许的范围内，依法经核准登记，从事工商业经营的自然人或家庭，是结构最简单的企业形式。个体工商户业主只需一个人或一个家庭。这类组织只需要业主有相应的经营资金和经营场所，然后到工商行政管理部门办理登记手续即可开业。

个体工商户个人经营的，以个人全部财产承担民事责任；家庭经营的，以家庭全部财产承担民事责任。

（2）个人独资企业。

个人独资企业是指依照《中华人民共和国个人独资企业法》（以下简称《个人独资企业法》）在中国境内设立，由一个自然人投资，财产为投资人个人所有，投资人以其个人财产对企业债务承担无限责任的经营实体。个人独资企业投资人对本企业的财产依法享有所有权，其有关权利可以依法进行转让或继承。

（3）合伙企业。

合伙企业是指自然人、法人和其他组织依照《中华人民共和国合伙企业法》（以下简称《合伙企业法》）在中国境内设立的普通合伙企业和有限合伙企业。普通合伙企业由普通合伙人组成，合伙人对合伙企业债务承担无限连带责任。有限合伙企业由普通合伙人和有限合伙人组成，普通合伙人对合伙企业债务承担无限连带责任，有限合伙人以其认缴的出资额为限对合伙企业债务承担责任。

课堂活动

比较不同的企业组织形式

不同的企业组织形式，具有不同的特点，请同学们根据本节所学知识，并上网查询相关法律法规，比较不同的企业组织形式，完善表7-10。在比较结束后，讨论不同的创业项目分别适合哪种企业组织形式？为什么？

表 7-10　各种企业组织形式的比较

企业组织形式	法律依据	法律地位	法律基础	责任形式	投资者要求
个人独资企业					
合伙企业					
公司制企业					

二、企业选址

要创立企业，创业者还需要为自己的企业选择一个合适的地址。在商业战场中，有利、积极的经营环境在企业经营的顺利运行中发挥着十分重要的作用，有了合适的地址，企业就有了"地利"，有助于企业在市场竞争中取得优势。

1. 企业选址的原则

企业的地理位置影响着企业的经营发展，应遵循一定的原则。

（1）匹配行业定位。企业的定位不同，针对的消费群体就不同，企业应根据自己的目标消费群体考虑地理位置。如针对年轻人的企业，应考虑商业楼盘聚集的地方，这样才能吸纳更多年轻的人才；针对老年人的企业，应考虑街道社区等便民场所。

（2）依据经营内容。企业销售的产品不同，地址选择也不同，如经营餐饮、副食、日化等的企业应考虑人流量较大的地方，如居民区、社区附近等；经营家具、电器等的企业应考虑交通便利的商业区。

（3）遵循价值链环节。企业所处的价值链环节不同，应考虑的地理位置也不同。如企业总部、研发中心选址时应考虑政府的政务水平、政策导向等因素；制造型企业选址时应考虑劳动力、能源等成本因素；营销和售后服务企业选址时应考虑消费者的消费水平、市场潜力和行业竞争等因素。

2. 新创企业选址重点考虑因素

在客观条件下，企业的运营受到政治、经济、技术、社会文化、自然、人口等外部因素的影响，因此在选址时，创业者也应该综合考虑这几方面的因素，选择一个相对合适的企业地址。同时，企业的最优选址主要取决于企业的类型和性质。一般来说，不同类型的企业在进行企业选址时需要考虑的影响因素、各关键因素的重要程度以及同一因素的重要程度，可能都有很大的不同。因此，创业者在进行企业选址时，需根据自己的经营形式和目的，结合影响选址的关键因素来考虑企业的具体位置。例如，制造类企业选址可以考察对成本、对厂房建设等影响较大的因素，如表7-11所示；服务类企业选址则可以重点考察消费者、行业、企业自身等因素，如表7-12所示。

表 7-11　制造类企业选址时重点考察的因素

关键因素		说明
地区 条件	地理位置	盛行风下风向；一般位于当地城镇规划的相关工业区内，与居住区距离适宜
	区域经济	区域经济相对发达，相关配套设施较好
	产业集聚	有相关产业做支撑
	区域市场	产品销售半径内有较多下游企业
	交通运输	靠近铁路、公路、港口等，交通便利
	原料供应	靠近原料产地，保证供应，且交通方便
	能源供应	靠近能源供应地，保证供应，且能源运输方便
	土地规划	符合当地土地规划
	法律法规	符合国家、当地的安全法规和发展规划
	基础配置	商业网点、物流状况、消防设施、建筑设施等能满足基本需求
	环境保护	不对居住区、保护区、信号、勘测等造成影响；现已有环境治理基础设施
	社会公众	当地政府、居民支持该项目
	科研	区域内有较强的科研开发单位
	文化教育	文化教育条件佳，方便招聘以及职工子女的教育
	医疗卫生	医疗卫生条件相对完善，能满足日常就医需求
	社会人文	社会稳定、治安良好、生活便利
建厂 条件	土地状况	有足够的发展空间，尽量减少拆迁，无其他安全隐患
	地形地质	尽量平坦开阔，无恶劣地质情况，无珍贵地质或矿藏等
	水文条件	地下水位对建筑无侵蚀
	气象条件	温度、湿度、风沙等不会对生产不利
	水电条件	供水、排水正常，供电、用电安全、有保障
	通信条件	通信情况良好，信号通畅
	其他条件	现有设施方便企业处理工业废水、固体废弃物、垃圾等，且消防、防灾等方面的能力和设置能满足企业需求

表 7-12　服务类企业选址时重点考察的因素

关键因素	说明
消费者	所选地区消费者的购买力
	所选地区的人口数量及结构
行业	所选地区的市场竞争情况
	所选地区竞争者的竞争水平
	本企业的独特性及竞争对手的选址
	设施的物质水平及相邻产业的发展情况

续表

关键因素	说明
企业自身	企业经营策略
	管理质量

企业选址

假设现在有人想要在大学校园里开设一家打印店，请你为其选择一个合适的地址。

（1）打印店选址应该重点考虑哪些因素？

_____

_____

（2）你会推荐校园内以及周边哪一处地点？为什么？

_____

_____

三、企业注册

申办企业是创业者正式推进和实施创业活动的第一步，创业者在做好相关创业准备后，确定自己所要创办的企业类型和企业地址后，即可准备材料，完成企业注册。

企业登记注册是设立新企业的法定程序，完成公司设立登记后，申请人才能获得从事市场经营活动的资格。创业者可以到各级市场监督管理局及其相应的网络平台完成公司设立登记。不同的地区、不同的企业组织形式，在企业登记注册的流程和所需材料有差异，下面以在河北省市场监督管理局企业开办"一窗通"进行企业注册为例，介绍注册步骤。

1. 平台登录

访问河北省市场监督管理局网上办事平台，点击"一窗通"系统，进入河北"一窗通"平台，点击登录，进行用户注册。该平台提供一窗填报、同步办理的服务，如图7-5所示。目前，"一窗通"可以办理企业的类型为内资企业的有限公司、股份有限公司、一人有限公司、个人独资企业、合伙企业。

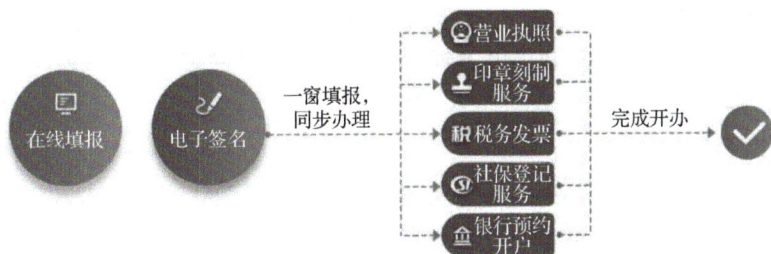

图 7-5 河北省市场监督管理局"一窗通"办事平台

2. 填写资料

点击"在线填报"，正式开始企业开办"一窗通"申报，阅读填报须知后，即可根据系统提示填写企业相关信息。

（1）根据提示填写企业名称的"四段式"内容，系统会进行自动比对，显示已有的相似企业名称供申请人参考，申请人确定拟申请名称，选择登记机关，提交名称申请，系统会再次进行名称查重，查重通过后方可进行下一步。

（2）申请人根据系统提示依次填写资料。指定代表或者委托代理人的信息会根据申请人的账号信息自动带入。申请人需要手动填写拟设立企业信息、经营范围、企业联络员信息、党建信息。

（3）根据企业类型填写企业股东的信息，点击"添加股东"，填写信息。填写股东出资信息，包括股东类型、姓名、证件及认缴信息等。填写主要人员信息，包括董事、监事、经理等。填报税务信息、财务负责人信息。

提交完成后，进入委办局信息填报，可以选择填报信息，也可以选择不填报，点击最后一页"提交签名"，在办理进度追踪里面该新设企业是待签名状态。待签名人登录系统首页，进入"电子签名"会看到待签名文件，通过 CA 证照签 App 进行文件签名。

股东和法人等签名完成后，申报人登录"一窗通"平台，企业状态为"签名完毕"。申办人点击"提交"，按步骤预览申报信息，提交登记机关审批。登记机关审批通过后，即可顺利完成企业注册。此时，申请人就可持本人身份证到市场监督管理局公共服务窗口领取营业执照。

3. 公安刻章信息备案

申请人可在"一窗通"平台进行备案，也可不同步办理刻章备案，待领取营业执照后按照传统方式去刻章网点刻章。公章的经办人为企业基本信息填报时的委托人。公安刻章信息备案步骤如下。

（1）选择刻章网点。按照提示信息查看免费刻章网点和免费刻章的种类。

（2）选择本次需要刻制的公章种类和类型。

（3）电话联系刻章网点，线下缴费刻章（后续实现提交签名时付费）。

4. 税务发票信息填报

税务发票信息可按照页面提示如实填报。若不同步办理税务发票申领，申请人也可待领取营业执照后按照传统方式去税务部门申领发票。发票的领用人为企业基本信息填报时的委托人。

5. 银行开户预约

在"一窗通"平台，申请人可以在预约填报页面进行预约，随后到预约网点进行开户。

6. 社保用工信息备案

企业在办理注册登记时，同步完成社保用工登记；若暂无员工，可在新员工产生用工后 30 日内，依法及时到社会保险经办机构为职工办理参保登记手续，到登记注册地同级人力资源社会保障部门办理用工备案。

7. 单位住房公积金缴存登记

按照提示信息，填报公积金登记信息，企业在办理注册登记时，同步完成住房公积金开户登记；一般在新员工产生用工后 30 日内，向所在地住房公积金管理中心办理个人缴存登记。企业和职工住房公积金缴存比例，均不得低于 5%，最高不得超过 12%。缴存企业可以在 5% ～ 12% 区间内，自主确定住房公积金缴存比例。

课堂活动

企业注册流程

各地公司设立登记的流程有所不同，请同学们登录当地或家乡市场监督管理局的官网查看"办事指南"，或者通过全国市场主体登记注册服务网，选择家乡所在地，查询家乡的企业注册流程及所需材料，并写在下面。

（1）企业注册流程是什么？

_____

_____

（2）所需材料有哪些？

_____

_____

课后实践——制订创业计划

在项目六的课后实践"商业模式设计"中，同学们为自己的创业项目设计了商业模式。下面请以自己设计的创业项目和商业模式为基础，制订详细的创业计划。

全班同学分为若干小组，每组 6～8 人，以小组为单位完成本项实践。

1. 市场调查计划

各小组根据商业模式和产品信息，以"调查产品消费者认可度"为主题，设计市场调查计划。

调查背景：<u>本公司拟向市场推广新产品，需要提前调查消费者对该产品的真实需求。</u>

调查目的：<u>（1）了解消费者是否需要该产品的功能。</u>

<u>（2）了解消费者对于该产品的预期价位。</u>

调查内容：_____

_____

_____

_____

_____

调查方法：_____

_____

_____

_____

_____

_____

2. 整合创业资源

各小组结合商业模式与自身实际情况，整合创业资源，以尽可能满足创业活动的需要。

（1）盘点创业所需资源。

本次创业需要的人力资源包括：＿＿＿＿＿＿＿＿＿＿＿＿＿＿＿＿＿＿＿＿＿

社会资源包括：＿＿＿＿＿＿＿＿＿＿＿＿＿＿＿＿＿＿＿＿＿＿＿＿＿＿＿＿

财务资源包括：＿＿＿＿＿＿＿＿＿＿＿＿＿＿＿＿＿＿＿＿＿＿＿＿＿＿＿＿

物质资源包括：＿＿＿＿＿＿＿＿＿＿＿＿＿＿＿＿＿＿＿＿＿＿＿＿＿＿＿＿

政策资源包括：＿＿＿＿＿＿＿＿＿＿＿＿＿＿＿＿＿＿＿＿＿＿＿＿＿＿＿＿

技术资源包括：＿＿＿＿＿＿＿＿＿＿＿＿＿＿＿＿＿＿＿＿＿＿＿＿＿＿＿＿

组织资源包括：＿＿＿＿＿＿＿＿＿＿＿＿＿＿＿＿＿＿＿＿＿＿＿＿＿＿＿＿

（2）盘点目前创业团队拥有或能够使用的资源。

本次创业拥有的人力资源包括：＿＿＿＿＿＿＿＿＿＿＿＿＿＿＿＿＿＿＿＿＿

社会资源包括：＿＿＿＿＿＿＿＿＿＿＿＿＿＿＿＿＿＿＿＿＿＿＿＿＿＿＿＿

财务资源包括：＿＿＿＿＿＿＿＿＿＿＿＿＿＿＿＿＿＿＿＿＿＿＿＿＿＿＿＿

物质资源包括：＿＿＿＿＿＿＿＿＿＿＿＿＿＿＿＿＿＿＿＿＿＿＿＿＿＿＿＿

政策资源包括：＿＿＿＿＿＿＿＿＿＿＿＿＿＿＿＿＿＿＿＿＿＿＿＿＿＿＿＿

技术资源包括：＿＿＿＿＿＿＿＿＿＿＿＿＿＿＿＿＿＿＿＿＿＿＿＿＿＿＿＿

组织资源包括：＿＿＿＿＿＿＿＿＿＿＿＿＿＿＿＿＿＿＿＿＿＿＿＿＿＿＿＿

（3）分析资源缺口。

目前，尚缺乏的资源包括：＿＿＿＿＿＿＿＿＿＿＿＿＿＿＿＿＿＿＿＿＿＿

获取该资源的途径：＿＿＿＿＿＿＿＿＿＿＿＿＿＿＿＿＿＿＿＿＿＿＿＿＿＿

3. 撰写创业计划书

各小组基于前面的成果以及拟创业项目，设计创业计划书，并将相关信息填写在表 7-13 中。

表 7-13　创业计划书内容设计

分析项目		分析结论
基本信息	项目名称	
	企业名称	
	企业类型	□个体工商户　□个人独资企业　□合伙企业 □有限责任公司
	企业经营范围	
	商业模式（盈利模式）	
计划摘要		
项目概要		

续表

分析项目	分析结论
产品与服务	
项目前景	
项目团队	
运营情况	
竞争情况	
财务状况	预计成本：
	预计投资额：
	预计营业收入：
	预计营业利润：
	预计净利润：
融资说明	

4. 选择企业地址

各小组基于创业计划，选择合适的企业地址。

选定的企业地址为：_____

该地址的优势是：_____

_____

项目八　项目路演

1. 了解路演的概念、内容和作用，理解路演对于创业活动的重要性。

2. 熟悉路演的前期准备工作，能够在路演前进行可行性评估、受众分析、讲解逻辑梳理等。

3. 掌握路演的技巧，包括路演 PPT 的制作方法和路演演讲技巧，能够独立完成路演。

4. 培养逻辑思维能力、沟通能力和临场应变能力，能思路清晰、积极大方地展示创业项目，并与听众沟通交流。

任务一　认识路演

对于绝大多数大学生创业者来说，资金无疑是创业资源中最薄弱的一环。在创业计划完成后，向专业投资人寻求投资是很多创业者的选择。但如何在短时间内让项目进入评委或投资方的"法眼"呢？路演是很重要的一环。项目路演是指项目创始人或创业代表向评委、投资方讲解项目属性、企业发展计划和融资计划。可以说，项目路演是以获取资源为目的的商业活动，是连接创业项目与外界的一个通道，很多创业项目都是通过路演获得了投资人的认可和投资。

微课启学：商业呈现内涵

一、何为路演

路演来源于以前国际上广泛采用的证券发行推广方式——"Roadshow"，指在公司上市之前，连续在多个重要的城市（通常是金融中心），开展公开的交流会，向投资者公开介绍企业、项目产品或创新想法等，以获取投资者的信心和支持，从而在接下来的上市中获得更好的发行和更高的估价。现在，路演的主体不单是上市公司，也包括某个项目，对象也不仅是投资人，还包括合作者。例如，初创企业参加项目路演以获取风险投资人的青睐；某企业部门推出创新项目，通过参加企业内部项目路演争取企业资源，以做大项目等。

随着移动互联网技术的发展，项目路演的形式也越来越多元化，开始更多地依托多媒体技术开展。现在的项目路演可以使用 PPT、视频，甚至可以做成微电影，形式多样，若是线下路演，则搭配活动专场与投资人进行面对面的演讲与交流；若是线上渠道路演，则可以借助腾讯会议、微信群、QQ 群等互联网方式，以在线视频的形式对项目进行讲解。

拓展阅读

麦肯锡 30 秒电梯理论

项目路演通常需要创业者有较好的口才，能在较短时间的心理博弈中给出投资人想要的内容，以快速打消投资人的疑虑，与投资人建立信任，这与麦肯锡 30秒电梯理论不谋而合。据悉，麦肯锡公司某项目负责人在为一重要客户做咨询之后，在电梯内偶遇对方的董事长，对方询问麦肯锡公司项目负责人是否可以说一下现在的结果，然而该负责人并没有做好准备，也做不到在电梯下楼的 30 秒内将事情说清楚，最终，麦肯锡公司失去了这一重要客户。之后，麦肯锡便要求公司员工凡事都要直奔结果，在最短的时间内将事情表达清楚。基于人们的记忆能力，可以将事情归纳在 30 秒以内。该理论也是现在商界流传较广的"电梯法则"，而黄金 30 秒也被认为是非常经典的公众演讲练习活动。

针对电梯法则的价值，某著名风险投资人曾表示："在进行商业汇报时，尤其就我本人而言，如果不能通过电梯测试，就不应与任何人讨论。"如果创业者无法在 30 秒内简明扼要、准确无误地阐述自己的想法，那么其可能对资料的理解和结构的梳理还不够到位，这样的表现，无疑会让其错失良机。

课堂活动

黄金 30 秒

该活动灵感来源于麦肯锡 30 秒电梯理论，旨在要求同学们能在 30 秒内直奔主题，将结果表述清楚，做到有吸引力地呈现。请同学们组成 4 至 6 人的小组，按以下步骤完成活动。

（1）每位同学设计一个时长为 30 秒的、精彩的故事开头。

_____

_____

（2）每位同学有 5 分钟的准备时间。

（3）每位同学轮流站起来，口述自己的故事。其他同学评价，看看谁的故事更吸引人。

二、路演的内容

以路演的形式展示创业计划书，可以让创业者、投资人双方进行高效对接。现如今，路演作为一项严谨而规范的商业活动，在广大创业者多年的实践中已经形成了一套完整的规范。总体来说，一个完整的项目路演应该包括以下内容。

（1）你做的是什么项目？（项目所属行业，项目的特点）

（2）你为什么要做这个项目？（目前市场有何不足，消费者有何不满，你有何机会）

（3）你的项目解决了消费者的什么问题？是如何解决这个问题的？（解决的方式）

（4）解决了上述问题你能得到什么？（你的商业模式是什么，如何提供产品或服务，如何吸引消费者，如何盈利）

（5）项目的市场空间有多大？（项目是否具备非常好的市场前景）

（6）你提供的产品、技术或服务是什么？（详细介绍产品、技术或服务的独特之处）

（7）用几句话告诉评委或投资人，有没有别人在做这件事，如果有，那么他们做得怎么样？你的竞争优势是什么？（凭什么能在市场中获胜，最好能做一个项目的优劣势分析或 SWOT 分析）

（8）为什么现在做这个项目？（创业时机、市场环境是否成熟）

（9）你的市场营销计划是什么？（你准备如何去开发市场）

（10）为什么你们能做这个项目？（介绍你和你团队的能力和背景，你们的股权结构，说明你的团队具备运作这个项目的能力）

（11）项目的进展怎样？（你们目前已经进行到什么程度了，投入的情况及获得了哪些关键数据）

（12）你准备融资多少？计划怎么用这些资金？为此付出什么样的代价？（为什么需要这么多的资金，详细介绍拿到资金后准备怎么用，愿意出让多少股份，这些资金能用多久，能达到怎样的效果）

三、路演的作用

创业项目通过路演来呈现，能够大大提高融资成功的概率，因为相比文字、静态商业计划书（PPT）传递、表格交互，路演更为真实。项目路演的好处如下。

1. 路演是一种信息披露方式

从展现形式上，路演包括文字/图片/视频展示、PPT演讲、互动问答；从展现内容上，路演包括项目市场分析、竞争情况、产品和技术、商业模式、团队成员、财务指标、融资计划等。这种多角度、多媒体的完整信息披露方式，可以使投资人获得关于该创业项目非常详细、全面的信息，充分了解创业项目。如果是网络路演，存放在数据库中的创业公司资料和项目资料可以供公众查阅、研读，可以起到舆论监督和信息披露强化的作用。

2. 路演是一种增信手段

任何交易，都建立在信用和信任的基础之上，寻求融资更是如此。信息披露的本质就是建立信任，文字沟通有距离感，因为文字可以包装，而路演使投融双方能够面对面进行零距离接触，增强了彼此的信任。这一作用，在信用体系不够完善的投资市场显得更为重要。

3. 路演是一种即时沟通方式

路演特别强调"现场感"，必须由项目主要创始人讲解，从这个角度上看，事先录好并经过剪辑的视频，只能作为路演的辅助参考。路演特别强调即时沟通，没有经过深思熟虑地斟酌而直面问题的解答，往往更能反映项目真实的情况。尤其是在问答环节，项目方和投资方通过互动交流，可以将对彼此的了解提升到新高度。

可以说，项目路演是国内外很多企业实现融资的"高速公路"。通过路演，可实现大学生创业者与投资人的零距离对话、平等交流、专业切磋，加深大学生创业者与投资人的相互了解，最终推动融资进程。

案例阅读　　　　**国内路演先锋——马强**

马强是黑钻石文化传媒的创始人，他聚焦于路演领域课题，首创了"影视+路演"的商业模式，将影视业习以为常的电影路演成功引入商业领域，进行了高端路演一体化解决方案的开发。他提出"影视+创业孵化器"模式，实现艺术与创业孵化的融合，其企业构建了文创实验室、路演学院、国家级众创空间、路演事务所等业态板块，短短4年便实现了企业在上海股权交易中心挂牌。

　　1980 年，马强出生于吉林省榆树市，父母的文化水平都较高，在父母的影响下，马强从小就对文化艺术感兴趣，并养成了阅读的习惯。他非常善于表达，尤其是讲故事，小时候，他便通过讲故事，在不擅长的"打四角"游戏中获取四角，以赢得游戏。大学毕业后，视觉传达专业出身的马强先后进入几家不同的影视公司，从事剪辑策划方面的工作，其中有一个公司在业内非常具有竞争力，马强在那里学习了影视制作全流程的工作，积累了系统的专业技能知识，并通过时刻保持创新精神，在工作中融入创意，获得了上司的赏识，这都为马强之后的创业奠定基础。

　　后来，马强收看了中央电视台《赢在中国》励志创业节目，他被创业者们"励志创新、不断创新"的精神所激励，萌生了创业的想法，但他知道创业需要积累与学习，要具备管理能力，"因为，你只有当过下属，才知道怎么当领导者。打过工，才知道如何管理员工"。

　　2007 年，马强决定在深圳创办个人工作室为企业提供影像宣传服务，刚开始，由于没有成型的作品，生意很是冷清。马强的个人工作室为企业拍了很多影像，但多数企业没有很好的应用影片的能力，因此马强打算探索一条新的道路，让影片价值得到更好呈现。以工作室为依托，马强逐步开拓了市场，也积累了许多经验。其间出于工作需要，马强与许多创业者和实业家有了深度的沟通，在这个过程中，马强感受到企业对有效宣传的极大需求以及无法实现有效宣传的迷茫，他将其视为一个非常有未来的市场，决定聚焦在企业路演方向。

　　马强发现，在美国，路演非常普遍，许多企业都用这种方式阐述自己的愿景，放大品牌价值，他决定把电影领域的路演放到商业领域。路演本是电影快上映时，导演和演员到各城市宣传的方式。在他看来，电影表达情感和人生认知，是企业传递能量、创造价值的最佳工具。单纯的影视与传统的路演都无法真正满足企业需求，只有将新型的路演系统与影视的力量相结合，才能把价值最大化。

　　随即，马强决定北上，到北京创业。2013 年，黑钻石（北京）文化传媒股份有限公司正式成立。他为公司取名"黑钻石"，希望公司就像南非钻石博物馆中那个没有标价的黑钻石一样稀有，同时，不管是精神还是文化都要像钻石一样不断雕刻不断打磨。在北京，马强的公司发展很快，其打造的成熟路演系统，让企业在面临品牌推广、渠道招商、市场营销时，有了相应完善的解决方案。

　　之后，马强创造性地提出了"影视＋创业孵化器"模式，通过路演文化空间打造、资源资本对接，对企业项目进行孵化，开启了黑钻石的众创空间运营，其被正式授予国家级众创空间。以此为依托，马强还搭建了用路演吸引政策、资本及市场关注的优质连锁平台——路演事务所，以招商引资、打造品牌影响力、提升产业价值。随后借助互联网的发展，形成线上与线下结合的路演模式，实现了从影视产品经营到路演平台经营的转变，打造路演新常态、商业文化领域新业态。

　　最终，黑钻石公司形成了以路演系统培训为入口、以影像为核心呈现工具、以资源性平台为依托、以路演为表现方式，最终实现"理论＋实践＋资源对接"的平台孵化模式。通过这种模式，可以辅导企业进行文化梳理、品牌战略规划、顶层设计、路演工具建设、路演平台展示、网络媒体推广等，还可以协助对接公司注册、财务管理、资本资源与事务，让初创企业在资源匮乏阶段，能专注于产品研发和服务提升。马强也荣获"中关村金种子项目孵化导师"等称号。在马强看来，路演是一个可以帮助无数企业提升品牌与商业价值的体系，未来将成为一种常态。他也将带领黑钻石在路演领域不断开拓新市场。

马强的创业，打造了一种路演新业态，推动了路演在商业领域的发展。大学生创业者可以从黑钻石的经历中学习创新路演的精神，同时也可以寻求类似服务机构的支持，多参与路演活动，学习路演技能或寻找投融资沙龙等，可以找到和自己匹配的投资机构。

任务二　路演的准备

项目路演不仅可用于向投资人寻求投资，同时也是一种创业评估和市场测试手段。创业者可以在路演中获得关于项目的反馈，并修改完善创业计划，使创业项目获得市场的认可。在正式的项目路演之前，创业者还需做一些准备工作，以提高其整体呈现效果和影响力。

微课启学：商业呈现技巧

一、可行性评估

可行性评估主要以创业计划书为依据，只有进行了可行性评估后，创业者在路演中与投资人交流时，才能更好地回答投资人的提问。通常来说，可行性评估主要包括以下几个方面。

（1）问题与解决方案的匹配。这决定了解决方案能否真正解决问题，目标消费者会不会愿意购买产品或服务。如果项目路演的展示达不到问题与方案的匹配，项目就得不到投资人的支持。

（2）产品或服务与市场的匹配。这个问题主要是探讨产品或服务能否正确进入市场并可持续发展。只有与市场匹配，产品或服务才能真正满足消费者需求，没有市场的产品或服务也将失去成为一个项目的价值。

（3）商业模式与资源的匹配。创业项目的商业模式是否有足够的资源支撑其实现，商业模式有多大的扩展性，这也是投资人评估项目的标准之一。

（4）行业与竞争的匹配。在创业项目的路演过程中，创业者应当展示该项目是否具有明显的竞争优势，以及其门槛与退出机制，这样能确定投资人的获益空间。

二、受众分析

路演的根本目的是吸引投资人，作为路演的受众，投资人也有不同的类型，创业者应当基于创业企业的项目类型，对项目所处的阶段及投资人关注的领域等进行分析，选择适合的投资人，增加吸引投资人关注项目的概率。通常意义上，对受众的分析应当考虑两个方面。

1. 投资人的投资领域

不同的投资人有不同的关注领域，例如，有的投资人关注金融、生物科技、智能硬件、医疗及消费；有的投资人关注现代农业、教育、先进制造、工业互联网；有的投资人关注深度学习（人工智能分支）、企业服务、共享经济、体育；有的投资人关注无人驾驶、VR/AR（虚拟现实／增强现实）、电子商务、云计算、新能源等。当创业项目所在领域与投资人关注领域相匹配时，大学生创业者的融资效率会更高，融资成功的概率也会更大。

大学生创业者可以通过关注投资人以往的投资案例、投资人的投资领域及涉及投资人的报道采访等获取有关投资人的相关信息，确认自己的投资项目更符合对方的喜好，以拉动企业融资。

2. 投资人的投资阶段

不同的投资阶段，投资人承担的风险及获得的回报也会有所不同，这会影响投资人的投资决策。

一般早期投资，投资人面临的风险更大，因为往往早期投资周期会更长，风险更高，当然，这通常也意味着高收益。总之，投资人投资规模、对企业的控制权和所要求的回报都会因投资阶段的不同而有所差异。

创业企业需要根据项目目前所处的阶段选择投资人，通常，处于种子期、初创期的企业可以选择天使基金；处于发展早期、培育期、扩张期融资的小公司则可以选择风险投资基金，尤其是经营高新技术业务的小公司；处于成长期的企业，则适合寻求培育基金。

三、讲解逻辑梳理

在项目路演上，通常会有众多创业企业对融资展开竞争，而一个亮眼的开场，更容易快速引起投资人的注意，甚至使其对创业项目产生兴趣，因此项目路演前半段的内容安排和讲解逻辑是非常重要的，提前梳理讲解逻辑对路演非常重要。一次优秀的路演，其基本逻辑如下。

1. 提出问题

提出问题是指演讲者首先应该提出具有社会共性或当前急需解决的问题，这样不仅可以引起投资者的兴趣，也可以为后面将要推介的项目或产品作铺垫。假设将要推介的产品是电动汽车，作为路演者，首先不必讲述产品有多么好，而是采用提问引出等方式来说明电动汽车的重要性，让投资人意识到即将推介的产品是消费者需求的，是有市场和前景的。

2. 扩大问题

扩大问题即挖掘消费者的痛点，展示解决该痛点的紧急性和重要性。比如，描述石油危机引发油价上涨，温室气体排放引起全球变暖，国家推行节能环保政策等客观情况，由此把问题扩大，加深投资人对项目或产品的印象。

3. 解决方案

解决方案实质上就是路演者在此次路演中要推介的项目。假设要推介的产品是电动汽车，此时路演者就可以结合前面提出的问题，对产品的技术、市场、竞争力、安全性、适用性等方面进行详细说明。

4. 消费者见证

消费者见证即通过数据说明当前消费者对产品的信赖和支持程度。在项目路演中，如果能够通过数据证明产品的前景，则该创业项目也会更容易获得投资人的认可。当然，消费者见证并不是只能通过数据展示，消费者的真实反馈、评价等都可作为消费者见证的材料。

5. 价值塑造

价值塑造就是让投资者感觉产品物超所值。演讲者可以着重讲述产品的品质价值、概念价值、附加价值等，突出产品的优越性，也可以从侧面证明产品的市场竞争力。

四、展示重点设计

通常来说，商业路演的时间都不会太长。在一些大学生创新创业比赛中，甚至还会严格地将路演的时长限制在 10 分钟或 5 分钟以内，因此创业者必须尽可能地在有限的时间内展示重点内容，以最大化地传递有效信息，吸引投资人的关注。

1. 展示愿景

在路演中，创业者需要展示一个吸引人的大愿景，告诉投资人企业未来的发展方向。这个愿景可能很远，目前看来还有些不切实际，但却可以体现该项目非常好的发展前景，以及创业者坚持创业的自信、热情和志气。

2. 展现竞争力

无论创业项目的产品或服务是否已经产生收入，创业者都需要在路演时向投资人展示出该产品或服务已经拥有的竞争力。竞争力最显著的表现就是利润或者关键资源的获取量，如用户数量、销售渠道等。

3. 展现解决痛点的能力

所有出色的路演几乎都是围绕某个行业痛点来展开的，创业者在路演中一定要表述清楚自己的产品或服务解决这一行业痛点的方法、资源与能力，一方面展现自己的实力，另一方面也可以从侧面证明创业方案具有较高的可实施性。

4. 介绍团队构成

投资人很清楚一个强大的团队更能推出优秀的产品和品牌，并最终赢得市场。创业者在路演中应该对自己的核心团队进行介绍，包括成员的工作履历、具体工作内容、重要成就等。

5. 阐述资金使用情况和财务规划

投资人很关心创业者在获得投资后会如何使用这笔资金，因此创业者要分析自己的资金使用情况，然后向投资人传达包含企业运营成本、收入增长率、利润等的详细财务规划，或者提出一个可预知的投资回报率的营销策略，向投资人展示其投资将带来的收益。

课堂活动

团队介绍

同学们组成 4 至 6 人的小组，按以下步骤完成活动。

（1）本次活动需要每位成员介绍自己的团队，各小组准备 5 分钟，随后推举一人担任介绍者。

（2）各组的介绍者轮流上台，向全班同学介绍本小组的成员，重点突出各位成员的优势。每组介绍限时 3 分钟。

（3）全班评价，谁的团队介绍更好，好在何处。

任务三 ｜ 路演的技巧

路演以展示和说明创业计划为主，但在路演中，创业者如何才能有效地展示信息？如何通过合适的演讲方式提升创业项目的吸引力？这就需要创业者掌握路演的展示和演讲技巧。

一、PPT 制作技巧

项目路演的内容最好用 PPT 来展示，因为路演时间有限，PPT 可以将核心的内容展示出来，从而让投资人尽快对项目产生兴趣。项目路演的 PPT 制作通常可以遵循 6-6-6 法则，即每行不超过

6 个词语，每页不超过 6 行，连续 6 页文字 PPT 之后需要一个视觉停顿页（采用带有图表的 PPT）等；一场 5 ~ 8 分钟的路演最好不超过 12 页 PPT。

另外，为了提升 PPT 的整体视觉效果，给投资人带来良好的视觉体验，PPT 整体还应做到风格清晰，用色不超过 3 种，多用表格和图片，少用大段文字。

表 8-1 所示为较推荐的路演 PPT 内容模板，共计 12 页 PPT。展示 PPT 往往从标题幻灯片开始。该页 PPT 要包括企业的名称和标志、创始人的姓名和联系方式等内容。

表 8-1 路演 PPT 内容模板

PPT 页码	核心内容	内容安排
1	概述	简单说明产品或服务，或该项商业活动带来的潜在收益（经济效益、社会效益）等
2	问题	说明亟待解决的问题（问题在哪儿？为什么会出现该问题？如何解决该问题？）和通过调查证实的问题（潜在消费者的需求是什么？专家有哪些建议？问题的严重性如何？）
3	解决办法	说明企业解决方案与其他解决方案相比的独特之处；展示本企业的解决方案在多大程度上可以改变消费者的生活，以及企业的解决方案有什么进入壁垒
4	机会和目标市场	清楚定位企业具体的目标市场，对目标市场的广阔前景进行展望；通过图表的方式展示目标市场的规模、预期销售额和预期市场份额等信息，说明拟采取什么方法来实现销售计划
5	技术	介绍技术、产品或服务的独特之处，对技术的描述尽可能通俗易懂，切忌使用专业术语进行陈述；展示产品的图片、相关描述或者样品，如果产品已经试生产成功，则最好展示样品；说明可能涉及的知识产权问题以及企业采取的保护措施
6	竞争	详细阐述直接、间接和未来的竞争者，展示创业计划书中的竞争者分析，说明和竞争对手相比的竞争优势
7	市场和销售	描述总体的市场计划、定价策略、销售过程以及销售渠道，说明消费者的购买动机、企业激起消费者欲望的方法，以及产品或服务如何到达最终消费者
8	管理团队	介绍现有管理团队（团队成员的背景和特长，以及其在企业中将要发挥的作用，如何进行团队合作等），说明管理团队存在的缺陷或不足，如果有顾问委员会最好加以介绍
9	财务规划	介绍未来 3 ~ 5 年企业总体的盈利状况、财务状况及现金流状况规划，尽量将规划的内容显示在一页 PPT 上，而且只显示总体数据，同时做好回答和数据相关的问题的心理准备
10	现状	用数据突出已经取得的重大进展，介绍启动资金的来源、构成和使用情况，介绍现有的所有权结构，介绍企业采用的法律形式及其原因
11	财务要求	如果有融资计划，介绍想要的融资渠道及筹集资金的方式，同时介绍资金筹集后可能取得的重大进展
12	总结	总结企业、团队最大的优势，同时介绍企业的退出策略，并征求反馈意见

二、路演演讲技巧

项目路演的效果受到多种因素的影响，除了 PPT 的制作质量之外，创业者的演讲效果也会影响路演的质量，因此，大学生创业者在演讲之前可以提前做好准备，在演讲中适当运用一些技巧，使自己的项目路演更加成功。

1. 提前搜集观众信息

在展示自己的创业计划之前，大学生创业者首先需要搜集观众的相关信息，以便和观众建立各种联系。通过搜索风险投资网站，大学生创业者可以了解参加路演的风险投资者或天使投资者的信息，分析自己的创业计划和这些观众之间是否存在某种联系，或者大学生创业者本人与这些观众之间是否有个人联系。如果创业计划能够和观众的某些活动联系起来，或者大学生创业者本人曾经和观众有过接触，则路演工作会达到事半功倍的效果。

2. 梳理要演讲的内容

首先，针对一场路演，大学生创业者需要明确路演的目的，对项目需要的融资方式，项目目前的发展阶段、技术、业务、管理等进行全面的梳理；其次，还要提前了解资本，考虑好资金引进后，创业团队可能会有的变化、可能面临的压力；再次，开展头脑风暴，厘清商业逻辑中容易被质疑、否定的部分，并针对现场可能遇到的提问（棘手问题）做好解答的准备；最后，按照规定的路演时间多进行练习。

3. 良好的形象

外观形象是大学生创业者给观众留下的第一印象，而这往往会影响投资人对大学生创业者及其公司的整体看法。毕竟在项目路演中，投资人不仅会关注项目本身，还会关注大学生创业者是否值得信任、可以培养等，如果形象不得体，势必会降低大学生创业者在对方心中的得分，影响其对大学生创业者的综合素质判断。一般来说，路演形象应庄重、大方、得体，不宜过于浮夸。

4. 生动的讲述

麻省理工学院的一项权威调查表明，沟通涉及三个层面：视觉（身体语言）占55%、声音（语音语调）占35%、口头表达（用字用词）占10%。路演本质上也是一场创业者与投资人的沟通，因此，在路演过程中，创业者应该注意提升声音表现力，通过恰当的提问停顿，或提高音量，或使用丰富的表情感染、鼓舞观众，来吸引观众的注意力，增加与观众的沟通频率，使路演生动有趣、充满激情。

5. 了解路演过程的四大核心环节与常见问题

路演过程是借助 PPT 演示来阐述项目，包括四个核心环节：入场、演示、沟通和退场。入场是指从进场到开始讲解；演示是讲解的全过程；沟通是回答投资者提问并与其进行沟通；退场是指从致谢投资者到最后离开演示场所。各个环节对于路演来说都非常重要，因为大学生创业者的全场表现是投资者进行全方位评判的基础。

（1）路演核心环节一：入场。

大学生创业者应该提前几分钟到场，熟悉场地布局，在开场前整理思绪，回顾路演目标，调整至专注状态，对路演进行梳理。

（2）路演核心环节二：演示。

演示环节最常见的问题是，大学生创业者直接面对 PPT 照读全文，没有与观众的眼神交流。大学生创业者要明确：在整个演示过程中谁是主角？很多大学生创业者过多注重 PPT 的华丽制作，但忽略了自己才是路演的主角。而且，PPT 的内容通常固定且有限，照读并不能使投资人完全理解项目，这时，大学生创业者需要通过演说和答辩来进行润色、补充。另外，脱稿演讲更能体现大学生创业者对项目的自信和熟悉，这也是让投资者对项目产生信心的一个因素。

在整个演示过程中，大学生创业者还要注意对专业术语进行翻译，给出通俗易懂的解释，将抽象的概念具象化，让投资人明白演讲内容，再配合 PPT 直观的图文展示（尤其是数据方面），让对方能听得懂、看得懂。如果最后能使观众达到知道"你是谁、要干吗、你不同、你很强"的效果，那无疑是非常成功的项目路演。

例如，桂林理工大学贾克飞团队在 2018 年"'创青春'启迪控股广西大学生创业大赛"中以"自感知承力筋材＋工程结构状态云诊断中心"为项目名称，该名称专业性非常强，在演示和答辩过程中需要花很多时间向评委老师解释，效果不佳。后来项目名称经过修改，确定为"建筑中'会喊痛的骨骼'——自感知承力筋材"，帮助其节约了许多时间和精力去讲其他想讲的内容，最终该项目一路走进决赛，获全区金奖。之后，该项目产品还成功应用于南宁五象广场边坡加固工程、广州佛清从高速公路桥梁等项目。

（3）路演核心环节三：沟通。

沟通答辩环节是整个路演过程中的重点部分，投资人会对项目中的团队成员、股权结构、发展前景进行询问，这时，大学生创业者的回答非常重要，答辩也显示出大学生创业者对项目及其所在行业的熟悉与自信，也是投资人对项目评估的一个要点。

（4）路演核心环节四：退场。

路演结束的退场环节也是创业者展示的一个部分，结束的致谢更显创业者的整体精神面貌，也会给投资人留下一个良好的印象。

案例阅读　　　**一次"失败"的路演**

动漫设计专业的杨光专业技能十分过硬，大学期间获得了多个动画设计大赛奖项，毕业后许多动漫、游戏制作公司都向他抛出了橄榄枝，但他都没有动心，因为他早就下定决心自己创业。他组建了自己的团队，创办了动漫工作室，为了获得投资，还撰写了一份详细的创业计划书，并在老师的推荐下参加了一个动漫有关合作方举办的线下分享会。分享会有行业投资人参加，因此专门设置了项目路演环节。为了保证路演效果，杨光将创业计划书背得滚瓜烂熟，但在正式演讲时，由于过于紧张，他多次忘词，频繁出现抓裤子、搓手等小动作。在投资人提问环节，他思路不清晰，没有很好地回答投资人的问题，没有陈述清楚项目的价值，最终遗憾而归。

课后实践——模拟项目路演

本次实践要求同学们依据自己的创业计划书进行项目路演，尽量为自己的项目争取投资。全班同学分为若干小组，每组 6～8 人，以小组为单位完成本项实践。

1. 路演准备

路演准备对路演效果具有重要的影响。在这次模拟路演中，同学们不用完成可行性评估和受众分析，可以将路演重点放在讲解逻辑梳理及展示重点设计上。

（1）讲解逻辑梳理。

提出问题：＿＿＿＿＿＿＿＿＿＿＿＿＿＿＿＿＿＿＿＿＿＿＿＿＿＿＿＿＿＿＿＿＿＿＿
＿＿
＿＿

扩大问题：＿＿＿＿＿＿＿＿＿＿＿＿＿＿＿＿＿＿＿＿＿＿＿＿＿＿＿＿＿＿＿＿＿＿＿
＿＿
＿＿

解决方案：_____

_____

_____

消费者见证：_____

_____

_____

价值塑造：_____

_____

_____

（2）展示重点设计。

愿景：_____

_____

_____

竞争力：_____

_____

_____

解决痛点的能力：_____

_____

_____

团队构成：_____

_____

_____

资金使用情况和财务规划：_____

_____

_____

2. PPT 制作

请全组同学通力合作，为本次路演制作展示 PPT，并将 PPT 每一页的展示内容填在表 8-2 中。

表 8-2　路演 PPT 内容

页码	核心内容	内容安排
1		
2		
3		
4		
5		
6		
7		

续表

页码	核心内容	内容安排
8		
9		
10		
11		
12		

3. 上台路演

每组派一名选手负责对本组项目进行现场路演，采取自愿报名的方式产生选手。

模拟路演采取"5+3"的模式，即5分钟演讲，3分钟答辩，演讲过程中，将有一名计时员进行时间提醒，一般演讲至4分钟提醒一次。答辩环节，其他所有同学都可进行提问。

4. 投资人投资

全部演讲完毕后，全员模拟投资，除自己本组项目外，每个项目皆可投资。每位同学有200万元模拟投资额度，每人对每个项目投资不可超过100万元。以项目最后获得的投资总额进行项目路演结果排名。将本组项目获得的投资记录在表8-3中。

表8-3 本组项目获得的投资

投资人	投资额	投资原因

所获投资总额为：_____

参考文献

［1］李雨锦，张春生，王新文.大学生创新创业教育与实践（微课版）［M］.北京：人民邮电出版社，2023.

［2］陈炜煌.创业学［M］.北京：中国物资出版社，2010.

［3］张汝山，张林.大学生创业案例解析［M］.南京：南京大学出版社，2013.

［4］谭玲玲.“互联网＋”创新创业应用导论［M］.北京：人民邮电出版社，2023.

［5］［英］蒂姆·布朗.IDEO，设计改变一切（10周年纪念版）［M］.杭州：浙江教育出版社，2019.

［6］［美］汤姆·凯利，戴维·凯利.创新自信力［M］.北京：中信出版社，2014.

［7］［德］迈克尔·勒威克，帕特里克·林克，拉里·利弗.设计思维手册：斯坦福创新方法论［M］.北京：机械工业出版社，2023.

［8］［美］埃里克·莱斯.精益创业 新创企业的成长思维［M］.北京：中信出版社，2012.

［9］［美］菲利普·科特勒.市场营销原理［M］.北京：机械工业出版社，2006.

［10］［美］杰弗里·蒂蒙斯.创业学［M］.北京：人民邮电出版社，2011.

［11］［美］史蒂夫·布兰克，鲍勃·多夫.创业者手册［M］.北京：机械工业出版社，2013.

［12］［美］阿什·莫瑞亚.精益创业实战 原书第3版［M］.北京：人民邮电出版社，2023.